编委及组编单位

紧扣岗位需求
强化理实一体

校企双元开发
匹配行业标准

配套数字资源
支持在线测评

餐饮服务技能实训

PRACTICAL TRAINING OF FOOD AND BEVERAGE SERVICE SKILLS

主　编◎曾凡琪　姜武云

副主编◎王玉娟　陈　嘉　程海燕

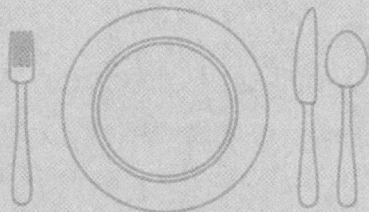

华中科技大学出版社
http://press.hust.edu.cn
中国·武汉

内 容 简 介

本教材以餐饮服务技能与职业素养培养为核心,结合行业实际需求与发展趋势,为学生和从业者提供全面的实训指导。教材内容涵盖餐饮服务基础认知、服务礼仪与沟通技巧、核心技能实训、服务流程与技巧,以及服务体验设计和技能精进等,通过任务驱动和案例分析,帮助读者深入理解并掌握餐饮服务的关键环节与操作要点。本教材特点突出,内容系统且注重实践应用,贴合职业教育需求,还总结提炼出了技能训练的方法与技巧。本教材兼具理论深度与实践价值,适用于餐饮管理、酒店服务相关专业的教学,以及行业从业者的培训与自学,旨在培养高素质的餐饮服务专业人才。

图书在版编目(CIP)数据

餐饮服务技能实训 / 曾凡琪,姜武云主编 . -- 武汉 : 华中科技大学出版社,2025.6. -- ISBN 978-7-5772-1876-2

Ⅰ. F719.3

中国国家版本馆 CIP 数据核字第 2025L2S859 号

餐饮服务技能实训
Canyin Fuwu Jineng Shixun

曾凡琪　姜武云　主编

策划编辑:陈思宇　王　乾
责任编辑:阮晓琼　王　乾
封面设计:原色设计
责任校对:刘　竣
责任监印:曾　婷

出版发行:华中科技大学出版社(中国·武汉)　　　电话:(027)81321913
　　　　　武汉市东湖新技术开发区华工科技园　　　邮编:430223
录　　排:孙雅丽
印　　刷:武汉市籍缘印刷厂
开　　本:787mm×1092mm　1/16
印　　张:15.5
字　　数:328千字
版　　次:2025年6月第1版第1次印刷
定　　价:59.80元

前言
QIANYAN

党的二十大报告强调,要坚持以人民为中心的发展思想,提高人民生活品质,同时推动制造业高端化、智能化、绿色化发展。餐饮行业作为生活服务业的重要组成部分,与人民群众的生活息息相关。在消费升级与数字化转型加速的背景下,中国餐饮行业正经历从规模扩张向品质化、精细化服务的深刻变革。新一代消费者对个性化体验、文化内涵及绿色可持续服务的需求日益增长,这对从业者提出了更高要求。因此,高等职业教育要培养具有工匠精神、创新思维的高素质技术技能人才。然而,行业长期面临"技能培养滞后于市场需求""产教融合深度不足"等痛点,传统教材往往重理论轻实践、重标准轻创新。

本教材立足新发展格局,紧扣"深化产教融合、校企合作"的职教改革要求,以作者团队二十余年服务百余家餐饮企业的实战积淀为基础,聚焦"职业能力本位",突破传统编写框架,打造"可学、可练、可用"的立体化内容体系,教材特色如下。

(1)真场景驱动:以宴会服务、零点接待等真实任务为载体,将全国职业院校技能大赛标准、世界技能大赛评分规则融入实训设计,确保学生所学即所用,有效缩短课堂与岗位的距离。

(2)方法论赋能:首度公开"六大技能训练模型""冲突化解黄金话术法则"等独家方法论,破解服务实训课程的训练难点,为学生提供清晰的学习路径和有效的训练工具。

(3)服务技能升级:既传承托盘、摆台等传统技艺,又引入服务创新设计、顾客需求洞察、关键时刻提炼等实践技能,适应当下的行业服务人才需求,助力学生适应行业数字化转型趋势。

编写本教材的初衷有三:其一,旨在提供一套科学的"技能训练"方案,该方案是作者三十年实训教学和企业内训工作的经验总结。在实际教学中,不少教师虽然能讲授技能标准并进行示范操作,但往往缺乏科学有效的技能训练方法,这导致在有限的教学时间内,学生的技能水平难以达到预期效果,甚至出现"能说会道却操作生疏"的现象。同时,对于行业从业者而言,本教材也能为其构建系统化的技能精进路径,助力他们打破仅凭经验摸索的成长瓶颈。其二,致力于对接行业前沿动态,引导学员探索服务创新。项目七和项目八主要是为本科院校的相关专业设定,将服务技能提升到了更高的层面,通过绘制顾客体验旅程图、开展服务设计、优化关键时刻(MOT),以及引入酒店金钥匙服务等内容,培养学生对顾客需求的精准洞察与感动服务的设计能力。其三,助力"岗课赛证"一体化培养。本教材结合"课赛融通",融入了酒店行业和职业院校的技能大赛标准,分析了竞赛项目的设置原则、设置依据,探讨了技能大赛的评分设计及如何评判等相关问题。

本书由武汉商学院曾凡琪副教授担任第一主编,负责整体框架设计与审定,以及项目四"餐饮服务基本技能"、项目五"服务流程与基本技巧"、项目六"饮食销售技巧"的撰写与修改;第二主编为香港理工大学姜武云博士,负责项目一"餐饮服务行业概述"、项目二"餐饮服务的基本要素"、项目三"服务礼仪与沟通技巧"、项目七"打动人心的服务体验设计"、项目八"餐饮技能精进与服务创新"的撰写与修改。

本书在编写过程中得到了湖北省烹饪酒店行业协会、武汉金谷酒店投资管理有限公司、武汉东鑫酒店管理有限公司、武汉铂格丽酒店管理有限公司、葛洲坝曲江(江苏)文化旅游有限公司、武汉软件工程职业学院文化旅游学院等合作单位的案例支持,以及历届国赛获奖选手的实战经验反馈,在此一并深表谢意。

期待本教材能成为职业院校深化"三教改革"的有效载体,为旅游服务行业输送更多"懂技术、善创新、有情怀"的新时代服务人才,在加快建设技能型社会的征程中贡献力量。

曾凡琪

2025 年 3 月

目录
MULU

项目一
餐饮服务行业概述

项目描述

本项目旨在引导学生全面认识餐饮服务行业的定义、分类、现状与发展趋势，以及该行业对从业人员的职业素养与技能要求。通过系统学习，学生将深入了解餐饮服务行业的全貌，明确自身在行业中的定位与发展路径，为未来的职业生涯打下坚实基础。

项目目标

知识目标

1. 准确理解餐饮企业的定义、类型及等级评审标准。
2. 熟悉不同餐厅服务模式的分类及特点。
3. 掌握餐饮服务行业的现状与主要特点。
4. 了解餐饮行业未来发展对服务人员专业技能提出的要求。

能力目标

1. 能够实地调研餐饮企业，描述其经营特点并准确分析其餐厅服务类别。
2. 能够对照餐饮服务职业素养与技能要求，自我评估并制订个人职业发展计划。

素养目标

1. 培养学生对餐饮服务行业的热爱和敬业精神，增强其职业认同感和归属感。引导学生树立以顾客为中心的服务意识，注重细节、关注顾客体验、提升服务质量。
2. 培养学生的团队协作精神和沟通能力，使其能够在餐饮服务工作中与同事密切配合，共同为顾客提供优质服务。
3. 提升学生的职业道德水平，强化其责任感、诚信与守时意识，使其在工作中自觉遵守职业道德规范，树立良好的职业形象。

知识导图

```
                                            ┌── 餐饮企业
                                            │
                          ┌─ 餐饮服务定义与分类认知 ─┤── 餐饮企业等级评审体系
                          │                 │
                          │                 ├── 餐饮服务的定义与分类
                          │                 │
          餐饮服务          │                 └── 餐饮服务的发展趋势
          行业概述 ─────────┤
                          │                 ┌── 餐厅服务人员的职业素养
                          │                 │
                          └─ 餐饮服务人员的职业素养认知 ─┤── 餐厅服务人员的技能要求
                                            │
                                            └── 成为餐饮服务高手的"四道关"
```

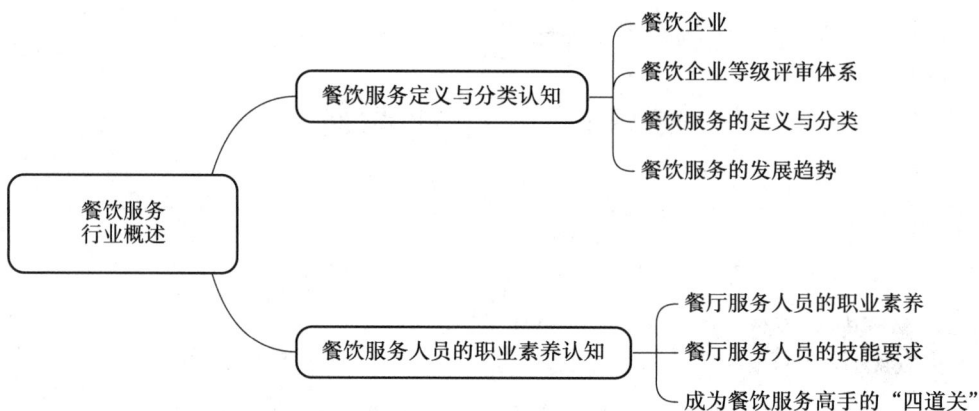

任务一 餐饮服务定义与分类认知

任务描述

　　本任务聚焦餐饮服务的全面认知,涵盖餐饮服务定义、餐饮企业特征与类型、等级评审体系、服务分类及发展趋势等内容。通过理论学习、实地调研、对比分析、案例研讨等教学方法,深入理解餐饮服务核心概念与分类,剖析餐饮企业运营模式与服务特性,掌握餐饮服务技能内涵,洞察行业发展趋势,为餐饮行业从业奠定知识与能力基础。

任务目标

　　1. 理解餐饮企业核心要点,熟悉国际、国内评审标准,掌握服务分类及应用,了解服务发展趋势。

　　2. 学会分析餐饮企业经营模式、服务类别及评审标准,结合案例进行分类与评价。

　　3. 通过实地调研和案例分析,掌握服务流程设计,撰写调研报告,提出改进建议。

一、餐饮企业

（一）定义

餐饮企业是指以营利为目的,通过提供食品、饮品及相关服务满足消费者饮食需求的商业实体,其核心职能涵盖食品生产加工、服务销售及消费体验的全过程。餐饮企业的特征如下。

（1）经营场所固定性:需依法取得经营资质,在特定物理或虚拟空间(如线上平台)开展业务;

（2）服务即时性:产品生产与消费同步发生,强调时效管理;

（3）体验复合性:兼具物质需求满足(饱腹)与精神需求满足(社交、文化);

（4）管理规范性:受《中华人民共和国食品安全法》《中华人民共和国消费者权益保护法》等法规约束;

（5）社会责任性:履行保障食品安全、引导公众营养健康、传承饮食文化等社会职能。

（二）类型

1. 按菜品类型分类

（1）中餐厅:主要提供中式菜品。以八大菜系(川、鲁、粤、苏等)为核心,涵盖官府菜、地方特色菜等细分领域,典型代表有全聚德(京菜)、广州酒家(粤菜)等。服务场景注重餐桌礼仪传承,强调"色香味形器"五位一体的菜品呈现。

（2）西餐厅:涵盖法式、意式、美式等细分类型,典型代表有王品牛排(法餐)、必胜客(美式快餐)等。服务流程强调标准化与仪式感,需遵循西餐服务四大流派(法式、俄式、英式、美式)规范。

（3）亚洲餐厅:聚焦日料、泰餐、印度菜等细分赛道,典型代表有将太无二(日料)、泰香米(泰餐)等。需平衡异国文化体验与本土化改良,注重食材新鲜度与出品可视化。

2. 按经营业态分类

（1）正餐服务类:提供全流程餐桌服务,以午、晚正餐经营为主,强调用餐服务体验的餐厅,如全聚德、新荣记、西贝等餐饮企业。

（2）快餐简餐类:提供制作迅速、出餐高效的餐食,主打中低价位,常见的有醉得意、肯德基、麦当劳等标准化快餐品牌。

（3）饮品休闲类:提供咖啡、茶饮等饮品的经营场所,常见的有星巴克、喜茶等咖啡茶饮连锁品牌。

（4）火锅烧烤类:以火锅、烧烤、铁板等特别烹饪方式呈现菜品,常见的有海底捞、九田家等特色餐饮品牌。

（5）团膳配餐类：为特定群体提供规模化、集约化餐饮服务的业态，主要服务于学校、企事业单位、医疗机构、会展活动等，具有刚需性强、标准化程度高、食品安全风险管控严的核心特征。

3. 按消费场景分类

（1）商务宴请型：主要服务企业商务洽谈、政务接待等场景，典型场所包括高端会所、星级酒店的中餐厅等。此类场景对隐私性、仪式感、服务专业性要求极高，顾客对菜品文化内涵、服务细节敏感度远超功能需求。

（2）家庭聚会型：以家庭单元为核心消费群体，典型代表有外婆家、绿茶餐厅等大众连锁品牌。需求特征表现为性价比高、配备老人儿童友好设施、菜品普适性强，注重用餐氛围的温馨感与互动性。

（3）旅游餐饮型：集中在旅游景区、文化街区等场景，如迪士尼主题餐厅、西安大唐不夜城餐饮区等。核心价值在于通过饮食传递地域文化，需平衡游客流量波动性与体验独特性。

（4）社区便民型：覆盖社区餐厅、早餐工程网点等民生场景，典型代表有巴比馒头、永和大王等。具有高频次、低客单、强复购的特征，需在标准化与个性化间取得平衡。

（5）交通枢纽型：分布于机场、高铁站等场景，代表品牌有真功夫、星巴克甄选店等。消费行为具有强目的性、高时间敏感性，需在有限接触时间内创造最大价值。

4. 按经营模式分类

（1）单体独立餐厅：独立运营的餐饮实体，没有品牌连锁体系的束缚，因此决策灵活性强，能够根据当地市场和消费者口味迅速调整经营策略，形成鲜明的经营特色。这类餐厅通常由一位或几位主理人负责经营管理，他们凭借个人的创意和专业能力，打造出具有独特风格的餐饮空间。以北京大董烤鸭店为例，作为高端创意中餐的代表，它在菜品创新上不断突破，将传统北京烤鸭与现代烹饪技法相结合，推出了多种新颖的菜品，深受食客喜爱；上海福和慧则是一家米其林星级素食餐厅，凭借精致的素食料理和幽雅的用餐环境，吸引了众多素食爱好者和追求高品质餐饮体验的顾客。

（2）连锁经营企业：通过标准化模式进行品牌复制，分为直营连锁与特许经营两种主要模式。它们通常拥有统一的供应链管理，能够集中采购食材、调料等原材料，从而降低成本，保证产品质量的稳定性。产品和服务流程的标准化确保了顾客在任何一家分店都能享受到相同质量的服务，增强了顾客的信赖感。品牌溢价效应显著，意味着这些企业通过长期的品牌建设和市场推广，增强了品牌的价值和影响力，从而能够吸引更多的顾客，并在一定程度上获得更高的利润。百胜中国作为知名的餐饮连锁企业，旗下拥有肯德基、必胜客等多个品牌，通过标准化的经营模式，在全国范围内迅速扩张，成为行业内的领军企业；瑞幸咖啡则以高速扩张的咖啡连锁模式，通过特许经营的方式，在短时间内在全国各地开设了大量门店，成功塑造了一个现代化、便捷化的咖啡品牌形象。

（3）集团化餐饮公司：以控股或全资形式运营的多品牌、跨业态的餐饮集团。它们具有强大的资源整合能力，能够通过整合不同品牌的资源，实现优势互补，提高整体运营效率。多品牌矩阵布局使它们能够覆盖更广泛的市场和消费群体，满足不同顾客的需求。产业链纵向延伸则体现在自建中央厨房、物流体系等方面，通过控制食材加工、配送等环节，进一步提升了产品品质和供应链的稳定性。美心集团经营着翠园、元气寿司等70多个品牌，通过集团化运作，实现了品牌间的协同效应，提升了市场竞争力；海底捞国际控股不仅在餐饮服务领域表现出色，还延伸至供应链和调味品业务，通过自建中央厨房和物流体系，确保了食材的新鲜度和供应的及时性，为顾客提供更加优质的用餐体验。

（4）小微餐饮商户：个体经营者，规模相对较小，通常以家庭式运营或档口经营为主。这类商户的投资门槛较低，经营者可以根据自身的经济实力和市场需求灵活选择经营地点和营业时间。本地化属性强意味着它们能够紧密结合当地的文化特色和消费者口味，提供具有地方特色的美食。沙县小吃个体店以经济实惠的套餐和多样的小吃种类，满足了社区居民日常饮食需求，凭借其亲民的价格和便捷的服务，在社区中积累了良好的口碑；夜市摊贩，如长沙文和友龙虾馆的早期形态，以独特的街头美食和热闹的氛围，吸引了大量食客，成为城市夜生活中的一道亮丽风景线。

在界定餐饮企业类型时，有些餐厅特点鲜明、业态纯粹，易于归类；有一些则较为复杂，融合多种经营模式与菜品特色，业态边界模糊，难以简单对应归类。在实际经营中，餐饮企业常常呈现出混合形态，这表明其分类具有交叉性和动态性。随着消费市场的升级和技术的不断进步，餐饮企业的经营形态持续创新。因此，在分析餐饮企业时，需要结合最新的行业发展趋势，进行动态、深入的考察与研究。

教学互动——实地调研

> 实地调研：走访本地餐饮街区，统计不同经营模式的商户占比，并分析其生存现状。

二、餐饮企业等级评审体系

餐饮企业等级评审体系是一种标准化的评估机制，旨在对餐饮企业的质量、服务水平、管理能力等进行综合评定，并根据评定结果划分不同的等级。

这种评审方式可以规范市场秩序，促进企业依法经营、诚信经营，减少不正当竞争行为，为行业的健康发展创造良好的环境。同时，等级评审有助于树立餐饮行业的良好形象，提高消费者对餐饮行业的信任度，促进整个行业的现代化进程。此外，评审过程中对企业提出的要求和标准，能够引导餐饮企业不断提升自身的经营管理水平、服务质量和技术能力,推动行业进步。等级评审还能促使企业更加重视自身的经营管理、食品安全、服务质量等方面,增强企业的社会责任感和自律意识。

评审结果可以激励企业不断改进自身不足,追求更高的等级和更好的评价,从而提升企业的竞争力和市场地位。同时,评审结果为消费者选择餐饮企业提供了重要的参考依据,消费者可以根据企业的等级和评价,选择信誉良好、服务质量高的餐饮企业,保障自身的消费权益。此外,评审过程中对食品安全和卫生状况的考核严格,可以促使餐饮企业加强食品安全管理,保障消费者的健康。最后,等级评审能够帮助守信企业树立良好的品牌形象,提高企业的社会认可度和美誉度。

餐饮企业等级评审体系可依据评审机构的地域属性进行分类,具体分为国际主流餐饮评审体系(见表1-1)和中国主流餐饮评审体系(见表1-2)。

表1-1　国际主流餐饮评审体系

评审名称	评价机构/平台	等级划分	核心评价标准	典型案例
米其林指南	法国米其林公司	一星至三星	食材品质、烹饪技艺、风味创新、服务水准、用餐体验	香港龙景轩(三星,2024年)
AAA钻石奖	美国汽车协会(AAA)	一钻至五钻	设施设备、服务质量、环境卫生、菜单设计	拉斯维加斯永利酒店中的永利牛排馆(五钻,2024年)
世界50佳餐厅	英国Restaurant杂志	全球排名前50	创新性、文化影响力、可持续性、顾客体验	西班牙El Celler de Can Roca餐厅(第2名,2024年)

表1-2　中国主流餐饮评审体系

评审名称	评价机构/平台	等级划分	核心评价标准	典型案例
黑珍珠餐厅指南	美团(大众点评)	一钻至三钻	中国味蕾适配度、烹饪技艺、食材搭配、文化传承	上海Ultraviolet by Paul Pairet(三钻,2024年)
国家钻级酒家	中国商业联合会	一钻至五钻	设施设备、服务质量、菜品质量、管理水平、食品安全	广州酒家(五钻,2024年)
金梧桐餐厅	香港凤凰网	一星至三星	市场认可度、菜肴的自然属性、餐厅的综合性	新荣记(灵湖店)(三星,2024年)
绿色饭店	全国绿色饭店工作委员会	一叶至五叶	节能环保、垃圾分类、绿色采购、低碳运营	杭州黄龙饭店(五叶,2024年)

三、餐饮服务的定义与分类

（一）餐饮服务的定义

餐饮服务是指在特定的场所，由专业人员为顾客提供食物和饮品的准备、供应及相关的服务活动。这些服务不仅包括食物的烹饪和供应，还贯穿顾客从进入餐厅到离开的全流程体验，具体包括食物和饮品的准备，涉及食材采购、存储、加工、烹饪与装盘；顾客接待，如迎接顾客、安排座位、介绍菜单及提供点餐引导；餐桌服务，包含菜品、饮料服务，清理餐桌和更换餐具；顾客关系管理，如开展顾客满意度调查、处理投诉以及培养顾客忠诚度；环境维护，涵盖餐厅清洁、装饰布置和氛围营造等方面。

本书中的"餐饮服务技能"主要指服务人员在对客接待方面所需的服务技能与专业知识，不包括菜品制作等烹饪技能。餐饮服务的核心在于通过提供优质的食品、周到的服务以及营造良好的用餐环境，满足顾客多样化需求，并创造附加价值，为顾客提供一种综合体验，而非单纯的"吃饭"行为。

（二）餐饮服务的分类体系

1. 按服务方式划分

餐饮服务类型多样，不同类型具有独特的服务特色与适用场景。中高端正餐服务适用各类中西式正餐场景，专业服务员提供全流程餐桌服务，强调服务仪式感与主客互动性；自助服务常见于酒店早餐、旋转寿司等场景，顾客自主完成取餐流程，此模式注重动线设计与菜品陈列逻辑；柜台服务是标准化快速服务模式，常见于星巴克、麦当劳等快餐模式餐厅以及咖啡茶饮店等场景；宴会服务主要针对婚宴、商务宴等定制化场景，需协调场地、流程、人员等多要素；智能服务依托 AI、物联网等技术实现服务数字化，涵盖无人餐厅、无人茶室、扫码点餐、扫码结账等创新形式；外烩服务，也称外送服务、星厨到家，指餐厅派出厨师和服务员，到顾客单位或家中提供菜品制作及餐饮服务。

2. 按消费性质划分

餐饮消费根据顾客需求和行为特点，可分为不同类型，每种类型具有独特特点、典型场景和服务重点。

日常消费型餐饮以便捷、经济为特点，主要满足顾客的基础饮食需求，具有消费频次高、客单价低的特点，顾客对出餐速度和性价比极为关注。典型场景包括工作日午餐和速食，服务重点在于出餐速度和价格优势。

社交休闲型餐饮注重体验和社交，顾客更看重餐厅的环境氛围和菜品的创意性。典型场景包括朋友聚会、情侣约会等场合，服务重点在于营造良好的环境氛围和提供有创意的菜品。

商务宴请型餐饮强调正式与高端，通常会提供私密性好的包间，并配备专业服务员。典型场景包括商务洽谈和接待等场合,服务重点在于私密性和服务的专业性。

旅游文化型餐饮以突出文化体验为核心特色,通常选址于景区或文化街区。此类餐饮场所通过推出主题套餐、售卖文创产品等方式吸引游客。其典型消费场景涵盖景区游览过程中的用餐需求以及游客异地打卡体验,服务重点聚焦于提供具有本土特色的菜品与蕴含文化附加值的服务。

特殊场景型餐饮以满足仪式感营造与规模化服务需求为核心定位,业务范畴涵盖婚宴、生日宴、会议会展等大型活动餐饮服务。其典型应用场景包括婚礼仪式用餐及大型会议餐饮保障等。服务重点聚焦于提供定制化餐饮服务方案,并强化活动全流程的统筹协调,以确保各类大型活动的餐饮服务顺利开展。

功能性餐饮则专注于满足特定人群的特殊需求,如健身餐和医疗餐,强调营养管理和精准服务。典型场景如健身和医疗等场合,服务重点在于科学配餐和精准服务。

(三)餐饮服务分类的应用价值

餐厅分类体系有助于餐饮从业者更清晰地规划运营策略,同时为顾客提供更匹配需求的服务选择。

1. 精准定位客群

依据不同消费性质设计菜单、服务流程及营销策略。例如,日常消费型餐厅可以提供便捷、经济的套餐,满足顾客快速用餐的需求;而社交休闲型餐厅则注重环境氛围的营造和菜品的创意,以吸引追求用餐体验的顾客。

2. 资源优化配置

例如,商务宴请型餐厅需加强服务培训,提高服务的专业性和规范性,以满足商务型顾客对服务品质的要求;旅游文化型餐厅则应突出地域特色,通过装修风格、菜品设计等方式展现地方文化,吸引顾客。

3. 提升消费体验

通过对服务类型进行细分以满足差异化需求,能够有效增强顾客黏性和品牌忠诚度。例如,家庭聚会型餐厅可以提供儿童游乐区和家庭套餐,让家庭顾客在用餐过程中享受便利和欢乐;而交通枢纽型餐厅则需提供快速服务和便捷支付方式,满足旅客的时效性需求。

四、餐饮服务的发展趋势

(一)品质化:从基础服务到专业赋能

随着顾客对餐饮服务品质的要求持续提升,服务员不仅需要具备良好的职业素养与专业技能,还需在食品安全知识、专业侍餐技能以及营养学知识等方面不断学习与提升,从而为顾客提供高品质的餐饮服务。

食品安全知识方面,服务员要掌握危害分析和关键控制点(Hazard Analysis and Critical Control Point,HACCP)操作规范,保障食品在制作、储存和供应全程的安全,如麦当劳推行"食品安全卫士"考核体系,通过严格的培训与考核,每位员工都按照高标准操作,守护顾客饮食安全。

专业侍餐技能方面,除托盘、摆台、折花、斟酒、上菜、分菜这六大基本技能外,服务员还得具备侍酒服务、点菜技巧、分餐技法以及标准化接待流程的能力,如黑珍珠餐厅的侍酒师和宴会设计师需经专业认证,根据顾客需求为其提供个性化侍酒建议与宴会设计方案。

营养学知识方面,服务员应掌握基本营养知识,能为顾客提供膳食搭配建议,比如广州炳胜公馆设有营养顾问岗位,依据顾客健康需求,给出科学合理的膳食建议,契合顾客对健康饮食的关注。

(二) 个性化:从标准服务到精准表达

个性化服务是餐饮行业满足顾客多样化需求的重要趋势。服务人员需要根据顾客的显性需求(如特殊饮食要求)和隐性特征(如消费习惯、文化背景),灵活调整服务策略,提供差异化、定制化的服务体验,实现"一人一策"的精准服务匹配。

千篇一律的标准服务已无法满足现代顾客的需求,只有个性化服务才能真正打动顾客。餐饮服务人员需要具备敏锐的观察能力和预判能力。例如,根据顾客的籍贯为其推荐家乡菜,为左撇子顾客调整餐具摆放方向,为孕妇提供靠枕,为咳嗽的顾客送上雪梨汤,甚至采用方言服务等。这些细致入微的服务,能极大提升顾客的用餐满意度。

(三) 体验化:从功能满足到情感共鸣

如今,顾客前往餐厅消费,早已不单单是为了满足基本饮食需求,更渴望收获愉悦的用餐体验与情感共鸣。顺应这一趋势,餐饮行业涌现出多种"沉浸式服务"创新模式。文化沉浸模式将非遗技艺融入餐饮场景,以此营造别具一格的文化氛围,如西安的长安大牌档,安排身着唐装的服务员演绎唐代宴饮礼仪,让顾客在就餐时真切感受唐代文化的独特魅力;科技沉浸模式借助 AR(增强现实)菜单互动、全息投影等技术提升顾客用餐体验,上海 Ultraviolet 餐厅便是典型的例子,其通过 360°投影打造主题包厢,顾客仿若置身于各式各样的虚拟场景,尽享独特用餐乐趣;场景沉浸模式将剧本杀等互动娱乐形式与餐饮结合,提供定制化体验,如北京 TIAGO HOME KITCHEN 推出的侦探主题晚宴,让顾客在享用美食的同时参与剧情推理,极大增加了用餐的趣味性与互动性。

(四) 效率化:从传统运作到高效协同

在快节奏的生活中,提升服务效率成为餐饮行业的重要发展方向。

Note

1. 智能化升级

餐饮企业广泛运用AI菜品推荐系统、智能排班系统和客户管理系统等技术手段，提高服务效率和管理水平。例如，利用AI菜品推荐系统，根据顾客的历史订单和偏好，快速推荐适合的菜品，缩短顾客点菜时间。

2. 通岗制

企业按照"一专多能""一人多岗"的原则配置岗位人员，提升效率。例如，喜家德水饺通过"358合伙制"实现员工通岗率100％，出餐速度提升至2分钟每单，大大提高了服务效率。

3. 流程重构

优化内部工作流程，提升服务响应速度和解决问题的效率。例如，通过重新设计厨房和前厅的协作流程，缩短上菜时间，从而提高顾客的用餐满意度。

教学互动——实地调研

1. 实地调研：实地调研2—3家餐饮企业，描述其经营特点，并分析其餐厅服务类别。

2. 对比分析：通过对比米其林与黑珍珠评审标准，理解中西方餐饮评价体系的差异。分析传统餐桌服务与智能服务模式的优缺点及效率差异。

3. 案例研讨：解析《餐饮企业的等级划分和评定》(GB/T 13391—2009)，掌握中餐服务标准化要求。

任务二　餐饮服务人员的职业素养认知

任务描述

本任务聚焦餐饮服务人员的职业素养与技能，涵盖职业道德、服务态度、职业形象、服务意识、基础服务技能、专业知识、沟通与情感服务能力、应变能力等方面。通过理论讲解、案例分析、情景模拟与实践操作，培养学生的职业素养与综合能力。

Note

任务目标

1. 掌握餐饮企业核心知识与服务分类,了解评审标准及发展趋势。
2. 分析餐饮企业模式与服务类别,结合案例提出改进建议。
3. 通过调研与案例分析,设计优化服务流程。
4. 培养职业道德与服务意识,掌握基础服务技能与专业知识。

一、餐厅服务人员的职业素养

(一)职业道德

1. 责任心

责任心是指服务人员对所承担的工作任务认真负责、尽职尽责的态度,具体体现在维护餐厅环境、严格把控菜品质量,以及细致关注顾客服务的每个环节。责任心是确保餐厅运营顺畅的基础。只有具备责任心的服务人员,才能及时发现并解决诸如菜品变质、餐具不洁等问题,从而避免给顾客带来不良体验,保障餐厅的声誉和经济效益。

教学互动——案例分析

　　某日晚上,某高档餐厅正值晚餐高峰,顾客络绎不绝。张先生在该餐厅宴请一位重要客户,两人相谈甚欢,用餐结束后仍继续交谈,不知不觉已拖延了1个多小时。此时,餐厅内其他顾客已陆续离开,但张先生和客户仍兴致勃勃地在交流着。

　　值台员小王负责张先生所在餐桌的服务工作。随着时间的推移,小王见张先生和客户仍在交谈,便主动为他们续茶,动作轻柔,不打扰顾客的谈话。续茶过程中,小王发现茶水已有些凉,便轻声问道:"张先生,您的茶水已经有些凉了,我为您换一杯热茶,好吗?"张先生微笑着回应:"好的,谢谢你的提醒。"小王迅速为张先生更换了热茶,并说道:"不客气,这是我们应该做的,希望您用餐愉快。"小王始终保持着微笑,耐心地为顾客提供服务,没有表现出任何不耐烦的情绪。

　　在顾客交谈期间,小王还注意到了张先生的手机电量不足,便主动询问是否需要为其提供充电服务。张先生对小王的细心服务表示感谢,但婉拒了充电服务的提议。

　　在和客户结束交谈后,张先生注意到餐厅内已没有其他顾客,意识到自已已拖台较长时间。张先生对小王说道："不好意思,我们聊得太投入了,没注意到时间。你一直耐心地为我们服务,真是感谢。"小王微笑着回应:"张先生,这是我的工作,很高兴能为您服务。希望今晚的用餐体验能让您的客户满意。"

张先生对小王的服务态度和责任心表示高度赞扬,并在离开餐厅时向餐厅经理赞扬了小王的服务。餐厅经理对小王的工作给予了肯定,并在员工会议上表扬小王有责任心和服务意识。

2. 诚信与守时

诚信是指服务人员在工作中诚实守信,不夸大承诺、不误导顾客;守时是指严格遵守工作时间,按时到岗、按时完成任务。服务人员要树立诚信意识,遵守职业规范,做到言行一致。在与顾客交流时,如实介绍菜品信息、价格等;同时要养成良好的时间观念,确保按时上菜、及时清理餐桌等。例如,某餐厅服务人员小王在介绍一道特色菜时,详细说明了该菜辣度较高,适合喜辣顾客。顾客点餐后,小王按时将菜品送达,并保证菜品质量稳定,赢得了顾客的信赖和好评。

3. 团队精神

团队精神要求服务人员在工作中能够与同事密切协作、互帮互助,共同完成餐厅服务任务。餐饮服务是一个团队协作的过程,从迎宾、点菜到上菜、结账等环节都需要各岗位的紧密配合。具备团队精神的服务人员能形成合力,提高工作效率,为顾客提供更优质的服务。例如,在一次忙碌的晚餐高峰时段,传菜员和服务员相互协调,迅速将菜品送到各桌,避免了因上菜延误引起的顾客投诉。团队间的密切合作不仅提高了服务效率,还营造了良好的工作氛围。

(二)服务态度

1. 顾客至上

顾客至上要求服务人员始终把顾客需求放在首位,通过主动沟通了解顾客的用餐体验,并及时满足顾客的合理要求。在用餐过程中,服务人员应密切关注顾客反应,适时为其添加饮料、更换餐具等,同时灵活处理特殊要求,尽力满足顾客个性化需求。例如,某餐厅服务员小张发现一位顾客对菜品口味不满,立即主动上前表示歉意,并尽快与厨房沟通,重新为顾客制作了一份符合其口味的菜品,赢得了顾客的高度赞扬。

2. 情绪管理

在高压工作环境中,服务人员须保持冷静和耐心,避免情绪波动影响服务质量。良好的情绪管理有助于化解顾客的不满情绪,提高整体服务满意度。遇到投诉时,服务人员应耐心倾听、积极调解,避免与顾客发生争执。例如,某餐厅服务员小刘在面对顾客对上菜速度的抱怨时,保持冷静,耐心解释原因,并迅速联系厨房加快出菜,最终赢得了顾客的满意。

3. 主动、热情、耐心、周到

服务人员应主动提供服务,而不是等顾客提出要求;以热情的态度对待每位顾客;解答问题时保持耐心;关注服务细节,确保顾客体验舒适、愉悦。例如,服务员小赵在顾客入座后主动询问需求,详细为顾客介绍特色菜品,并在用餐过程中不断关注顾客状态,及时补充饮料、更换餐具,最终获得顾客的一致好评。

教学互动——案例分析

在某餐厅的9号桌,一位中年男士独自坐在靠窗的位置,表情严肃。服务员小李刚刚给这位顾客上了他点的绿茶。

顾客(语气生硬):服务员,你们这绿茶怎么这么难喝?又涩口又寡淡,还不如白开水!

服务员小李(面带微笑,轻声回应):先生,实在抱歉让您觉得茶的味道不好。我马上为您重新泡一杯,您稍等片刻。

(小李迅速为顾客重新泡了一杯茶,并附上一碟小点心。)

小李(微笑着将茶和点心放在顾客面前):先生,这是刚泡好的绿茶,搭配我们店特制的小点心,希望您会喜欢。

顾客(尝了一口茶,表情稍缓):这茶也还行……

小李(耐心地)说:先生,您的意见对我们很重要。我们会不断改进服务,希望您能给我们更多的建议。

(用餐过程中,小李时刻关注顾客的需求,及时添加茶水、清理桌面。)

顾客(对小李的服务感到满意,突然说道):小伙子,你的服务态度还不错,刚才我态度有点不好,你别往心里去。

小李(微笑回应):先生,没关系。感谢您的理解,希望您今天用餐愉快。

(三) 职业形象

1. 外表整洁

服务人员应保持干净、整洁、得体的着装,符合餐厅形象要求。整洁的外表能给顾客留下良好的第一印象,提升对餐厅整体服务质量的认可度。服务人员要每天检查个人的卫生和着装状况,定期清洗工作服,确保工作期间保持最佳形象。

2. 行为规范

服务人员应遵守餐厅行为规范,如站姿端正、行走稳健、语言得体等。规范的行为不仅能体现服务人员的专业素养,还能营造出幽雅、舒适的用餐环境。例如,在高档餐厅中,所有服务人员严格遵守"轻声细语、举止文雅"的行为规范,这种统一而规范的服务标准极大提升了顾客的用餐体验和餐厅的品牌形象。

(四)服务意识

1. 以顾客为中心的服务意识

以顾客为中心的服务意识,是指服务人员在工作中始终将顾客的需求和体验置于核心位置,主动与顾客沟通,敏锐观察顾客的显性与潜在需求,并通过灵活调整服务内容和方式,确保顾客获得满意且愉悦的体验。这要求服务人员不仅关注顾客的直接要求,如菜品口味、用餐环境等,还要通过细致观察和积极反馈,发现并满足顾客未明确表达的需求,例如对服务态度、用餐节奏的期望等。服务人员需要将顾客的满意度作为衡量自身工作成效的核心标准,通过持续优化服务细节,不断改进服务质量,从而获得顾客的信任与忠诚。

2. 细节意识

细节意识强调服务人员在工作中对细微环节的高度关注和精准把控,关注工作中每一个细节,确保每个环节都达到高标准。在餐饮服务领域,细节意识体现在从餐具的摆放、台布的铺设到服务员的仪表仪态等多个方面。例如,服务员在摆放餐具时,应确保餐具间距均匀、角度一致,刀叉摆放整齐有序,杯具擦拭光亮无瑕且间距相等。服务员保持服装整洁、发型整齐、举止端庄大方,微笑服务,给顾客留下良好的第一印象。细节意识不仅体现在这些显而易见的服务环节中,还包括对顾客需求的敏锐观察和灵活应对。例如,服务员在顾客用餐过程中,应密切关注顾客的反应,及时为顾客添加饮料、更换餐具,并根据顾客的反馈调整菜品口味。这种对细节的极致追求,能够有效提升服务质量,为顾客营造舒适、愉悦的用餐体验。

3. 问题解决意识

服务人员应具备敏锐的发现问题的能力和积极解决问题的态度,针对菜品质量、顾客投诉等各类问题,能够迅速采取有效措施,确保顾客体验不受影响,避免问题扩大。例如,当遇到顾客投诉菜品温度不足时,服务人员立即与厨师沟通并重新送上热菜,同时主动向顾客致歉,成功化解了顾客的不满情绪,维护了餐厅的声誉。同时,服务人员还需将问题反馈给相关部门,分析问题根源,优化服务流程,防止类似问题再次出现。问题解决意识不仅体现在快速响应和妥善处理当前问题上,还包括通过持续改进服务,提升整体服务质量和顾客满意度。

4. 合作意识

服务工作是团队协作的结果,服务人员应主动与同事沟通、互相帮助,共同完成工作任务。在实际工作中,跨部门之间的合作尤为重要,即"内部客户"服务意识。所谓"内部客户",是指在餐厅运营过程中,每个部门和岗位都相互依赖、相互服务。例如,前厅的服务人员是后厨的"内部客户",后厨需要根据前厅传递的订单信息及时准备菜品;而前厅也是后厨的"内部客户",因为前厅需要为后厨提供准确的顾客需求和反馈。这种"内部客户"关系贯穿餐厅运营的每一个环节,确保服务的连贯性和高效性。

教学互动——案例分析

晚上7点,某餐厅预订区内灯光柔和,舒缓的音乐缓缓流淌。前厅小陈经理在门口迎宾,顾客王先生和几位顾客走进餐厅。

小陈经理(热情迎接):您好! 欢迎光临! 我是今晚的值班经理小陈,听您电话里提到是为朋友庆祝生日,这边请,我们已经为您准备了靠窗的最佳位置。

顾客:好的,谢谢! 我们需要低脂饮食,点菜时要避开高脂肪的菜品。另外,我们希望为寿星准备一份特别的甜品,还要麻烦你们播放生日歌。

小陈经理:完全明白! 我马上将低脂饮食要求标注在订单上,并通知后厨重点留意。关于甜品,我们有招牌的鲜果拼盘,搭配低脂酸奶,造型精美且寓意美满,您看是否合适?

顾客:听起来不错,就按你说的来!

(前厅与后厨协作。)

小陈经理(呼叫后厨传菜):后厨团队,注意! 今晚10人台订单标注"低脂饮食",寿星甜品鲜果拼盘提前准备!

厨师长:收到! 所有菜品均以低脂为主,甜品鲜果拼盘将准时送达!

传菜员小王(整理托盘):甜品优先,我提前5分钟备好餐具和蜡烛。

(前厅与音响部门配合。)

小陈经理(走向音响控制区):小李,准备好播放生日歌,音量控制在中等偏高,配合上菜节奏,甜品到桌时开始播放。

音响师小李:放心! 我已将生日快乐歌设置为快捷播放,甜品到达时一键启动,灯光也会同步调暗,营造温馨氛围。

(庆祝环节执行。用餐进行1小时后,传菜员小王推着装饰好的甜品车入场。)

传菜员小王(轻声提醒):寿星甜品已到,小李,可以开始播放音乐了。

(轻柔的生日歌响起。)

小陈经理(点燃蜡烛):祝您生日快乐! 这是我们餐厅特制的鲜果拼盘,愿您岁岁平安,年年如意!

顾客(鼓掌欢呼):太惊喜了! 没想到你们能把细节处理得这么完美! 从点菜到庆祝环节,每个环节都无缝衔接,谢谢你们!

通过这种跨部门的紧密合作,该餐厅成功地满足了顾客的个性化需求,为他们提供了一次难忘的用餐体验。顾客对餐厅的服务赞不绝口,表示一定会再次光顾并推荐给朋友。这个案例充分说明了合作意识在餐饮服务中的重要性,尤其是在跨部门协作中,"内部客户"服务意识能够确保每个环节都紧密衔接,从而提升整体服务质量和顾客满意度。

二、餐厅服务人员的技能要求

(一)基础服务技能

餐饮服务人员的专业能力直接决定顾客的体验质量与餐厅的运营效能。基础服务技能作为职业素养的核心构成,需通过系统化训练使服务人员形成肌肉记忆与条件反射,包含以下三个关键维度。

1. 接待礼仪:服务形象的价值锚点

接待礼仪是服务人员传递品牌温度的首要媒介,涵盖仪态管理、语言艺术与场景化应对能力。服务人员在接待顾客时需遵循标准礼仪,尊重顾客、面带微笑、主动问候,给顾客留下良好的第一印象。微笑是最具感染力的表情之一,它能瞬间拉近与顾客的距离,让顾客感受到服务人员的友好和热情。语言表达需结合时段特点与顾客身份,如"上午好,张先生"等个性化称谓,能让顾客获得被尊重的心理满足感。心理学研究表明,服务接触前7秒形成的"首因效应"将影响63%的满意度评分,规范化的礼仪体系能显著提升顾客留存率与品牌美誉度。

2. 操作技能:服务品质的物理载体

操作技能体现服务流程的标准化与精准度,包括服务过程中的各项基本操作,如托盘运送、餐具摆放、点菜上菜等。服务人员需熟练掌握"托盘、摆台、折花、斟酒、上菜、分菜"六大餐饮服务技能,如托盘的稳定性要求、摆台的餐具间距、不同酒类的斟酒量、服务流程操作步骤等,这些量化标准不仅是效率的保障,更是食品安全与体验价值的基础。

3. 顾客满意管理:服务价值的终极检验

顾客满意管理是一个动态的需求响应与危机转化系统,这一系统要求服务人员具备敏锐的观察力与出色的情绪引导能力。显性需求需在3分钟内响应,隐性需求则通过观察顾客的肢体语言进行预判,如顾客频繁看表时主动询问其时间安排。服务人员要具备判断、识别顾客需求、快速处理顾客投诉及突发状况的能力,能及时采取措施,避免影响整体服务体验。在处理过程中,服务人员要保持冷静、专业,避免与顾客发生争执,确保问题能够得到妥善解决,维护餐厅的良好形象。

基础服务技能的习得需要理论认知与肌肉记忆的双重构建。服务人员需在50小时以上的情景模拟与岗位实践中,将操作标准转化为条件反射,使微笑、问候、斟酒等动作达到自动化执行水准。这种专业能力的积累,既是个人职业发展的基石,更是餐饮企业构筑竞争壁垒的核心要素。

(二)专业知识

1. 菜品知识

熟悉餐厅菜单,了解各道菜的特色、原材料来源、烹饪方法及营养价值,便于为顾客提供专业介绍与建议。服务人员不仅要了解菜品的基本信息,还应深入学习菜品背后的文化和故事,以便在介绍时能够更加生动、有趣,并且能够吸引顾客的兴趣。例如,对于一道具有地方特色的菜肴,可以介绍其所属地区的饮食文化、历史渊源等,让顾客在品尝美食的同时,也能感受到当地的文化魅力。

2. 酒水知识

掌握各类酒水的种类、品牌、口感及酒精度,能够根据用餐场景和顾客需求,为顾客推荐合适的酒品。了解不同酒品的特点,如红葡萄酒的醇厚、白酒的辛辣、啤酒的清爽等,以及它们与各类菜品的搭配方式,是提供优质服务的关键。例如,对于选择海鲜的顾客,可以推荐口感清爽、酸度较高的白葡萄酒,以突出海鲜的鲜美;而对于享用牛羊肉的顾客,则可以推荐醇厚的红葡萄酒,以搭配肉类的浓郁口感。

3. 食品安全意识

严格遵守食品安全相关的法律法规,熟悉食品采购、储存、加工及制作等环节的卫生要求,确保顾客用餐安全。服务人员应了解食品的保质期、储存条件等知识,避免使用过期或变质的食材。在食品加工过程中,要严格按照卫生标准进行操作,如生熟食品分开存放、避免交叉污染、烹饪温度达标等,确保顾客能够享用到安全、健康的美食。

(三)沟通与情感服务能力

1. 语言表达能力

能够清晰、准确、礼貌地表达,详细介绍菜品及服务流程,使用恰当的语速和语调,便于顾客理解和接受。在介绍菜品时,要避免使用过于专业或晦涩难懂的术语,而是用通俗易懂的语言描述菜品的特点、口味和制作工艺。例如,介绍宫保鸡丁时,可以说:"这道宫保鸡丁是我们餐厅的招牌菜之一,选用新鲜的鸡胸肉,搭配花生米、干辣椒等食材精心炒制而成。鸡肉鲜嫩多汁,花生米香脆可口,口感麻辣鲜香,非常下饭。"

2. 倾听与理解能力

在与顾客交流时,耐心倾听顾客需求,不打断其发言,适时给予反馈,确保准确把握顾客意图。当顾客对菜品或服务有疑问时,服务人员要认真倾听顾客的问题,用眼神和点头等方式表示关注和理解。在顾客表达完自己的想法后,再进行有针对性的解答和回应,避免因误解顾客需求而导致服务失误。

3. 情感互动能力

通过微笑、眼神交流和肢体语言建立情感联系,营造温馨、友好的就餐氛围,提升顾客满意度。在服务过程中,服务人员可以通过适时的微笑、鼓励的眼神和恰当的肢体语言,让顾客感受到关怀和尊重。例如,在顾客尝试新菜品时,给予肯定和鼓励的眼神,让顾客感受到餐厅对其选择的支持和尊重;在顾客用餐结束后,送上真诚的祝福和微笑,让顾客带着愉悦的心情离开餐厅。

(四)应变能力

1. 对客沟通应答能力

在遇到顾客提出疑问或投诉时,能够迅速、清晰地给予回应,保持专业形象。服务人员要具备良好的心理素质和沟通技巧,面对顾客的质疑或不满,能够冷静、从容地应对。在回答顾客问题时,要简洁明了,避免含糊其词或给出过于复杂的解释,让顾客能够快速理解。

2. 妥善解决投诉能力

在面对顾客投诉时,保持冷静、耐心,通过积极沟通和采取有效措施解决问题。例如,某餐厅服务员在面对一位因等待时间过长而投诉的顾客时,首先表示诚挚歉意,并立即协调厨房加快出菜,最后获得了顾客的理解与肯定。在实际服务中,服务人员应灵活运用各种方法处理顾客投诉,如为顾客提供优惠、赠送小礼品、升级服务等,以缓解顾客的不满和弥补损失,提升顾客的满意度和忠诚度。

3. 处理突发事件能力

服务人员应具备迅速处理突发状况的能力,如顾客更改订单、菜品制作延误或环境问题等,熟悉应急预案,定期参与应急演练,确保在突发事件中能迅速反应。在实际工作中,突发状况难以避免,如顾客突然更改订单、菜品制作出现延误、餐厅环境出现意外情况(如停电、漏水等)。服务人员需要具备冷静的头脑和快速的反应能力,迅速评估情况,采取有效的应对措施。

服务人员应熟悉餐厅的应急预案,了解各种突发情况的处理流程。例如,遇到顾客突发疾病时,应立即拨打急救电话,并采取简单的急救措施,如心肺复苏等。同时,要定期参与应急演练,通过模拟各种突发情况,提高应对能力,确保在实际工作中能够迅速、有效地处理问题。

三、成为餐饮服务高手的"四道关"

在实际工作中,从初入职的菜鸟到成为餐饮服务高手,需要逐步闯过以下四道大关。

(一)第一关:推出你的最佳形象

优质服务离不开服务人员的个人形象与工作表现。

1. 仪容仪表形象

保持干净整洁、得体的着装,确保符合餐厅标准。服务人员的着装应根据餐厅的定位和氛围进行选择。例如,高端餐厅可能要求正式的制服,而休闲餐厅则可以采用更为轻松舒适的服装。无论着装风格如何,都应确保服装干净、整洁、无异味,鞋袜搭配得当,整体形象给人以专业、可靠的感觉。

2. 举止动作形象

站姿端正、步伐稳健,展现自信与专业。在餐厅服务中,服务人员的举止动作直接影响顾客对餐厅的印象。站立时,应保持身体挺直,肩膀放松,双手自然下垂或轻握于身前,避免双手叉腰、抱胸等不雅姿势;行走时,步伐要轻盈、节奏适中,避免拖沓或过于急促,转身和停止动作也应自然流畅,展现出优雅的风范。

3. 语言表达形象

语言清晰、礼貌得体,能够准确传达信息。服务人员在与顾客交流时,应使用清晰、悦耳的声音,语速适中,避免过快或过慢。同时,要注意语言的礼貌性和规范性,多使用敬语和问候语,如"先生/女士""请""谢谢"等,避免使用粗俗、生硬的语言。在表达时,要注重条理清晰,准确地传达菜品信息、服务内容等,避免语言表达不清导致顾客误解。

4. 态度意识形象

始终以积极、热情的态度服务,点亮工作热情,感染顾客。服务人员应始终保持微笑,让顾客感受到真诚的欢迎和友好的氛围。在面对顾客的各种需求和问题时,要展现出耐心和细心,不急躁、不厌烦,积极主动地为顾客解决问题。即使在工作压力较大或遇到困难的情况下,也要保持乐观的心态,不将负面情绪带入工作中,以优质的服务态度赢得顾客的信任和好评。

(二)第二关:掌握餐厅服务六大技能

服务的基础在于熟练掌握餐厅服务的六大基本技能。

1. 托盘

利用托盘准确送达菜品、饮品及餐具。托盘是餐厅服务中常用的工具,掌握正确的托盘方法能够提高工作效率,确保服务的稳定性。在托盘时,要根据物品的形状、体积和重量进行合理摆放,避免物品相互碰撞或掉落。同时,要保持托盘的平衡,行走时步伐稳健,转弯和避开障碍物时动作轻巧,确保物品安全送达目的地。

2. 摆台

将餐桌布置整齐,确保顾客用餐所需物品有序排列。摆台的质量直接影响顾客对餐厅的第一印象和用餐体验。服务人员要熟悉不同餐桌形式和餐具的摆放规范,根据餐厅的要求和顾客的用餐需求,将餐具、玻璃器皿、餐巾等物品整齐、美观地摆放在餐桌上。摆放时要注意餐具的间距、方向和搭配,确保顾客使用方便。

3. 折花

巧妙折叠餐巾,增添餐桌美观度与艺术感。餐巾折花是餐厅服务中的一项美化工作,能够为餐桌增添艺术氛围,提升餐厅的整体档次。服务人员要掌握各种餐巾折花的方法和技巧,根据餐厅的主题和顾客的需求,选择合适的花形进行折叠。折花时要注意餐巾的平整度和造型的立体感,使折好的花朵美观大方,与餐桌的整体布置相协调。

4. 斟酒

准确倒酒,确保酒水服务符合标准。斟酒是餐厅服务中的一项重要技能,涉及酒水的种类、酒具的使用以及倒酒的技巧等多个方面。服务人员要熟悉各类酒水的特点和饮用方法,根据顾客所点酒水选择合适的酒具,并按照规范的斟酒顺序和量度进行倒酒。在倒酒时,要保持酒瓶的清洁,避免酒标朝下或酒瓶口接触酒具,同时要注意控制倒酒的速度和流量,确保酒水倒入酒具时平稳、准确,不洒不漏。

5. 上菜

按既定流程迅速、准确地将菜品送到顾客桌前。上菜是餐厅服务的核心环节之一,直接关系到顾客的用餐体验。服务人员要熟悉餐厅的菜单和菜品流程,根据顾客的点菜顺序和用餐进度,合理安排上菜的时间和顺序。在端菜时,要使用正确的托盘技巧,确保菜品的稳定和卫生。上菜时,要面带微笑,向顾客报出菜品名称,并根据菜品的特点进行简单地介绍,然后将菜品轻轻放置在餐桌上,注意不要碰撞到顾客或其他餐具。

6. 分菜

合理分派菜品,确保每位顾客均能享用到满意的菜品。分菜的目的是将菜品均匀、美观地分配给每一位顾客,使其都能品尝到美食。服务人员要掌握分菜的基本技巧,如使用分菜工具、控制分菜的量度等。在分菜时,要根据菜品的种类和顾客的人数进行合理分配,注意保持菜品的完整性,避免将菜品分得过碎或过小。同时,要根据顾客的用餐需求和喜好,适时调整分菜的方式和量度,确保每位顾客都能满意。

(三)第三关:掌握餐厅服务接待流程

服务流程是餐饮服务的整体艺术,从迎宾到离店,每个环节都需精心设计。

1. 迎宾服务流程

营造良好的第一印象。迎宾是餐厅服务的第一步,也是给顾客留下第一印象的关键环节。服务人员要在餐厅门口热情迎接顾客,面带微笑,主动问候,并根据顾客的情况提供相应的帮助,如开门、提拿物品等。在引导顾客入座时,要根据餐厅的座位安排和顾客的需求,选择合适的座位,并为顾客拉开椅子,邀请顾客就座,展现出贴心和周到的服务。

2. 开餐服务流程

提供菜单介绍、菜品推荐及点菜协助。在顾客入座后,服务人员要及时为顾客送上菜单,并用简洁明了的语言介绍餐厅的特色菜品、推荐菜品以及任何优惠活动等。在顾客点菜时,要耐心倾听顾客的需求,根据顾客的喜好和用餐人数,提供合理的点菜建议,帮助顾客做出选择。同时,要准确记录顾客所点的菜品和特殊要求,如菜品的口味、熟度等,并及时将订单传递给厨房。

3. 餐中服务流程

持续关注顾客需求,及时补充饮料、清理桌面。在顾客用餐过程中,服务人员要保持适当的距离,既不能过于频繁地打扰顾客,也不能忽视顾客的需求。要随时留意顾客的用餐情况,当顾客的饮料喝完或需要添加时,及时为顾客提供服务。同时,要及时清理餐桌上的残渣和空盘,保持桌面的整洁和卫生,为顾客创造一个舒适的用餐环境。

4. 餐后结账流程

确保账单准确、结算顺畅。用餐结束后,服务人员要及时为顾客提供准确的账单,并用清晰、友好的语言告知顾客消费金额。在结算时,要熟练掌握各种支付方式的操作流程,如现金、信用卡、移动支付等,确保结算过程快速、准确。如果顾客对账单有疑问,要耐心解答,核对消费项目,确保顾客满意。

5. 离店送客流程

以温馨告别为顾客画上圆满句号。在顾客准备离开时,服务人员要主动上前,感谢顾客的光临,并询问顾客对用餐是否满意,如有不足之处,虚心听取顾客的意见和建议。随后,为顾客拉开大门,目送顾客离开,展现出餐厅的热情和专业,让顾客感受到被尊重和重视,为本次用餐体验留下美好的回忆。

(四)第四关:提升餐厅服务待客技巧

在掌握基础技能和流程后,还需进一步提高待客技巧,具体包括以下几点。

1. 观察顾客需求技巧

及时捕捉顾客细微需求。服务人员要善于通过观察顾客的行为、表情和语言等细节,敏锐地发现顾客的潜在需求。例如,当顾客反复查看菜单的某个菜品时,可能对该菜品感兴趣但有疑问,此时服务人员可以主动上前询问并提供相关信息;当顾客在用餐过程中频繁看表时,可能有时间上的限制,服务人员可以适当加快服务节奏。

2. 对客服务沟通技巧

用语清晰、礼貌周到。在与顾客沟通时,服务人员要注意语言的表达方式,使用礼貌、亲切的语气,避免生硬、冷漠的态度。要善于倾听顾客的意见和要求,不打断顾客的讲话,适时给予回应和反馈,让顾客感受到被尊重和关注。同时,要根据顾客的不同特点和需求,灵活调整沟通方式和内容,使沟通更加顺畅有效。

3. 点菜销售技巧

通过专业建议促进顾客满意点菜。服务人员要充分利用自己对菜品的了解,根据顾客的口味偏好、用餐人数和消费预算等因素,为顾客提供合理的点菜建议。在推荐菜品时,要注重突出菜品的特色和优势,如食材的新鲜度、烹饪的独特方法、口味的受欢迎程度等,帮助顾客做出满意的选择。同时,要注意避免过度推荐或强行推销,以免引起顾客的反感。

4. 个性化服务技巧

根据顾客特点提供专属服务。每个顾客都有其独特的喜好和需求,服务人员要善于发现并满足这些个性化的需求,为顾客提供专属的服务体验。例如,对于带孩子的家庭顾客,可以主动提供儿童座椅、儿童餐具和适合儿童食用的菜品;对于老年顾客,可以推荐软烂易嚼的菜品,并适当调整菜品的口味;对于外国顾客,可以提供英文菜单或用简单的英语进行沟通并介绍菜品。

5. 解决现场问题技巧

快速处理突发状况。在餐厅服务中,难免会遇到各种突发状况,如顾客投诉、菜品问题、意外事故等。服务人员要保持冷静、沉稳的心态,迅速判断问题的性质和严重程度,并采取相应的解决措施。在处理过程中,要始终保持礼貌和耐心,向顾客表达歉意,并积极寻求解决方案,如更换菜品、提供折扣、补偿等,以化解顾客的不满,维护餐厅的良好形象。

6. 客户关系维系技巧

建立长期良好的顾客关系,促进口碑传播。服务人员要注重与顾客建立长期稳定的关系,通过优质的服务和真诚的交流,顾客能感受到餐厅的关怀和重视。在顾客用餐结束后,可以适时送上小礼物或优惠券,表达对顾客光临的感谢;对于常客和老顾客,要能够记住他们的姓名、喜好等信息,并在下次光临时给予特别的关注和照顾,增强顾客的归属感和忠诚度。

项目小结

　　本项目详细阐述了餐饮服务的相关知识与餐饮服务人员应具备的职业素养,包括职业道德、服务态度、职业形象与服务意识,同时对基础服务技能、专业知识、沟通与应变能力提出了具体要求。通过学习与案例分析,学生应认识到优质服务离不开良好的个人素质和专业技能,并明确在实际工作中如何不断提升自身能力,最终成为一名优秀的餐饮服务人员。

项目
训练

一、知识训练

扫码查看具体内容。

二、能力训练

（一）案例分析与讨论

分组讨论真实餐厅中的服务案例，分析服务人员在责任心、诚信、团队精神等方面的表现，并提出改进建议。

每组选择一个具体案例，如某餐厅因服务不周导致顾客投诉，讨论如何通过改善服务态度和加强团队协作解决问题。

（二）角色扮演与情景模拟

通过模拟接待、投诉处理、突发事件应对等情景，进行角色扮演练习。教师根据学生的实际表现给予现场点评和改进建议，帮助学生提高应变与沟通能力。

Note

项目二
餐饮服务的基本要素

项目描述

本项目围绕餐饮服务的核心要素展开系统性教学，旨在帮助学生构建从理论到实践的全方位服务能力。通过分析连锁型、单体餐饮企业及酒店餐饮部的组织架构特点，结合岗位职责、通岗模式与优质服务四部曲（展示态度、识别需求、满足需求、培养忠诚度），引导学生掌握现代餐饮服务的关键技能。

项目目标

知识目标

1. 掌握连锁型、单体餐饮企业及酒店餐饮部的组织架构特点与岗位协作流程。
2. 熟悉优质服务四部曲（展示态度、识别需求、满足需求、培养忠诚）的核心理论与行业创新工具（如大数据分析、通岗模式）。

能力目标

1. 提升跨岗位协作与高峰期服务效率，灵活应对复杂服务场景（如投诉处理、特殊需求响应）。
2. 强化客户需求洞察能力，通过观察、倾听与提问精准识别显性与潜在需求。

素养目标

1. 树立精益求精的服务意识。
2. 培养"到我为止"的责任担当。

知识导图

```
                              ┌─ 餐饮企业组织架构
              餐饮服务人员及岗位工作描述 ─┼─ 餐厅服务岗位核心职责
              │               └─ 岗位通岗的应用
  餐饮服务的 ─┤
  基本要素    │               ┌─ 展示积极服务态度
              │               ├─ 识别顾客的需求
              优质服务四部曲 ─┼─ 满足顾客需求
                              └─ 确保顾客成为回头客
```

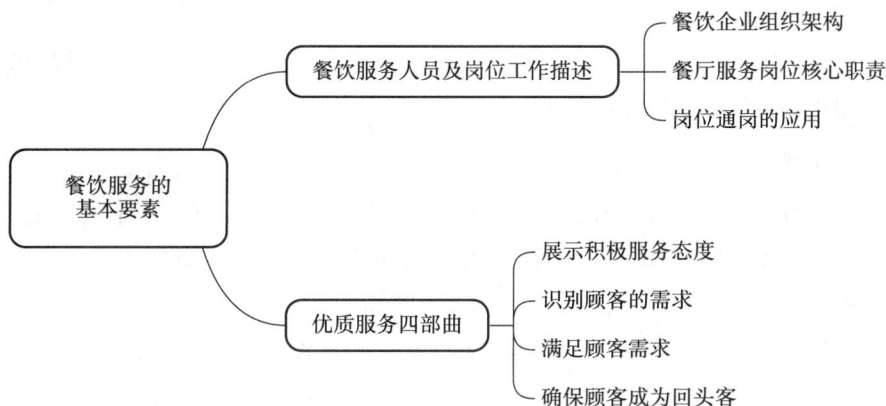

任务一　餐饮服务人员及岗位工作描述

任务描述

　　本任务旨在帮助学生全面了解餐饮企业的组织架构及各服务岗位的工作职责,掌握不同岗位的协作流程与技能要求。通过理论学习与案例分析,学生能够理解餐饮行业的运作模式,并为未来职业发展奠定基础。

任务目标

　　1. 掌握连锁型、单体餐饮企业及酒店餐饮部的组织架构特点。
　　2. 熟悉迎宾、服务、传菜、收银等岗位的核心职责与操作规范。
　　3. 培养团队协作意识与客户服务能力,提升职业素养。

一、餐饮企业组织架构

（一）连锁型餐饮企业组织架构

1. 特点

（1）标准化管理:所有门店严格遵循统一的操作流程与服务标准,确保顾客在任何一家门店都能获得一致的体验。

（2）规模化运营：借助中央厨房与供应链体系的强大支持，实现多门店的高效运营，降低成本，提升竞争力。

（3）品牌化发展：高度重视品牌形象与客户体验的一致性，通过统一的品牌标识、装修风格和服务标准，增强品牌影响力。

2. 架构层级

在连锁餐饮企业组织架构的总部层级中，战略决策层由 CEO（首席执行官）、CFO（首席财务官）、COO（首席运营官）构成，其主要职责在于企业战略规划、资源分配以及重大决策的制定。职能部门涵盖多个重要板块：品牌运营部负责策划与执行市场推广活动，维护品牌形象以提升知名度和美誉度；供应链管理部承担食材集中采购、质量把控以及协调物流配送的任务，保障食材及时供应与品质稳定；中央厨房进行标准化菜品生产与配送，并致力于新菜品研发，为门店提供统一菜品支持；数字化技术部专注于信息化系统的开发、维护与升级，推动企业数字化转型，提升运营效率；人力资源部负责人才招聘、搭建培训体系以及实施绩效管理，为企业提供坚实的人力资源保障；市场营销部负责策划与执行促销活动，维护与管理客户关系，提升顾客满意度和忠诚度。

3. 创新趋势

在连锁餐饮企业的发展过程中，标准化管理、规模化运营和品牌化发展是其核心优势，而总部层面的职能分工则为企业的稳定运行提供了保障。然而，随着市场环境的变化和消费者需求的多样化，传统的组织架构和管理模式已不足以应对日益激烈的竞争压力。为了进一步提升效率、降低成本并增强市场竞争力，连锁餐饮企业正积极探索创新路径，通过技术升级和组织形式的优化，推动企业向更高效、更灵活的方向发展。以下为连锁餐饮企业在组织架构上的创新趋势。

（1）中央厨房与智能配送：通过中央厨房实现菜品的标准化生产，利用智能配送系统精准调度，提高配送效率，缩短上菜时间。

（2）大数据分析：深度挖掘顾客数据，优化菜单设计、库存管理与客户服务，实现精准营销与成本控制。

（3）敏捷小组：针对新店开业、活动策划等特殊任务，成立跨部门临时团队，整合资源，提高响应速度与执行效率。

（二）单体餐饮企业组织架构

1. 特点

（1）灵活性高：能够迅速根据市场变化调整经营策略与服务模式，灵活应对各种情况。

（2）个性化服务：注重满足顾客的个性化需求，提供独特的用餐体验，依靠口碑传播提升知名度。

（3）管理扁平化：管理层级少，决策流程简洁高效，信息传递迅速，便于快速响应市场变化。

2. 架构层级

单体餐饮企业组织架构由管理层、前厅团队和后厨团队构成。管理层包括店主和店长，店主负责财务规划、食材采购与整体运营决策，把控企业发展方向；店长负责日常运营的执行与服务管理，确保各项工作的顺利开展。前厅团队包括迎宾员、服务员、传菜员和收银员，迎宾员负责热情接待顾客并合理安排座位，维护餐厅的第一印象；服务员负责点餐服务、菜品上桌与全程的客户服务，满足顾客的用餐需求；传菜员负责菜品的快速传递与餐具的及时回收，确保用餐流程的顺畅；收银员负责准确结账与账目管理，提供便捷的支付体验。后厨团队包括主厨、帮厨和洗碗工，主厨负责菜品的设计、研发与质量控制，打造餐厅的美食特色；帮厨协助主厨完成菜品制作，确保出餐效率与品质；洗碗工负责餐具的清洗、消毒与后厨区域的卫生维护，保障食品安全。

（三）酒店餐饮部组织架构

1. 特点

（1）多元化服务：提供宴会、客房送餐、特色餐厅等多种餐饮服务形式，满足不同顾客的需求。

（2）高端化体验：注重服务的细节与品质，致力于为顾客提供高端、舒适的用餐体验。

（3）紧密协作：与酒店的其他部门（如客房部、市场部）等紧密合作，实现资源共享与协同服务。

2. 架构层级

酒店餐饮部的组织架构由核心管理层、业务分部与支持部门协同构成。餐饮总监作为顶层决策者，统筹全盘业务并监督服务质量，其下设分部管理团队按业务模块分工：中餐厅、西餐厅及宴会厅由餐厅经理负责日常运营，领班负责班次协调与顾客接待；厨房部由行政总厨把控菜品设计与团队管理，各菜系厨师长专注菜品制作与品质监督。与此同时，支持部门为运营提供资源保障：采购部确保食材新鲜与成本控制，仓储部优化库存管理，避免浪费，宴会预订中心则负责活动全流程服务。这种扁平化架构通过职能分工与横向协作，实现从战略规划到执行落地的无缝衔接，确保餐厅服务链条的高效运转。

二、餐厅服务岗位核心职责

1. 迎宾人员

（1）接待引导：热情问候每一位到店顾客，迅速查询预订信息，合理分配座位，对于满座情况做好排队叫号工作,确保顾客等待体验良好。

（2）客户建档:详细记录顾客的特殊需求,如食物过敏、生日庆祝等信息,并及时同步至服务团队,为个性化服务提供依据。

（3）会员推广:积极协助推广餐厅会员系统,耐心向顾客介绍会员权益与优惠活动,引导顾客注册成为会员以增加会员黏性。

2. 服务人员

（1）餐前服务:迅速为顾客铺好餐巾、递上菜单,主动介绍餐厅特色菜品与推荐菜品,并准确掌握菜品的成分、烹饪方式等详细信息,为顾客提供专业的点餐建议。

（2）餐中服务:上菜时主动报出菜名,展示菜品特色;及时为顾客添加酒水,密切关注顾客的用餐需求,快速响应并解决顾客提出的各种问题。

（3）餐后服务:餐后及时清理桌面,保持用餐环境整洁;认真核对账单,确保准确无误;引导顾客完成支付流程,提供便捷的支付方式。

3. 传菜人员

（1）菜品传递:熟练掌握厨房出餐顺序,确保菜品从厨房到餐桌的高效传递,严格控制菜品的温度与口感,避免菜品变冷或影响品质。

（2）质量检查:仔细核对菜品与订单的一致性,确保菜品准确无误,避免上错菜或遗漏菜品。

（3）餐具回收:协助服务员及时撤下使用过的餐具,按照不同种类进行分类整理并送至洗碗间,保持餐桌整洁。

4. 收银人员

（1）结账服务:熟练操作收银系统,支持现金、移动支付、会员积分抵扣等多种支付方式,为顾客提供便捷、快速的结账服务。

（2）票据管理:按照规定开具发票,确保发票信息准确无误;妥善保存消费凭证,按照财务制度进行归档管理。

（3）账目核对:每日营业结束后,与财务部门仔细核对账目,确保账目清晰、准确,做到日清日结。

（4）促销活动执行:熟悉并准确向顾客解释会员优惠、节日套餐等促销活动内容,积极引导顾客参与,提升顾客复购率。

三、岗位通岗的应用

随着餐饮行业的快速发展与消费者需求的不断升级,传统的单一岗位分工模式已无法完全适应现代餐饮服务的需求。通岗模式,即员工在掌握本岗位技能的基础上,能够胜任多个岗位的工作,正逐渐成为行业发展的主流趋势。这种模式不仅能够提高工作效率、优化人力资源配置,还能为员工提供更广阔的职业发展空间,同时为顾客提供更加灵活与个性化的服务体验。

（一）什么叫通岗

通岗是指员工在熟练掌握本岗位专业技能的基础上，通过培训与实践，具备其他岗位的工作能力，实现"一专多能"，能够在不同岗位间灵活转换与支持。

（二）通岗的意义

通岗机制在餐厅运营中具有重要价值，主要体现在三个方面。第一，通过岗位间的灵活调配，通岗员工能够在高峰时段或人员短缺时迅速补位，确保服务流程的连续性与稳定性，有效避免因岗位空缺导致的服务延误或中断，从而提升整体运营效率。第二，这种多岗位适配性减少了对单一岗位的过度依赖，优化了人力资源配置，在不增加编制的情况下提高了人员利用率，进而在一定程度上降低了企业的人力成本。第三，通岗机制为员工提供了跨岗位实践的机会，使其能够全面了解餐厅从前厅接待到后厨生产的全流程价值链。通过多模块的实操经验积累，员工不仅能够深度理解各环节的工作内容，还能在丰富自身工作经验的同时，增强其在餐饮行业中的职业竞争力。这种岗位灵活性与人力资本增值的双重效应，最终形成了提升餐厅综合竞争力的良性循环。

（三）通岗的应用场景

通岗机制在餐厅运营中具有重要的实践意义，其应用场景主要体现在以下几个方面。

1. 高峰时段支援

当餐厅处于用餐高峰，迎宾员在完成接待任务后，可迅速转换角色，协助服务员进行点餐引导及上菜服务，通过岗位间的无缝衔接加快服务节奏，确保顾客获得良好的用餐体验。与此同时，传菜员在菜品传递的间隙，可临时支援收银岗位，协助完成结账操作，如引导顾客支付、核对账单信息等，这种跨岗位协作有效提高了结账效率，缩短了顾客等待时间。

2. 人员短缺应对

在餐饮服务中，人员短缺是影响餐厅正常运营的常见问题，而通岗机制在应对这一挑战时展现出其独特的必要性与优势。当餐厅出现人员不足时，通岗员工能够迅速填补岗位空缺，确保服务链条的连续性与稳定性。例如，服务员在必要时可临时承担传菜员的职责，负责菜品的及时传递与准确送达，保障顾客用餐流程顺畅；收银员则可在迎宾员工作繁忙时协助完成顾客引导与座位安排，尤其是在客流量较大、迎宾员无法兼顾全部接待任务的情况下，通过岗位间的灵活调配保障接待工作的高效开展。

3. 特殊活动支持

在举办宴会、大型聚会、主题活动等特殊活动时,所有岗位员工可根据活动的需要灵活调配,如服务员可协助厨房进行简单的菜品准备工作,传菜员可参与现场的布置与清理等,共同确保活动顺利进行。

随着餐饮行业向智能化、个性化与高效化方向发展,通岗模式对从业人员的综合能力提出了更高的要求。未来的餐饮服务人员不仅需要精通本岗位的技能,还需具备跨岗位的工作能力,以适应行业的快速变化与多样化需求。

任务二　优质服务四部曲

任务描述

本任务总结了提供优质服务的四个关键步骤:展示积极服务态度、识别顾客需求、满足顾客需求、培养顾客忠诚度。这些步骤结合了实践经验与策略,旨在帮助学生提升服务技能,在工作中为顾客提供更好的体验。

任务目标

1. 理解优质服务的重要性,理解其对顾客满意度、忠诚度及餐厅品牌形象的深远影响。

2. 系统学习并掌握提供优质服务的四个关键步骤。

一、展示积极服务态度

在餐饮服务中,服务人员的态度是影响顾客体验的关键因素之一。积极的服务态度不仅能够提升顾客的满意度,还能塑造餐厅的良好形象,为餐厅的长期发展奠定基础。服务人员的积极态度主要体现在以下几个方面:整洁的外表、真诚的微笑以及热情友好的沟通方式。这些细节不仅体现了服务人员对工作的热爱与专业,也直接影响顾客对餐厅的整体印象。通过规范服务人员的外表、微笑和语言表达,餐厅能够为顾客营造出一个舒适、愉悦的就餐环境,从而增强顾客的忠诚度与满意度。以下是服务人员在日常工作中展现积极态度的具体要求。

（一）外表

1. 整洁的着装

服务人员的外表是顾客对餐饮服务形成第一印象的关键因素。因此，保持整洁的着装至关重要。服务人员应穿着统一的工作制服，制服的颜色和款式应与餐厅的整体风格相协调，体现出餐厅的品牌形象。制服必须保持干净整洁，不得有明显的破损或褶皱，这不仅是对顾客的尊重，也是对自己职业的尊重。

在工作前，服务人员应仔细检查自己的制服，确保没有污渍、皱褶或其他影响外观的瑕疵。制服应熨烫笔挺，给顾客一种干练、专业的感觉。此外，内衣不得外露，避免给顾客带来不适的视觉体验。

2. 发型和面部清洁

发型和面部的清洁同样是外表的重要组成部分。男性员工应保持短发，不留长发或胡须，以展现干净利落的形象。女性员工的头发应保持适中的长度，避免披肩，建议将头发扎起或盘起，以免在工作中影响服务质量。同时，面部的清洁也不可忽视，员工应保持面部无油光，化淡妆以提升整体形象。

在餐饮行业，员工的外表不仅代表个人形象，更代表餐厅的整体形象。因此，服务人员应定期修剪发型，保持面部清洁，给顾客留下良好的第一印象。

3. 个人卫生

个人卫生是服务人员展现积极态度的重要方面。手部应保持清洁，定期洗手，尤其是在处理食物和饮品之前。服务人员不得涂指甲油，指甲应修剪整齐，以避免给顾客带来不适的感觉。此外，保持身体无异味也是服务人员的基本要求，员工应定期洗澡，保持干净整洁。

在餐饮行业，顾客对卫生的要求极高，服务人员的个人卫生直接影响顾客的就餐体验。因此，服务人员应时刻关注自身的卫生状况，以展现对顾客的尊重和对工作的认真态度。

（二）微笑

1. 真诚微笑

微笑是服务行业的基本礼仪，真诚的微笑能够有效拉近与顾客的距离。服务人员应练习自然地微笑，确保微笑能够传达出真诚和热情。微笑不仅是一种肢体语言，更是一种情感的表达，能够让顾客感受到温暖和关怀。

在服务过程中，服务人员应时刻保持微笑，尤其是在与顾客交流时。微笑能够缓解顾客的紧张情绪，营造轻松愉快的就餐氛围。通过真诚的微笑，服务人员能够让顾客感受到被重视和尊重，从而提升顾客的满意度。

Note

2.微笑时机

微笑的时机同样重要,服务人员应在顾客进店、点餐、离开等关键时刻保持微笑。在顾客进店时,服务人员应主动迎接,微笑问候,营造友好的氛围。在顾客点餐时,服务人员应保持微笑,认真倾听顾客的需求,并给予积极反馈。在顾客离开时,服务人员应再次微笑道别,感谢顾客的光临。

在关键时刻保持微笑,服务人员能够有效提升顾客的就餐体验,让顾客感受到餐厅的热情和专业。

(三)说话的语气

1.清晰表达

在餐饮服务中,清晰表达是与顾客沟通的基础。服务人员应使用简单明了的语言,避免使用专业术语或复杂词汇,以免造成顾客的困惑。在介绍菜品时,服务人员应简洁明了地介绍,突出菜品的特点和推荐理由,让顾客能够快速理解。

此外,服务人员在与顾客交流时,应注意语速和语调,确保顾客能够听清楚每一个字。清晰的表达不仅能够提升沟通效率,还能让顾客感受到服务人员的专业素养。

2.热情友好

热情友好是服务人员展现积极态度的重要方式。在与顾客交流时,服务人员应使用积极、热情的语言,如"欢迎光临""请慢走"等礼貌用语。通过热情的语言,服务人员能够让顾客感受到温暖和关怀,增强顾客的归属感。

在处理顾客投诉时,服务人员更应保持热情友好的态度,耐心倾听顾客的意见,并给予积极的回应。通过热情友好的交流,服务人员能够有效化解顾客的不满,提升顾客的满意度。

3.倾听与回应

倾听是良好沟通的基础,服务人员在顾客发言时应保持安静,认真倾听。通过点头、简短回应等方式,服务人员能够表明自己在认真倾听,尊重顾客的意见。在顾客表达需求或意见时,服务人员应及时给予反馈,确保顾客感受到被重视。

在倾听的过程中,服务人员应注意顾客的情绪变化,适时给予安慰和支持。通过倾听与回应,服务人员能够建立良好的沟通关系,提升顾客的满意度。

二、识别顾客的需求

在餐饮服务中,识别顾客的需求是提供优质服务的关键环节。顾客的需求往往不限于显而易见的点餐需求,还包含许多潜在的、尚未明确表达的需求。服务人员通过敏锐的观察、专注的倾听以及有效的沟通,能够提前识别并满足这些需求,从而为顾客提供超出预期的服务体验。这种"领先顾客一步"的服务意识不仅能够提升顾客的满意度,还能塑造餐厅的良好形象,增强顾客的忠诚度。以下是服务人员在日常工作中识别顾客需求的具体方法与实践。

(一)领先顾客一步

当服务人员想要深入了解顾客的需求时,仅仅依靠直接对话或等待顾客主动提出是远远不够的,这样的服务只能是基础层面的。真正的优质服务,要能够先顾客一步,洞察他们尚未表达的潜在需求。

服务人员需要通过观察顾客的表情、语气和行为来获取信息,并用心去感受:顾客现在的心情如何? 他们有什么需求? 例如,当夫妻二人带着五岁的孩子一起用餐时,处于好奇心旺盛年纪的孩子往往需要特别关注。这时,服务人员应该思考:这桌顾客可能需要什么? 是否需要为孩子准备餐椅和儿童餐具? 餐厅是否可以为孩子提供免费的小零食或小玩具? 如果服务人员能够在顾客开口之前就主动提供这些服务,那么顾客对餐厅将更加满意。

(二)善于观察

服务人员应该注意顾客的肢体语言(如皱眉、挥手)、表情变化(如微笑、皱眉)及言行举止中的潜在需求。例如,当顾客在菜单上犹豫不决时,服务人员可以主动提供推荐或建议;当顾客显得不耐烦时,服务人员应该加快服务速度,以免影响顾客的就餐体验。

教学互动——案例分析

> 某餐厅的宴请活动尚未正式开始,一位穿着吊带背心的女士进入宴会厅。她坐下不久,使用双手搓了搓双臂,过了一会儿,又将餐巾搭在一侧的手臂上。服务员留意到这一细节后,迅速到工作台取来一条披肩,走到这位女士面前说:"您好,看您好像有点冷,我为您准备了一条干净的披肩。"女士十分高兴,连声道谢,宴会结束前一直披着披肩。

(三)善于倾听

在餐饮服务中,善于倾听是服务人员与顾客建立良好沟通关系的重要能力。服务人员应全神贯注地倾听顾客的发言,给予充分的关注,避免打断顾客的表达,同时通过眼神接触和恰当的肢体语言传递尊重与专注。此外,在倾听过程中,服务人员需通过点头、简短回应等方式表明自己正在认真倾听,并适时提出疑问以确认理解无误。这种积极的倾听方式不仅能够帮助服务人员准确把握顾客的需求,还能让顾客感受到被重视和尊重,从而提升顾客的满意度和信任感。通过倾听与回应,服务人员能够更好地满足顾客的期望,为提供优质的服务体验奠定基础。

教学互动——案例分析

晚餐时分,一家繁忙的餐厅内座无虚席,热闹非凡。常客于女士带着几位外地朋友来到这里用餐。从她们的聊天中得知,这几位朋友是第一次来这座城市,满怀期待地想要体验当地的美食。

点菜时,于女士主动向服务员询问本地特色菜肴。服务员田田热情地为她们介绍了几道餐厅的招牌菜。

当服务员将赠送的餐前开胃小菜——泡萝卜端上桌时,于女士立刻兴奋地向朋友们介绍:"这是他们酒店自己做的泡萝卜,真的在外面花钱都吃不到的!"她的热情感染了朋友们,大家纷纷品尝,赞不绝口。其中一位朋友打趣道:"我得问问他们这个泡菜的配方,回去也试着做一下!"

用餐结束后,田田注意到于女士的朋友们都对泡萝卜赞赏有加。为了给她们留下更好的印象,田田决定送上一份小惊喜。她拿着几份精心封装好的泡萝卜,走到于女士面前,微笑着说:"于女士,非常高兴您的朋友喜欢我们家的泡萝卜。我注意到您这几位顾客都是外地的朋友,所以我们特意打包了几份泡萝卜送给你们。"

于女士和她的朋友们听后,惊喜万分,脸上洋溢着感动的笑容。她们感受到的不仅是美食的美味,更是餐厅细致入微的关怀和热情服务。这样的用心,让她们的用餐体验更加难忘,也为餐厅赢得了良好的口碑。

(四)确认顾客需求

在餐饮服务中,准确确认顾客需求是确保服务精准性与满意度的关键环节。服务人员在与顾客沟通时,应运用简洁明了的语言对顾客需求进行复述确认,例如通过提问"您需要一份牛排,八分熟,对吗?"等方式,确保双方理解一致,避免服务偏差。此外,对于顾客提出的特殊需求或较为复杂的订单要求,服务人员需进行详细记录,确保信息完整准确,防止因记忆疏忽导致的服务失误。记录的内容应在服务执行过程中可随时参考,以便及时核对和调整,保障服务的连贯性与准确性。这种确认与记录的双重机制,不仅体现了服务的专业性,更能让顾客感受到被尊重与重视,从而增强顾客对餐厅的信任与忠诚度。

教学互动——案例分析

中午时分,一家酒店西餐厅的客房送餐服务接到了来自5604房黄先生的电话。黄先生在电话中表示想要点餐,他点了一份厦门炒面线。服务员在接到订单后,为了提供更好的用餐体验,主动推荐了一份法式洋葱汤,认为这道汤品能很好地搭配炒面线。然而,黄先生表示需要考虑一下,随后便挂断了电话。

30分钟后,黄先生再次拨打电话,要求加一份法式洋葱汤,并询问先前点的炒面线为何还未送到。服务员解释说,由于黄先生之前没有明确表示要加法式洋葱汤,只是说要考虑一下,因此没有下单。黄先生对此感到不满,认为自己已经点了炒面线,服务员应该及时下单,而不是等待他再次来电确认。

服务员在意识到黄先生的不满后,立即表示歉意,并复述了黄先生的订单内容,确认是一份厦门炒面线和一份法式洋葱汤。当黄先生要求尽快送餐时,服务员"尽快送到"的答复再次触怒对方。黄先生认为该回应模糊不清,无法预估等待时长,情绪激动地表示取消用餐,并扬言要向餐厅经理投诉。

三、满足顾客需求

在餐饮服务中,满足顾客需求是提升顾客满意度和忠诚度的核心。服务人员需要通过及时响应、准确执行以及主动承担责任等方式,确保顾客在用餐过程中获得愉悦的体验。这不仅要求服务人员具备快速行动和时间管理的能力,还需要通过知识储备和专业精神来应对各种复杂情况。此外,服务人员应避免使用"我不知道"等推脱责任的语言,而应该用"到我为止"的态度积极解决问题,确保顾客的需求得到妥善满足。

(一)及时响应

在餐饮服务中,及时响应顾客需求至关重要。当顾客踏入餐厅,服务人员需立即上前迎接,主动询问需求并安排座位;点餐时要迅速记录并传达订单至厨房,确保菜品及时制作和上桌。此外,对于顾客的其他需求,如加水、更换餐具或调整空调温度等,服务人员也应第一时间响应,避免顾客长时间等待。这种迅速的服务不仅给顾客留下良好的印象,也体现了餐厅的专业性和对顾客需求的重视。同时,时效管理是确保服务及时性的关键,餐厅应建立完善的时效管理体系,对从点餐到上菜的各个环节设定明确的时间要求。例如,简单菜品应在10分钟内完成制作并上桌,复杂菜品则需在20至30分钟内完成制作并上桌。通过快速行动和严格的时效管理,餐厅能够有效满足顾客的即时需求,提升顾客满意度。

(二)履行承诺

在餐饮服务中,履行承诺是确保顾客满意度的重要环节。服务人员需按照顾客的要求准确提供服务,确保菜品的口味、分量等细节与顾客要求一致,不出现遗漏或偏差。服务完成后,服务人员应主动询问顾客是否满意,积极收集反馈意见并详细记录,以便后续进行服务改进。这种对承诺的忠实履行和对顾客反馈的重视,不仅体现了服务的专业性和可靠性,也有助于建立顾客的信任度和忠诚度,为餐厅的长久发展奠定坚实基础。

(三)避免"我不知道"

1. 增加知识储备

避免"我不知道"的关键在于服务人员的知识储备。服务人员需要对餐厅的菜品、服务流程、规章制度等有全面的了解。例如,服务人员要熟悉每一道菜品的制作方法、口味特点以及食材搭配,这样才能在顾客询问菜品相关问题时,给出准确而详细的解答。同时,服务人员还要了解餐厅的促销活动、优惠信息以及会员制度等内容,以便在顾客需要时提供相应的帮助。除了这些必备的知识,优秀的服务人员还要拓展更多与工作相关的知识。例如,社交知识、旅游知识、法律知识、心理知识、民俗知识、餐饮文化知识等。

教学互动——案例分析

《丽思卡尔顿酒店的不传之秘:纽带诞生的瞬间》一书中,记录了这样一个故事。

在东京大仓饭店的地下一层,有一家不起眼的擦鞋店,店主是一位名叫井上源太郎的擦鞋匠,人称阿源。阿源的擦鞋店虽小,却有着响当当的名号,政商名流、海外明星乃至各界的风云人物都是他的常客。从昭和四十七年在首都东京酒店地下三层开业至今,三十多年里,阿源一直专注于擦鞋这门手艺,如今依然坚守在大仓饭店,他的技艺享誉全球,连好莱坞巨星奥黛丽·赫本和索菲亚·罗兰都曾向他请教擦鞋的秘诀,留下了许多趣事逸闻。

对于擦鞋,他有什么秘诀呢?阿源经常会光顾银座和赤坂的鞋店,一旦发现新上市的进口品牌皮鞋,哪怕价格超过十万日元,也会毫不犹豫地出手购买,只因一句"为了研究"。他会亲自试穿这些高价皮鞋,在日常行走中,仔细感受皮革在弯折、摩擦下的状态,深入研究皮革的性质,比如其柔软度、韧性,同时考察皮鞋的耐久性,如鞋面是否容易磨损、开线,鞋底能经受多久的踩踏而不损坏等。通过这样直接的体验,阿源积累了丰富的皮革知识,这也为他在擦鞋工作中,针对不同材质皮鞋制定精准的清洁、保养策略打下了坚实基础。

阿源擦一双鞋的收入大约是九百日元,对于他来说,十万日元的支出无疑需要极大的决心。然而,他仍旧毫不吝啬地投资。他曾说:"来这里的顾客,穿的都是价值十万日元左右的高端品牌鞋,所以我必须对这样的皮革属性非常清楚。"为了更好地服务顾客,阿源已经购买了一百七十双鞋,其中还有一双在日本买不到的、售价高达三十五万日元的私人定制鞋。虽然他不知道会有多少顾客穿着那种鞋来店里，但他为了在那个时候能够胸有成竹地应对，还是毫不吝惜地买了这双鞋，潜心钻研。

2. 做到"到我为止"

"到我为止"要求在服务过程中，当顾客向服务人员提出问题或需求时，首位接待顾客的服务人员要承担"负责到底"的责任，确保顾客的问题得到妥善解决或需求得到满足，而不是简单地推脱或转交他人处理。

教学互动——案例分析

一个顾客在胖东来做过一个实验："我问保安购物券在哪里买？一般的商场保安会说在几楼，差一点的商场让我去问总台，最差的直接说不知道，但胖东来的保安是怎么做的？他问我'哥，你要买购物券吗'，说完便拉着我往8楼总台走，到了总台对工作人员说'姐，他要买购物券'。我原本只是随口问问，却被这份服务热情打动，最后买了500元的购物券。"

四、确保顾客成为回头客

在餐饮服务中，确保顾客成为回头客是餐厅长期发展的核心目标。为了实现这一目标，餐厅需要通过提供超出预期的服务、建立情感连接以及持续改进服务质量等多方面的努力，为顾客创造难忘的用餐体验。通过个性化关怀、真诚交流以及有效的反馈机制，餐厅能够不断提升顾客满意度和忠诚度，从而在竞争激烈的市场中脱颖而出。以下是具体的方法与实践。

（一）让顾客喜出望外

在餐饮服务中，为顾客创造喜出望外的体验是提升顾客满意度与忠诚度的重要策略。餐厅在提供基本服务的同时，应致力于通过额外的惊喜与优惠让顾客感受到诚意与用心。例如，在顾客用餐结束时，适时赠送一份精致的小礼物，如免费的甜品或饮品，这样的小举动能够显著提升顾客的用餐愉悦感。此外，服务人员需留意并记录常客的个人信息，包括姓名、饮食偏好以及特殊日期（如生日、纪念日等），以便在顾客再次光临时提供定制化的服务或送上真诚的祝福。比如，为庆祝生日的顾客送上一份特别的生日蛋糕，或为纪念日的顾客营造一个浪漫的用餐环境。这种个性化的关怀不仅能让顾客感受到被重视与关注，还能极大地增加他们对餐厅的好感，从而提升顾客的回头率与忠诚度。通过这些细致入微的服务，餐厅能够在顾客心中树立起独特的品牌形象,为长期的客户关系奠定坚实基础。

(二)建立情感连接

在餐饮服务中,建立情感连接是提升顾客体验和品牌忠诚度的重要策略。服务人员应主动与顾客展开真诚而自然的交流,通过询问顾客的兴趣爱好或生活经历等话题,营造轻松亲切的用餐氛围。例如,分享有趣的故事或见解,关注顾客的用餐感受,并倾听他们的意见与想法。这些互动有助于建立情感纽带,使顾客在享受美食的同时,也能感受到温暖的人际互动。此外,餐厅可以利用社交媒体平台与顾客进行线上互动,定期发布美食制作的幕后故事、新菜品介绍和特色活动信息,吸引顾客关注。积极回复顾客的评论与私信,保持良好的沟通,并通过线上抽奖、打卡送礼等活动增强互动性与黏性,从而提升品牌在顾客心中的形象与地位。通过这些线上线下相结合的方式,餐厅能够有效建立与顾客之间的情感连接,增强顾客的品牌忠诚度。

(三)持续改进服务质量

在餐饮服务中,定期收集顾客反馈对于提升服务质量至关重要。餐厅应通过精心设计的问卷调查和在线评论监测等方式,全面了解顾客对菜品口味、服务质量、环境氛围等方面的需求、期望和改进建议。问卷调查应涵盖顾客满意度等多个维度,并留出空间让顾客提出具体意见。同时,安排专人关注在线评论平台,及时整理和分析顾客评价,以便准确把握顾客的真实想法。此外,餐厅应根据顾客反馈制订针对性的培训计划,精准定位员工在服务过程中的问题与不足。例如,若顾客反馈高峰时段上菜速度较慢,餐厅可以组织员工开展厨房流程优化与协作效率提升的培训,学习更高效的订单处理、菜品制作与传递技巧。同时,定期举办服务技巧培训课程,分享优秀服务案例,让员工从中汲取经验,掌握更有效的沟通技巧和问题解决方法,从而在实际工作中为顾客提供更加优质、贴心的服务。通过这些措施,餐厅能够不断提升顾客满意度,增强品牌竞争力。

(四)建立顾客档案

在餐饮服务中,建立顾客档案是提升顾客满意度和忠诚度的重要策略。餐厅应为每位常客创建详细的档案,记录其姓名、联系方式、饮食偏好、过敏原及消费记录等重要信息,并在每次用餐后及时更新,确保信息的准确性和完整性。例如,记录顾客喜爱的菜品、常光顾时间段及特殊需求,以便下次提供更个性化的服务。同时,通过电话、短信等定期回访顾客,了解他们的新需求和反馈,感谢其支持,并根据反馈调整服务策略和营销活动,优化用餐体验。这种做法不仅增强了与顾客的联系,还稳定了长期合作关系,提高了顾客的回头率与忠诚度。

项目
小结

　　本项目通过系统解析餐饮服务的基本要素,帮助学生构建从组织架构认知到服务技能实践的知识体系。学生不仅能掌握连锁型、单体及酒店餐饮部的运作模式,还能通过通岗实训与优质服务四部曲的学习,提升跨岗位协作能力与客户需求响应水平。

项目
训练

一、知识训练

扫码查看具体内容。

二、能力训练

(1)项目实训:调研一家餐饮企业,画一张组织结构图。

(2)项目实训:角色扮演——顾客进店

学生分组扮演服务员和顾客,模拟顾客进店时的接待流程。服务员需展示积极的态度,包括整洁的着装、真诚的微笑和热情友好的语气。

目标:练习如何通过外表、微笑和语气给顾客留下良好的第一印象。

知识训练
▼

项目二

Note

项目三
服务礼仪与沟通技巧

项目描述

本项目围绕餐饮服务中的核心礼仪与沟通技能展开,涵盖服务人员的职业形象塑造、餐饮服务动作规范以及客户沟通技巧三大模块。通过系统学习微笑管理、仪容仪表标准、站姿/坐姿/走姿/蹲姿等静态与动态服务礼仪,结合服务用语、倾听技巧、场景化沟通等实践训练,培养学生专业、优雅的服务姿态与高效的沟通能力。同时,融入文化自信与职业道德教育,引导学生理解礼仪背后的文化内涵,树立精益求精的服务意识和以人为本的职业精神,为成为高素质餐饮服务人才奠定基础。

项目目标

知识目标

1. 掌握服务人员仪容仪表规范、微笑管理标准及场景化应用技巧。
2. 熟悉餐饮服务中静态姿势(站姿、坐姿)与动态姿势(走姿、蹲姿)的动作要领及适用场景。
3. 掌握服务沟通的基本用语体系、倾听技巧及委婉表达策略。
4. 了解中西餐饮礼仪的文化差异及现代服务场景中的礼仪禁忌。

能力目标

1. 能够规范执行餐饮服务中的静态与动态姿势,展现专业、优雅的职业形象。
2. 能灵活运用"十字八声"服务用语,结合场景需求进行有效沟通。
3. 具备处理客户投诉、化解服务矛盾的应变能力,如通过3F倾听法精准捕捉客户需求。
4. 能根据文化背景与场合差异,调整服务礼仪细节,提升客户体验。

素养目标

1.通过规范礼仪实践,传承中华传统待客之道,彰显礼仪之邦的文化底蕴。

2.追求服务细节的极致,体现精益求精的职业态度。

3.以客户为中心,通过微笑、语言与动作传递尊重与关怀,践行以人为本的服务理念。

知识导图

```
                          ┌─ 服务人员的形象管理 ─┬─ 微笑管理——服务的"第一语言"
                          │                      └─ 仪容仪表——细节决定专业度
                          │
                          │                      ┌─ 静态姿势礼仪
服务礼仪与 ───────────────┼─ 餐饮服务基本礼仪认知 ─┼─ 动态姿势礼仪
沟通技巧                  │                      └─ 礼仪动作体系
                          │
                          │                      ┌─ 服务的基本用语
                          │                      ├─ 服务基本用语在形式上的要求
                          └─ 沟通礼仪认知 ────────┼─ 礼貌问候的礼节
                                                 ├─ 称呼的礼节
                                                 ├─ 应答技巧的礼仪
                                                 └─ 交谈的艺术
```

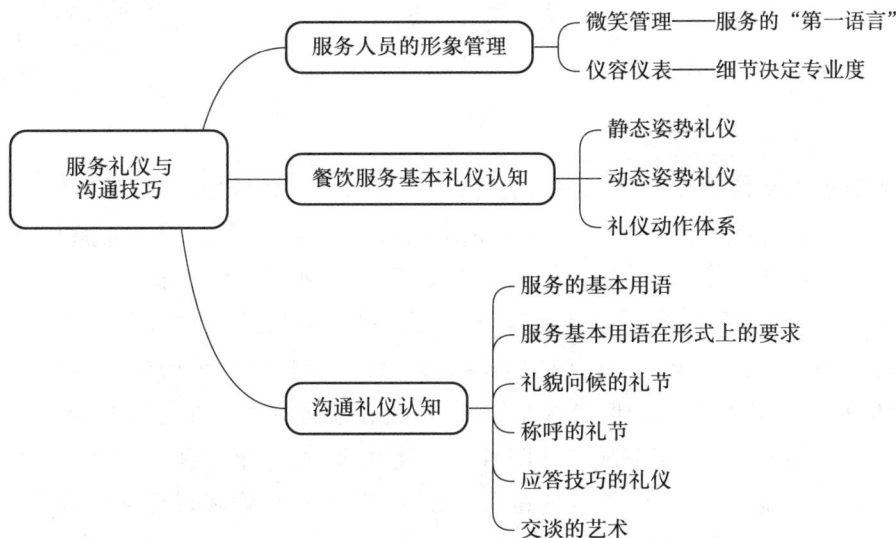

任务一　服务人员的形象管理

任务描述

　　本任务聚焦服务人员的微笑管理与仪容仪表规范,通过系统讲解与实操训练,帮助学生掌握服务场景中表情、着装、仪态的标准化要求。内容涵盖微笑的分类与适用场景、仪容仪表的细节原则(如适体性、T.P.O原则)、男女服务人员的差异化标准,以及通过自检与互动练习强化职业习惯。通过本任务学习,学生将理解"第一印象"的重要性,并能在实际服务中展现出专业、亲切、得体的职业形象。

Note

任务目标

1. 掌握微笑的规范与应用。
2. 熟悉仪容仪表的核心原则。
3. 提升形象管理实操能力。

一、微笑管理——服务的"第一语言"

(一)微笑的规范

1. 第一种微笑:笑不露齿

笑不露齿的动作要点是嘴角微微上扬,自然形成一个优雅的弧度,嘴唇轻合,呈现出一种含蓄内敛的状态,切勿露出牙齿,如图3-1所示。与此同时,眼神要温和而专注,目光柔和地注视顾客,眉头自然舒展,给人一种平和、友善且专注的印象。

通常来说,有四种场景适合使用这种微笑。第一种场景是在初次接待陌生顾客时,微笑能缓解尴尬,让顾客感受到被关注;第二种场景是在庄重场合,如开业典礼或商务签约仪式上,微笑有助于保持专业形象,营造和谐而不失庄重的氛围;第三种场景是当顾客阐述需求时,微笑搭配专注眼神可表明认真对待;第四种场景是在站岗待命或等待顾客时提前展现微笑,能随时准备提供热情服务,让顾客感受到无微不至的关怀。总之,微笑在不同场景下都能增强顾客的积极体验,是服务人员不可或缺的沟通工具。

2. 第二种微笑:八齿微笑

八齿微笑的动作要点是自然放松地咧开嘴巴,露出6—8颗牙齿,嘴角上扬的幅度适中,使整个笑容看起来亲切自然、充满活力(见图3-2)。在展现这种微笑时,要配合相应的问候语,如"欢迎光临""您好,请问有什么可以帮您的吗?"等,让笑容与语言相得益彰,传递出热情友好的信号。

图3-1　笑不露齿

图3-2　八齿微笑

通常来说,有两种场景适合使用这种微笑。第一种是当顾客踏入餐厅,服务人员主动上前迎接时,一个真诚的八齿微笑搭配热情的问候,能让顾客瞬间感受到欢迎与重视,为后续的服务体验奠定良好基础。第二种是当顾客对服务人员的服务表示感谢或给予赞扬时,以这种微笑回应,并说"这是我们应该做的,感谢您的认可",能够进一步拉近与顾客的距离,增强顾客的满意度和忠诚度。

在微笑服务的同时也要掌握一些禁忌。例如,避免在不合时宜的场合,如顾客因菜品质量、服务质量等问题进行投诉时,仍展现出过于夸张的微笑,这可能会被顾客误解为对他们的诉求不屑一顾或不尊重,从而加剧矛盾,破坏服务氛围。禁止出现"皮笑肉不笑"的情况,即面部肌肉僵硬地做出笑容,但眼神中缺乏真诚与温暖,这种虚伪的笑容很容易被顾客察觉,会让他们感到被敷衍,甚至产生不信任感。同时,过度夸张的表情也不符合专业服务人员的形象,可能会让顾客觉得不自然、不舒适。

(二)如何发挥微笑的真正作用

笑也能笑出文化、笑出修养。实际上,微笑只是一种面部表情,真正的含义是对顾客的诚意和爱心,如何发挥微笑的真正作用,还需要与以下三者相结合。

1. 与身体的结合

微笑不仅仅是面部的表情,更是全身语言的一部分。当服务人员微笑时,应配合正确的身体姿态,如挺胸抬头、站立端正,身体微微前倾以示尊重和专注,这样的肢体语言与微笑相得益彰,能够向顾客传递出更加积极、热情和专业的信号,给顾客留下最佳的印象。

2. 与语言的结合

微笑与语言是相辅相成的。在服务过程中,服务人员要善于将微笑与礼貌用语相结合,如"早上好""您好""欢迎光临""请问有什么可以帮您的吗?"等。微笑时配合这些话语,能够让语言充满温暖和力量,更容易打动顾客的心。切记不要只顾着微笑而不说话,或者只顾着说话而忽略了微笑,只有两者完美结合,才能达到最佳的服务效果。

3. 与眼睛的结合

眼睛是心灵的窗户,能够传递出一个人内心的情感和态度。当内心充满温和、善良和厚爱时,眼睛自然会流露出真诚的笑容。这种由内而外散发出的温暖眼神,比单纯的面部笑容更具感染力,能够让顾客深刻感受到服务人员的真心实意,从而建立起一种深厚的信任关系。因此,服务人员要学会用眼睛去微笑,用心去服务,让顾客在每一次眼神交流中都能感受到被尊重、被关怀。

视频微课
▼
微笑
面部操

视频微课
▼
"叨筷"锻
炼法

视频微课
▼
"威士忌"
练习法

教学互动——微笑练习

一、方法一：微笑面部操

（1）眼睛、眉毛一起上下4个节拍；

（2）左眼闭、右眼闭，轮流4个节拍；

（3）嘴巴含气左右上下各8个节拍；

（4）右手抓，闭眼、嘟嘴4个节拍；

（5）右手伸开，睁眼、嘟嘴、微笑4个节拍；

（6）双手按住嘴角，4个节拍。

二、方法二："叨筷"锻炼法

对着镜子，嘴里叨着一根筷子，两手尽量把嘴角推高，保持嘴角上扬10秒，反复做3遍。此举能锻炼面颊和嘴角肌肉，令嘴角更易上扬。

三、方法三："威士忌"练习法

将"威士忌"读5遍，保持最后尾音，将会有助您自然地微笑。

二、仪容仪表——细节决定专业度

（一）仪表修饰应遵循的原则

1. 适体性原则

仪表修饰应充分考虑个体的自身条件，包括性别、年龄、容貌、肤色、身材、体型、个性、气质及职业身份等因素，确保修饰风格与自身特点相适宜、相协调。例如，年轻女性服务人员可选择清新、活泼的修饰风格，而成熟稳重的男性服务人员则更适合简洁、大气的仪表展现。

2. T.P.O 原则

T.P.O 原则即时间（Time）、地点（Place）、场合（Occasion）原则。服务人员需根据不同的时间、地点和场合来调整自己的仪表修饰，使其与当时的环境氛围和特定场合相契合。比如，在正式的商务宴请场合，仪表应庄重、规范；而在休闲的自助餐活动中，仪表则可相对简洁、轻松。

3. 整体性原则

仪表修饰应先着眼于人的整体形象，再考虑各个局部的修饰细节，使修饰与人自身的诸多因素协调一致，形成浑然一体的风采。例如，在选择着装时，不仅要考虑上衣与下装的搭配，还要注意服装的颜色、款式与个人形象、工作环境的协调性。

4.适度性原则

无论是在修饰程度上,还是在饰品数量和修饰技巧上,都应把握分寸、自然适度,追求一种虽经刻意雕琢却又不露痕迹的效果,避免过度修饰或饰品堆砌,以免给人留下刻意、不自然的印象。例如,在正式的工作场合,不宜化浓妆或佩戴过于夸张的首饰。

（二）女士仪容仪表的标准

女士的仪容仪表标准如图3-3所示,包括女士的发型发式、女士的面部修饰、女士的着装,女士的丝袜及皮鞋的配合。具体要求如下。

（1）头发:女士的发型应保持朴素、梳理整齐,前不遮眼,后不过肩。若为长发,需将头发盘起,并使用暗色发饰,以展现优雅、专业的形象。

（2）面部:面部应保持洁净清爽,化淡妆以提升精神面貌,可选择粉红色唇膏,使气色更佳。淡妆应注重自然效果,避免浓妆艳抹,确保整体形象清新自然。

（3）口腔:保持口腔清洁,确保口气清新。养成早晚刷牙、饭后漱口的良好习惯,饭前避免食用具有刺激性气味的食品,以免影响顾客的用餐体验。

（4）指甲:指甲需修剪整齐,长度适中,不得留长指甲。指甲内不可有黑垢,保持干净整洁。不涂有色指甲油,以免显得过于花哨或不专业。

（5）首饰:女士只能佩戴一枚结婚(订婚)戒指及一块普通手表,不允许佩戴悬吊式耳环等其他夸张的首饰。首饰应简洁大方,不抢眼,以免分散顾客注意力或造成不必要的困扰。

（6）制服:制服应配套完整,保持干净清洁,大小得体,无破损。穿着制服时,要注意整洁挺括,展现良好的职业形象,体现对工作的专业态度和对顾客的尊重。

（7）工作牌:工作牌需保持清洁、明亮,无油迹,正确佩戴于左胸前。工作牌是服务人员的身份标识,应确保清晰可见,方便顾客识别与交流。

（8）袜子:选择肉色袜子,确保无破痕、抽丝等问题,勤更换,保持袜子的整洁和卫生,避免因袜子问题影响整体形象。

（9）鞋子:穿黑色鞋,皮鞋须保持光亮,布鞋须洁净。鞋子的选择与保养是仪表细节的重要体现,光亮的皮鞋或洁净的布鞋能为整体形象加分,展现专业素养。

（三）男士仪容仪表的标准

男士的仪容仪表标准如图3-4所示,具体要求如下。

（1）头发:男士的发型应保持朴素,梳理整齐,前不遮眉,后不盖领,侧不过耳。简洁得体的发型能展现男士的干练与精神,符合餐饮服务的职业形象要求。

（2）面部:面部保持洁净清爽,胡须需剃净,鼻毛不可过长。干净的面部是男士良好形象的基础,能给顾客留下整洁、专业的第一印象。

（3）口腔:与女士相同,男士也需保持口腔清洁,确保口气清新。坚持早晚刷牙、饭后漱口的习惯,班前应避免食用刺激性食品,以保持良好的服务形象。

(4)指甲:指甲修剪整齐,不得留长指甲,指甲缝内不可有黑垢。干净的指甲细节体现男士的个人卫生和对自身形象的重视。

(5)首饰:男士只能佩戴一枚结婚(订婚)戒指及一块普通手表,不允许佩戴悬吊式耳环等其他饰品。首饰的选择应简洁大方,不张扬,符合职场规范。

(6)制服:制服配套完整,干净整洁,大小合身,无破损。穿着整洁的制服能彰显员工的专业形象,体现对工作的认真态度和对顾客的尊重。

(7)工作牌:工作牌保持清洁、明亮,无油渍,正确佩戴于左胸前。清晰可见的工作牌有助于顾客识别服务人员,提升服务的互动性和专业性。

(8)袜子:选择黑色袜子,确保无破损,勤更换。袜子的整洁是男士仪表细节的重要方面,能避免因小细节而影响整体形象。

(9)鞋子:穿黑色鞋,皮鞋须光亮,布鞋须洁净。光亮的皮鞋或干净的布鞋能展现男士的良好形象,体现对自身仪表的注重和对工作的专业态度。

图3-3 女士仪容仪表标准   图3-4 男士仪容仪表标准

教学互动——仪容仪表自检

1.要求学生以后每次上课携带一面小镜子。

2.上课前按照仪容仪表自检表进行自检。

3.自检完成后,可以由小组长进行检查和老师进行抽查,检查结果计入学生的平时成绩。

任务二 餐饮服务基本礼仪认知

任务描述

在餐饮服务中,仪态礼仪是传递专业形象、提升顾客体验的核心技能。本任务系统讲解静态姿势(站姿、坐姿)与动态姿势(走姿、蹲姿)的标准化要求,并深入解析鞠躬礼、手势礼等仪式化动作的应用场景与技巧。通过分解动作要领、场景化训练及互动反馈,学生将掌握从基础站姿到复杂服务场景的优雅仪态,理解不同仪态对服务效率与顾客感知的影响,最终实现动作规范性与服务灵活性的统一。

任务目标

1. 熟练掌握静态姿势礼仪。
2. 通过贴墙法、顶书训练等方法纠正不良体态(如驼背、含胸)。
3. 熟练掌握动态姿势礼仪。
4. 精通仪式化服务动作。

一、静态姿势礼仪

(一)站姿——服务者的"精神名片"

1. 基本站姿要领

(1)脚位:男士,双脚脚跟紧紧靠拢,脚尖自然分开,呈优雅的V字形,展现稳健与自信;女士,双脚脚跟轻盈靠拢,脚尖以45°—60°的夹角分开,形成端庄的丁字形,优雅而自然,同时将身体重心均匀地分布在双脚上,保持平衡与稳定。

(2)腿部:双腿笔直挺立,双膝紧贴并拢,肌肉微微用力,既不过分紧绷,也不松弛无力,同时收紧腹部,提臀,塑造出挺拔的下肢线条,展现良好的身体姿态。

(3)躯干:腰部挺直,如松树般坚挺,胸部自然前挺,充满自信与活力,背部保持平直,无任何弯曲与褶皱,双肩下沉放松,避免耸肩或含胸,使整个上身呈现出舒展、大方的姿态。

（4）手臂：手臂自然下垂于身体两侧，虎口向前，中指轻轻贴合裤缝，手臂与身体贴合紧密但不过分僵硬，保持自然的放松状态，随时准备为顾客提供热情周到的服务。

（5）头部：头部保持端正，如山峰般稳重，下颌微微内收，平视前方，目光坚定而温和，流露出专注与友好的神情，给人以精神饱满、自信大方的良好印象。

2. 腹前交叉式站姿要领

（1）女士：在基本站姿的基础上，两脚尖轻轻展开，左脚优雅地向前迈出一小步，左脚跟轻轻靠于右脚内侧前端，形成自然的交叉。双手在腹前轻轻相握，右手在上，握住左手四指，动作轻盈而自然。身体重心可在两脚之间灵活转移，也可选择集中在一只脚上，通过巧妙的重心移动，既能减轻长时间站立带来的疲劳，又能始终保持优雅与得体的站姿。

（2）男士：在基本站姿的基础上，左脚稳健地向左横向迈出一步，两脚平行分开，间距不超过肩宽。双手在腹前相握，右手在上，有力地握住左手手指，双手交叉置于衣扣平直线上，保持动作的整齐与规范。身体重心均匀分布在两脚上，保持身体直立与稳定，避免出现挺腹或后仰等不良姿势，展现出男士的稳重与自信。

3. 双臂后背式站姿要领

双臂后背式站姿是男士常用站姿。在基本站姿的基础上，两手在身后轻轻相握，右手如搭桥般自然地搭在左手之上，左手则稳稳地握住右手手腕，动作流畅而自然。整个过程中，身体保持挺直，头部端正，目视前方。这种站姿常用于较为正式或庄重的场合，体现了男士的阳刚之美与专业素养，给人以可靠、值得信赖的印象。

教学互动——站姿训练

一、训练准备

1. 场地准备

实训教室或礼仪训练室应选择空间宽敞、地面平整的场地，墙面平整无遮挡，为贴墙练习提供良好的条件。同时，室内应配备足够数量的全身镜，以便学生在训练过程中能够清晰地观察到自己的站姿细节，及时发现并纠正问题。镜子的摆放位置应合理，确保学生在各个角度都能方便地使用。

2. 物品准备

每位学生准备一本质地坚硬、平整的硬皮书，书的大小适中，便于顶在头顶进行平衡训练。书籍应具有一定的重量，但不宜过重，以免给学生带来负担。

配备计时器，用于控制训练时间，如贴墙站立、顶书平衡等练习的时长控制。计时器的操作应简单方便，以确保训练过程的顺利进行。

二、训练方法

1.五点一线贴墙法

(1)训练目标:通过贴墙练习,帮助学生深入理解并掌握标准站姿的核心要领,有效纠正驼背、含胸、骨盆前倾等常见不良体态,塑造良好的身体姿态,提升整体气质。

(2)训练步骤:① 学生背靠墙面站立,双脚并拢或微微分开(脚跟间距约一拳),保持身体自然放松。随后,缓缓将后脑、肩胛骨、臀部、小腿肚、脚跟这五个部位完全贴合墙面,感受身体与墙面的紧密接触,体会正确站姿的发力点与平衡感。② 在保持正确姿势的基础上,开始计时练习。练习初期,每次保持5分钟,随着训练的深入和学生对姿势的逐渐掌握,逐渐延长至10分钟。在练习过程中,学生需时刻保持专注,感受身体各部位的用力情况,避免出现姿势变形或松驰。

(3)练习要求:同伴之间相互检查,重点关注五点是否紧密贴墙、腰部是否悬空、肩颈是否紧张等细节问题。检查时应轻声交流,避免影响对方的练习状态。发现问题后,及时给予温和的提醒和指导,帮助对方纠正姿势。

2.顶书平衡训练法

(1)训练目标:通过在头顶平衡书本的训练方式,提升学生头颈部的稳定性和控制能力,有效纠正头部晃动、耸肩等不良习惯,培养沉稳、优雅的气质,增强自我约束能力。

(2)训练步骤:① 学生将硬壳书轻轻平放于头顶,注意书本的放置要平稳、居中,避免偏斜或晃动。随后,调整身体姿势,使头部保持端正,下颌微收,目光平视前方,脊背挺直,双肩放松下沉,确保书本在头顶保持平衡,不掉落。② 开始计时练习,初始阶段可进行2分钟的静态保持,随着训练的推进和平衡能力的提高,逐渐延长练习时间至5分钟。

(3)练习要求:在练习过程中,学生需集中注意力,感受头部、颈部以及身体各部位的协调与平衡,体会正确的发力方式和身体姿态。

3.镜前姿态矫正训练

(1)训练目标:借助全身镜的视觉反馈,学生能够实时观察并调整自己的站姿细节,直观地对比标准站姿与自身姿势的差异,从而更有效地发现并纠正问题,提升自我纠错能力和对自身姿态的感知能力。

(2)训练步骤:① 学生面对全身镜站立,保持自然放松的状态。在镜中仔细观察自身的站姿,从头到脚全面检查,包括头部是否歪斜、双肩是否水平、腰部是否挺直、双脚是否站稳等各个方面,找出存在的问题。② 根据观察到的情况,学生逐步调整站姿,按照标准站姿的要求进行修正。调整过程中,可以分步骤进行,如先调整头部位置,再调整肩部姿态,然后是躯干和腿部,最后整体配合,确保每个部位都达到标准。同时,对比标准站姿图,进一步明确正确的姿势规范,加深对标准站姿的理解和记忆。

(3)练习要求:每组自我调整时间为2分钟,共进行3组。在每次调整后,学生需认真记录下自己的改进点,如"左肩下沉1厘米""重心右移"等具体变化,以便在后续练习中继续巩固和优化,逐步形成良好的站姿习惯。

(二)坐姿——短暂休整的得体表现

1. 基本坐姿要领

(1)头正,颈直,下颌微收,双目平视前方或注视对方。头部保持端正,颈部挺直,下颌微微内收,目光平视前方或注视对方,展现出自信与专注的神情,给人以精神饱满、专注大方的良好印象。

(2)身体正直,挺胸收腹,腰背挺直。胸部自然前挺,腹部收紧,腰背挺直,如同松树般挺拔,避免出现驼背、含胸等不良姿态,展现出良好的身体线条与精神面貌。

(3)双腿并拢,双膝和双脚脚跟并拢,小腿与地面垂直。双腿并拢,双膝和双脚脚跟靠紧,小腿自然垂直于地面,形成稳定、优雅的下肢姿态,避免出现双腿分开或晃动等不雅姿态。

(4)双肩平齐,放松下沉,双臂自然弯曲内收。双肩保持水平,放松下沉,避免耸肩或一侧肩部过高;双臂自然弯曲,肘部贴近身体,形成内收姿态,使整体动作协调、自然。

(5)双手呈握指式,右手在上,左手在下,手指自然弯曲,放于双腿上。双手轻轻交叠,右手在上,左手在下,手指自然弯曲,轻轻放置于大腿前方,动作轻盈而优雅,展现出良好的礼仪修养。

2. 开膝式坐姿

开膝式坐姿仅适用于男士,如图3-5所示。

(1)在基本坐姿的基础上,双脚向外平移,两脚间距离不得超过肩宽。男士在基本坐姿的基础上,将双脚缓缓向外平移,使两脚间的距离不超过肩宽,形成稳定、开阔的下肢姿态,展现出男士的阳刚之气与自信风度。

(2)两小腿垂直于地面,两膝分开。两小腿保持垂直于地面,两膝自然分开,与肩同宽,形成舒展、大方的坐姿,便于男士在正式场合中保持舒适与得体。

(3)两手合握于腹前或分别置于两腿之上。双手可在腹前轻轻合握,也可分别置于两腿上,动作自然放松,展现出稳重、从容的气质,符合男士在正式场合中的礼仪规范。

图3-5 开膝式坐姿

3.斜放式坐姿

斜放式坐姿,仅适用于女士,如图3-6所示。

(1)在基本坐姿的基础上,双腿并拢,双脚向左或向右斜放,力求使斜放后的腿部与地面呈45°角。女士在基本坐姿的基础上,将双腿并拢,双脚轻轻向左或向右斜放,使腿部与地面形成优雅的角度,展现出女性的柔美与端庄。

(2)左斜放式:左脚向左平移一步,左脚掌内侧着地;右脚左移,右脚内侧中部靠于左脚脚跟处,脚掌着地,脚跟提起。整个动作流畅自然,展现出女性的优雅曲线。

(3)右斜放式:右脚向右平移一步,右脚掌内侧着地;左脚右移,左脚内侧中部靠于右脚脚跟处,脚掌着地,脚跟提起。动作轻盈而优雅,符合女性在正式场合中的礼仪要求。

(4)无论左斜放还是右斜放,大腿与小腿均应保持90°直角,小腿不弯屈,充分展示小腿的长度。这种坐姿适合女性在正式场合使用,尤其是穿着裙装时,能显得更加优雅端庄,彰显女性的魅力与修养。

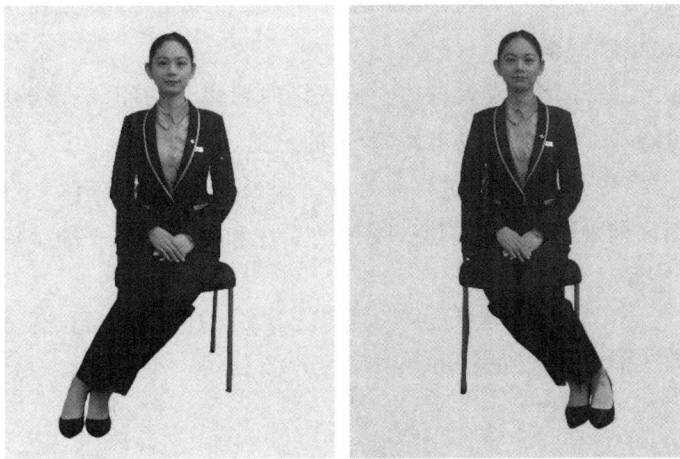

图3-6　斜放式坐姿

4.入座的动作要领

优美的坐姿不仅体现在静态姿势上,还体现在动态姿势中,即坐下和起身的过程。坐下是坐姿的开始,起身则是坐姿的结束,这两者直接影响坐姿的整体美感。

(1)动作要领:从站立姿态从容大方地走到座位前,自然转身,背对座位,双腿并拢,右脚后退半步,轻稳自如地坐下。整个动作一气呵成,展现出优雅与自信。

(2)细节提示:如果穿着裙装,坐下前应从后往前轻轻整理裙摆,避免坐下后再整理衣裙,以免显得不雅。这一细节处理体现了女性的细腻与优雅,使整个入座过程更加完美。

(3)姿势调整:坐下后,将右脚与左脚并齐,身体挺直,保持基本坐姿。及时调整坐姿,确保身体的端正与优雅,为后续的交流或活动做好准备。

5.起座的动作要领

（1）动作要领：起身时，右脚向后收半步，用力蹬地站起，再收回右脚与左脚靠拢。动作平稳而有力，展现出稳重与从容。

（2）细节提示：起身时动作要平稳，不要过于迅猛，以免显得急促或不稳重。注意保持身体的平衡与协调，给人以优雅大方的印象。

6.坐姿注意事项

（1）坐姿深度：无论哪种坐姿，一般不要坐满整个座位。坐得太满会显得过于随意，不够优雅。应保持适当的坐姿深度，通常坐满座位的三分之二即可，展现出得体与大方。

（2）尊重与敬意：与德高望重的长辈或上级交谈时，为表示尊重，可坐凳面的三分之一处。这一细节体现了对对方的敬意，符合礼仪规范。

（3）宽大座位的坐法：如果坐在宽大的椅子或沙发上，不要坐得太满，也不要坐得太靠里面，坐满三分之二即可，避免小腿紧贴椅子或沙发边缘，以免显得不雅。保持适当的距离，展现出优雅的坐姿。

（4）避免靠边：坐得太浅或太靠边会给人随时要离开的印象，影响整体的稳重感。应保持坐姿的稳定与端正，给人以可靠、稳重的感觉。

（5）交流姿态：与人交谈时，应目视对方。如果座位与对方有一定角度，应将上身和腿部同时转向面对对方的一侧，保持交流的专注和礼貌。这一细节体现了对他人的尊重，有助于营造良好的沟通氛围。

教学互动——坐姿训练

一、训练准备

1.场地准备

实训教室或礼仪训练室应选择空间宽敞、地面平整的场地，配备标准高度的椅子（椅面高度与小腿长度相近）。同时，地面贴有入座路径线，从站立点至椅子的直线距离约1.5米，为学生提供明确的行动指引；若练习斜放式坐姿，可准备全身镜，以便学生在训练过程中能够清晰地观察到自己的姿势细节，及时发现并纠正问题。

2.物品准备

按照分组训练人数准备相同数量的椅子，确保每位学生都有独立的训练设备。同时，每位学生准备一本硬皮书，用于坐姿平衡训练，提升头颈稳定性。女性学生可准备裙装，练习裙装入座动作，熟悉在不同服装情况下的坐姿规范。

二、训练方法

1. 基本坐姿定型训练

(1) 训练目标：学生深入掌握标准坐姿的核心要领，有效纠正驼背、含胸等不良体态，培养良好的坐姿习惯，提升整体气质。

(2) 训练步骤：首先让学生保持标准坐姿3分钟，然后逐渐延长至5分钟。

2. 动态入座与起座训练

(1) 训练目标：反复练习入座与起座的动作，提升学生动作的流畅性与优雅度，使学生在动态过程中也能保持良好的坐姿礼仪。

(2) 训练步骤：学生从路径线起点走至椅前，完成入座动作（含裙摆整理）。每组完成"入座—坐姿保持10秒—起座"循环，共5组。

3. 平衡与姿态控制训练（顶书坐姿）

(1) 训练目标：通过顶书强化坐姿稳定性，提升学生身体的控制力与平衡能力，进一步巩固标准坐姿的核心要领。

(2) 训练步骤：学生将硬皮书平放于头顶，保持书本不掉落。保持顶书坐姿1分钟，逐渐延长至3分钟。

二、动态姿势礼仪

（一）走姿：服务节奏的视觉传达

1. 走姿三要素

在服务行业中，优雅的走姿是服务人员必备的职业素养，它不仅能够展现个人的精神风貌与专业形象，还能在无声中传递对顾客的尊重与关怀。而行走姿态的优雅与否，主要取决于对步位、步幅和步速这三个关键要素的精准把控。

(1) 步位：女性在行走时，双脚内侧着地的轨迹应保持在一条直线上，这样可以展现出一种轻盈、优雅的气质；男性在行走时，双脚内侧着地的轨迹则分布在两条平行的直线上，这种步位方式显得更加稳健、大气。

(2) 步幅：理想的步幅长度应为个人脚长的1至1.5倍，这样的步幅既能保证行走的流畅性，又能体现出一种自然、协调的美感。

(3) 步速：一般来说，女士的标准步速为每分钟118至120步，男士的标准步速为每分钟108至110步，换算下来，大约每两秒钟迈出3步。这样的步速既不会显得过于急促，也不会显得拖沓，能够给人一种从容、自信的感觉。

2. 走姿的基本姿势

(1) 头部：行走时，头部应保持端正，颈部挺直，下颌微微内收，目光平视前方，眼神

视频微课
▼

走姿

Note

中透露出专注与自信。

（2）躯干：挺胸，收紧腹部，腰部保持直立，脊背挺拔，臀部微微上提，上身略微向前倾斜，形成一种动态的平衡与协调，使整个身体在行走中充满活力与韵律。

（3）双肩与双臂：双肩保持平衡并自然下沉，双臂放松伸直，手指呈自然弯曲状态。摆动双臂时，以肩关节为轴心，由上臂带动前臂沿弧线前后摆动，双臂前后摆动的幅度（即手臂与躯干的夹角）应控制在30°以内，向前摆动时，肘关节应略微弯曲，避免前臂向上甩动，使每一个动作都精准而优美。

（4）腿部与脚步：向前迈步时，先提起髋部，弯曲大腿，带动小腿向前迈出。脚跟先着地，随后将身体重心逐渐转移至前脚掌。通过后腿的向后蹬力，将身体重心推送到前脚掌，从而推动身体向前移动。前脚落地和后脚离地时，膝盖都应保持伸直状态，确保身体的平衡与稳定。

教学互动——走姿的训练

一、训练准备

1.场地准备

实训教室或空旷场地。用胶带在地面贴出直线路径，长度为5—8米，用于练习直线行走。可根据训练方法的需要，设置障碍物（如锥形桶或标志物）或平衡木（可选），增加训练的趣味性和挑战性。

2.物品准备

每位学生准备一本硬皮书，用于顶书行走训练。硬皮书的选择应质地平整、重量适中的，既能保证在头顶的稳定性，又不会给学生带来过重的负担。

二、训练方法

1.直线行走训练

（1）训练目标：通过直线行走训练，帮助学生掌握步伐均匀、身体协调的走姿，提升行走时的稳定性与优雅感。

（2）训练步骤：学生沿地面贴好的直线路径行走，保持双脚交替落在直线上，行走时保持头部端正、躯干挺直、双肩平展、双臂自然摆动。每组往返行走5次，共3组。

2.顶书行走训练

（1）训练目标：通过顶书行走训练，以书本为辅助工具，提升学生的身体控制力与平衡能力，纠正驼背、头部晃动等不良走姿。

（2）训练步骤：将硬皮书平放于头顶，保持书本不掉落。沿直线路径行走，每组行走3分钟，共2组。

3.障碍物行走训练

（1）训练目标：设置障碍物，模拟复杂环境中的行走场景，提升学生行走时的灵活性与专注力,使学生能够在面对各种突发情况时,依然保持优雅、稳定的走姿。

(2)训练步骤:在直线路径上设置间距1米的锥形桶或标志物,学生需绕行通过。每组绕行障碍物往返3次,共3组。

4.节奏感行走训练

(1)训练目标:通过音乐节奏控制步伐频率,增强行走的韵律感,学生能够更好地掌握步子的稳定性与均匀性,同时培养学生的节奏感与音乐素养。

(2)训练步骤:播放节奏适中的背景音乐(如每分钟100—120拍)。每组练习2分钟,共2组。

(二)蹲姿——低位服务的优雅解法

1.高低式蹲姿

在餐饮服务中,蹲姿是一种重要的服务姿态,适用于多种场景(见图3-7)。在需要蹲下服务时,如为顾客捡拾物品或整理低位餐具,蹲姿能够确保服务的便利性与专业性;在与小朋友交流时,蹲下至与小朋友视线平齐,能够营造亲切、平等的沟通氛围,便于互动。此外,男性服务员的标准蹲姿在多种服务场景中也具有广泛的适用性,能够体现服务的专业性和规范性。高低式蹲姿的动作要领包括以下六个方面。

图3-7 男女高低式蹲姿

(1)站位准备:双脚自然分开与肩同宽,脚尖朝前,双手轻贴裤缝或裙侧,目视前方,保持身体端正。

(2)重心转移:右脚后撤半步(20—30厘米),脚尖外展45°,身体重心移至右脚,动作平稳,避免摇晃。

(3)屈膝下蹲:左腿膝盖向前下方自然弯曲,左大腿与小腿呈90°—100°夹角。右膝向下贴近地面(但不触地),右大腿与小腿约成45°夹角。左膝高于右膝,两膝内侧间距约一拳(10—15厘米),保持身体平衡。

(4)上身姿态:腰背挺直,收腹提臀,身体略向前倾5°—10°,双手自然交叠置于左大腿上,保持优雅的体态。

(5)裙装防走光要点:下蹲前用右手背轻抚裙摆后方,确保裙面平整,双腿并拢微向左倾斜,避免走光,展现专业素养。

(6)起身动作:重心缓慢前移至左脚,右手轻扶左膝借力,直立时保持背部挺直,动作流畅,避免起身过猛。

高低式蹲姿的常见错误与纠正如表3-1所示。

表3-1　高低式蹲姿的常见错误与纠正方法

常见错误	纠正方法
双膝平齐(失去高低差)	加大右脚后撤距离至40厘米
驼背塌腰	想象头顶有绳向上牵引
脚尖踮起	全脚掌着地,重心均匀分布

图3-8　交叉式蹲姿

2. 交叉式蹲姿

在餐饮服务中,交叉式蹲姿是一种实用且优雅的服务姿态,广泛应用于多种场景(见图3-8)。当需要为顾客拾取掉落的物品,如地面散落的餐具或物品时,交叉式蹲姿能够确保服务的便捷性与专业性,同时展现出服务人员的敏捷反应。此外,在调整低矮柜内的餐具时,这种蹲姿便于存取和整理,提高了工作效率。对于穿裙装的服务人员,交叉式蹲姿更是标准姿态,它兼顾了优雅与实用性,确保在提供服务时既得体又高效。交叉式蹲姿的动作要领包括以下六个方面。

(1)站位准备:双脚并拢直立,双手自然下垂,目视前方,保持身体自然放松。

(2)交叉步形成:右脚向右后方撤步约30厘米,脚尖点地。右腿从后方交叉至左腿外侧,右脚掌外侧触地,动作协调,避免重心不稳。

(3)屈膝下蹲:双膝弯曲,缓慢下蹲至右膝后侧轻触左小腿肚,臀部下沉至离地面20—30厘米。70%重心落于左脚,30%落于右脚前掌,保持身体平衡。

(4)上身与手部姿态:腰背挺直,双肩放松,双手自然搭于双膝或扶住待操作物品,保持优雅与专业。

(5)稳定性强化技巧:右膝内侧紧贴左腿后侧,形成交叉支撑结构,增强下蹲时的稳定性。

(6)起身动作:双手按压膝盖辅助发力,先伸直右腿,再收回右脚恢复并步站立,动作连贯,避免生硬。

交叉式蹲姿的常见错误与纠正如表3-2所示。

表3-2　交叉式蹲姿常见错误与纠正方法

常见错误	纠正方法
交叉腿时膝盖外翻	右膝内侧紧贴左腿保持直线
臀部后坐触地	控制下蹲幅度,保持悬空
身体前倾过度	下巴微收,视线水平前方1米

教学互动——蹲姿训练

一、训练准备

1.场地准备

实训教室或礼仪训练室,地面铺设防滑地垫。设置低位操作场景,如模拟货架、地面散落物品、儿童沟通区,营造真实的训练环境。配备全身镜,供学生观察姿势细节,及时纠正错误。

2.物品准备

实训物品准备包括轻质道具箱、裙装道具和计时器。

3.分组要求

每组5—8人,确保每位学生都有充分的练习机会。每一小组完成一种蹲姿训练后,换下一组,确保每人参与所有环节,全面掌握技巧。

二、训练方法

1.节拍口令训练

(1)训练目标:掌握蹲姿的标准化动作,提升低位服务的稳定性与优雅度。

(2)训练步骤:

①学生分组,每组5—8人。每组学生根据老师的口令完成动作,确保每个动作环节准确无误。

②口令:"预备"—"右脚后撤"—"抚裙下蹲"—"还原"。

③在老师发出口令"扶裙下蹲"后,学生需保持蹲姿30秒,完成5组后,换下一组。

2.场景模拟蹲姿应用训练

(1)训练目标:结合实际服务场景,灵活运用蹲姿技巧。

(2)训练步骤:根据以下三种场景进行蹲姿训练。

①场景一:拾取物品。

地面放置散落餐具,用交叉式蹲姿拾取并放入托盘。

②场景二:与儿童沟通。

模拟与儿童对话,使用高低式蹲姿保持视线平齐。

③场景三:搬运重物。

用高低式蹲姿抬起道具箱,保持腰背挺直,缓慢起身。

三、礼仪动作体系

（一）鞠躬礼——角度传递的服务温度

1. 15°致意礼（轻微问候）

致意礼是一种简洁而有效的非语言沟通方式，适用于多种场景。当服务人员在日常工作中路过顾客身边时，一个简单的点头动作可以表达出礼貌和尊重，使顾客感受到被关注。在快餐店、咖啡厅等非正式场合，致意常用于快速问候顾客，传递出欢迎的信息，为顾客营造轻松愉快的氛围。此外，当回应顾客的简单需求，例如递送纸巾后，服务人员可以通过轻微的点头和问候来完成这一互动，展现出专业和友好的服务态度。15°致意礼的动作要领包括以下四个方面。

（1）身体：颈部保持直立，仅以腰部为轴前倾15°，双肩自然下垂，避免过度用力。

（2）手位：双手贴于裤缝线或交叠于腹前（女性），保持自然放松。

（3）视线：目视顾客鼻尖，保持微笑，时长1秒后自然复位，眼神亲切友好。

（4）禁忌：避免边行走边鞠躬，需站稳后再行礼，以保持动作的规范性，以示尊重。

2. 30°常规礼（标准服务礼）

当正式迎接顾客入店时，30°常规的鞠躬能够表达欢迎和尊重，为顾客营造出宾至如归的氛围。在上菜环节，服务人员通过礼节性的鞠躬，不仅能够体现专业服务，还能增添仪式感，使顾客感受到用餐过程的庄重与细致。此外，在对顾客表达感谢时，如感谢顾客的耐心等待或长期支持，30°的鞠躬礼能够真诚地传达感激之情，进一步增强顾客的满意度与忠诚度。30°常规礼的动作要领包括以下三个方面。

（1）身体：从腰部至颈部整体前倾30°，背部保持平直如一块门板，避免弯曲或摇晃。

（2）手位：男性双手贴裤缝，女性右手压左手置于腹前，动作整齐划一。

（3）视线：随身体下移至顾客脚尖方向，时长2秒，起身时平稳缓慢。

3. 45°迎送礼（郑重礼仪）

当VIP顾客到店或离店时，45°迎送礼能够体现对尊贵顾客的高度重视，传递出诚挚的欢迎与感谢之情。在服务过程中若出现失误，服务人员可以通过45°鞠躬致歉，以表达诚意和歉意，展现对顾客的尊重和对服务品质的重视。此外，在日料店等特定餐厅，45°鞠躬礼常用于呈递刺身拼盘等具有仪式感的环节，增添庄重氛围，提升顾客的用餐体验。45°致意礼的动作要领包括以下三个方面。

（1）身体：腰部发力前倾45°，臀部稍向后延展以平衡重心，避免身体前倾过度。

（2）手位：双手沿大腿滑至膝盖上方（男性），或交叠于膝盖（女性），动作优雅得体。

（3）视线：聚焦于前方1.5米地面，时长3秒，起身时先抬视线再直腰，保持动作连贯。

4. 90°深鞠躬礼(最高礼节/文化专属)

在日式餐厅中,当接待尊贵顾客如常客或行业前辈时,遵循传统礼仪的90°深鞠躬礼能够表达出对顾客的尊重与敬意。此外,在出现重大失误(如上错菜品引发严重不满)后,通过正式的深鞠躬道歉,可以深刻表达歉意,体现对顾客的重视和对服务失误的严肃态度。同时,在传统茶道、怀石料理等文化体验环节,深鞠躬礼也是不可或缺的一部分,它遵循文化传统,增添了仪式感和庄重氛围。90°深鞠躬礼的动作要领包括以下四个方面。

(1)身体:从腰部至髋部整体前屈,上半身与地面平行,背部严格保持平直,双腿并拢,重心落于前脚掌,臀部不可后翘。

(2)手位:男性双手伸直贴裤缝,指尖指向地面;女性双手交叠置于膝前,左手压右手。

(3)视线:紧盯地面,不可抬头,时长5秒以上(视场合调整),起身时动作缓慢庄重。

(4)禁忌:在非日式餐厅滥用日式元素易引发顾客不适;穿低领制服时需提前检查以防走光。

四种鞠躬礼的场景对比(见表3-3)及规范动作(见图3-9)如下所示。

表3-3　四种鞠躬礼的场景

角度	场景	时长	视线方向
15°	日常问候	1秒	顾客面部
30°	正式服务互动	2秒	顾客腰部以上
45°	VIP迎送/致歉	3秒	前方1.5米地面
90°	日式礼仪/重大致歉	>5秒	正下方地面

图3-9　四种角度鞠躬礼

Note

教学互动——鞠躬礼训练

一、训练准备

1.场地准备

实训教室或礼仪训练室,墙面贴标准角度标识线(15°、30°、45°、90°倾斜参考线),为学生提供直观的角度参照。配备全身镜,供学生观察鞠躬动作细节,及时发现并纠正错误姿势。

2.物品准备

准备托盘或道具礼品盒,模拟服务场景中手持物品的使用,增加训练的真实感。

二、训练方法

1.定型静止分解练习

(1)训练目标:掌握15°、30°、45°、90°鞠躬的标准动作与适用场景。

(2)训练步骤:老师依次喊口令,学生按要求做出动作。例如:"15°鞠躬""30°鞠躬"。学生做鞠躬动作时要求配合服务用语。例如:

15°鞠躬——"您好"

30°鞠躬——"谢谢"

45°鞠躬——"对不起"

90°鞠躬——"非常抱歉"

2.场景模拟鞠躬训练

(1)训练目标:结合服务场景灵活运用鞠躬礼仪,提升应变能力。

(2)训练步骤:根据场景完成模拟鞠躬的动作。

①场景一:迎宾问候。

模拟迎接顾客,完成15°鞠躬并微笑问候:"您好,欢迎光临!"

②场景二:送客致谢。

模拟顾客离店时,双手递送礼品盒并完成30°鞠躬:"感谢您的光临!"

③场景三:服务失误道歉。

模拟因服务失误向顾客致歉,完成45°鞠躬并配合语言:"非常抱歉,我们将立即处理!"

(二)手势礼仪——空间引导的无声语言

1.横摆式手势

横摆式手势主要用于引领和欢迎顾客,如在餐厅门口迎接顾客并引导他们进入店内或指定区域,如图3-10所示。其动作要领如下。

（1）右手掌心向外,背于身后,位置为皮带下一拳距离。

（2）左手掌心向内,小臂从腹前抬起至腰部高度。

（3）以左手手肘为轴心,左臂向身体左侧打开。

（4）定位的要求:左臂手肘与腰部在同一水平线;左手手腕高于手肘,左手手臂呈√状;左手大臂与小臂呈140°;左手与地面呈45°,斜向前方;左手手部与小臂呈一条直线,无弯曲。

图3-10　横摆式手势　　　　　　　　　　　图3-11　直臂式手势

2. 直臂式手势

直臂式手势主要用于指示看不见的较远处,一般不用于引领手势,如指示洗手间、出口等方向,如图3-11所示。其动作要领如下。

（1）背手:右手掌心向外,背于身后,位置为皮带下一拳距离。

（2）抬手:左手掌心向内,小臂从腹前抬起至腰部高度。

（3）打开:以左手手肘为轴心,左臂向身体左侧打开。

（4）定位的要求:左臂手肘与肩部在同一水平直线;左手大臂与小臂呈170—180°,微弯曲倾向直线180°;左手与地面呈45°,斜向前方。

3. 曲臂式手势

曲臂式手势可用于指示物品的时候,如图3-12所示。其动作要领如下。

（1）右手拿住物品。

（2）左手掌心向内,小臂从腹前抬起至腰部高度。

（3）左手向外翻,掌心向上,小臂位于胃部以上胸部以下位置。

4. 斜下式手势

斜下式手势用于请顾客入座、请顾客签字等近距离指示手势,如在餐厅引导顾客入座或指示签字位置。如图3-13所示。其动作要领如下。

（1）背手:右手掌心向外,背于身后,位置为皮带下一拳距离。

（2）伸手:左手手臂向前伸,掌心对向右方;小臂与掌心在一个平面,手臂不弯曲。

（3）指向：指尖指示至待指示位置。

图3-12　曲臂式手势　　　　　　　图3-13　斜下式手势

教学互动－手势礼的训练

一、训练准备

1.场地准备

实训教室或礼仪训练室，墙面贴方向标识线（水平、垂直、斜向参考线），为学生提供直观的方向参照。配备全身镜，供学生观察手势动作细节，及时发现并纠正错误姿势。设置模拟服务场景（如迎宾台、餐桌、走廊指引点），营造真实的服务环境。

2.物品准备

准备指示牌、道具菜单、托盘或礼品盒等道具，模拟引导及递送物品的场景，增加训练的真实感。

二、训练方法

1.手势分解定型练习

（1）训练目标：掌握横摆式、直臂式、曲臂式、斜下式手势的标准动作。

（2）训练步骤：老师依次喊出口令，学生按要求做出动作，如"横摆式""直臂式"。学生根据口令做出正确的动作，并配合使用服务用语。每次保持动作10秒，每组每个动作练习5次。例如：

横摆式——"这边请"；

直臂式——"前方直行"；

曲臂式——"这是伴手礼，请过目"；

斜下式——"您请入座"。

2.场景模拟手势训练

（1）训练目标：结合服务场景灵活运用手势礼仪，提升协调性与专业性。

（2）训练步骤：根据以下几种场景，进行模拟训练。

①场景一：迎宾引导。

使用横摆式手势引导顾客至餐桌，配合语言："您好，您的座位在这边，请随我来。"

②场景二：走廊指路。

使用直臂式手势指示洗手间方向："洗手间在前方右转，走廊尽头左侧。"

③场景三：递送餐品。

使用曲臂式手势递送托盘，同时微笑示意："这是您点的牛排，请小心烫。"

④场景四：安排就座。

使用斜下式手势示意顾客入座，配合语言："这是您的座位，请慢用。"

3.组合动作强化训练

(1)训练目标：通过连续动作提升手势礼仪的连贯性与优雅度。

(2)训练步骤：根据以下组合场景的要求进行模拟训练。

组合一：迎宾—引导—入座。运用横摆式迎宾、直臂式引导、斜下式示意入座。

组合二：递送—介绍—离场。运用曲臂式递送餐品、横摆式介绍菜单、后退一步鞠躬离场。

任务三　沟通礼仪认知

任务描述

　　本任务系统讲解服务行业中的沟通礼仪规范，涵盖基本服务用语、礼貌问候、称呼礼节、应答技巧及交谈艺术等内容。通过学习，学生将掌握在不同服务场景下运用专业、得体的沟通方式，有效传递尊重与关怀，提升客户满意度，预防服务矛盾，为建立优质服务形象奠定基础。

任务目标

　　1.熟练运用"十字"礼貌用语(您好、请、谢谢、对不起、再见)与"八声"服务用语(问候语、征询语、感谢语、应答语、道歉语、祝福语、赞美语、道别语)，确保语言规范性与场景适配性。

2. 掌握礼貌问候的核心原则(主动性、简洁性、场景化)与非语言动作配合技巧(眼神、微笑、身体角度)。

3. 学会根据顾客身份、文化背景及场合灵活使用泛称、尊称与谦称,避免称呼失误。

4. 提升应答技巧,包括真诚态度管理、3F倾听法(事实、感受、意图)及委婉表达策略。

5. 熟悉安全话题与禁忌话题的边界,掌握插话礼仪与沟通中的共情技巧,确保服务过程专业且人性化。

一、服务的基本用语

"十字"指的是服务中最常用的五个礼貌用语,一共由十个字组成,分别是"您好""请""谢谢""对不起""再见"。

"八声"是指服务过程中常见的八种表达方式,具体包括以下内容。

1. 问候语

(1)早晨见面:您好/早上好/您早。

(2)初次见面:您好,见到您很高兴/您好,认识您很高兴。

(3)其他时刻见面:您好。

2. 征询语

(1)您好! 帮您×××可以吗?

(2)您好! 您需要×××吗?

(3)我能为您做些什么?

(4)您需要我帮您做些什么吗?

(5)请问有什么我可以帮忙的吗?

(6)您还有别的事情要帮忙的吗?

(7)这个餐位您觉得满意吗?

(8)请问需要喝点红茶还是绿茶?

(9)请问现在点菜吗?

(10)请问您有什么忌口和特别的喜好吗?

(11)请问您还需要点些什么菜吗?

(12)请问现在可以上菜了吗?

(13)请问这个盘子现在可以收走吗?

(14)请问这个需要帮您换成小盘吗?

(15)现在可以为您结账吗?

3. 感谢语

（1）谢谢您的鼓励！

（2）谢谢您的夸奖！

（3）谢谢您的帮助！

（4）谢谢您的提醒！

（5）谢谢您的配合！

（6）这是我们应该做的。

（7）我非常乐意为你效劳。

（8）谢谢您的美意,我心领了！

（9）能为您服务,我感到很高兴。

4. 应答语

（1）好的,马上来。

（2）好的,我明白了,请您放心。

（3）好的,别客气,我马上为您安排。

（4）好的,没问题,请您稍等。

（5）不客气。

（6）您不用客气。

5. 道歉语

服务工作中的道歉语分为过失道歉语和提醒道歉语。常用的过失道歉语：

（1）对不起,这是我的责任。

（2）对不起,这都是我的错误！

（3）对不起,让您久等了！

（4）没关系,我应向您道歉。

常用的提醒道歉语：

（1）您好,打扰一下！

（2）抱歉,打扰一下！

（3）对不起,打扰了,外面有位顾客想要见您。

6. 祝福语

（1）对结婚新人的祝福:新婚快乐/祝你们新婚快乐！

（2）对过生日者的祝福:生日快乐/祝您生日快乐！

（3）节日里的祝福:祝您新年快乐/中秋节快乐/元宵节快乐/圣诞节快乐/节日快乐！

7. 赞美语

（1）很好/很不错！

（2）太好了/太棒了！

（3）您真了不起！

（4）这太出色了！

（5）这太美了！

8.道别语

（1）谢谢您,请慢走,欢迎您再来！

（2）再见,祝您一路平安！

（3）再见,欢迎再次光临！

（4）希望以后多多联系！

二、服务基本用语在形式上的要求

（一）恰到好处

在服务过程中,语言表达简洁明了,能够有效提升沟通效率,避免冗长复杂的表述给顾客带来困扰,同时也能激发顾客表达自身需求,使服务人员更好地满足顾客的期望。服务人员应避免使用过于复杂或含糊其词的语句,而是采用直接、清晰的问句或选择式问句来引导顾客表达需求。例如:"先生/女士,现在可以为您点餐了吗?"或者"您是需要一份主菜,还是先来点开胃小菜呢?"这样的表达既不会让顾客感到压力,又能迅速开启点餐流程。

（二）有声服务

没有声音的服务容易给顾客留下冷漠、机械的印象,而有声服务则能够传递热情与关怀,让顾客感受到被重视和欢迎,从而拉近与顾客的距离,提升整体服务的亲和力与感染力。服务人员在接待顾客时,要主动热情地交流,语调保持轻快、友好,并且面带微笑。例如,当顾客踏入餐厅的那一刻,服务员就应立即面带微笑,用轻快的语调热情问候:"您好,欢迎光临,这边请。"在服务过程中,也要时刻保持这种热情有声的状态,让顾客始终感受到温暖的关注。

（三）轻声服务

轻声服务能够为顾客营造一个安静、舒适的用餐或消费环境,避免过大的声响干扰顾客的用餐体验或休息,让顾客感受到服务的细腻与周到,提升顾客的满意度。服务人员在与顾客交流时,要控制好自己的音量,避免喧哗。同时,行走时步伐要轻盈,尽量减少脚步声;在操作餐具、设备等物品时,要做到轻拿轻放,例如把餐具轻放在餐桌上、轻关门窗等,以减少操作过程中产生的噪声,确保顾客能够在一个宁静的氛围中享受服务。

（四）清楚服务

清楚服务能够确保顾客快速、准确地理解服务人员所传达的信息，避免因表达不清或条理混乱而导致顾客的困惑或误解，从而提高服务的效率和质量，给顾客留下专业、可靠的印象。服务人员在介绍菜品、说明活动或解答疑问时，要使用清晰明了的语言，语句通顺，逻辑清晰。例如，在介绍特色菜品时，可以这样说："本店今日推出特色菜品——香煎三文鱼，肉质鲜嫩，营养丰富，深受顾客喜爱。"这样的介绍突出了菜品的亮点，让顾客能够迅速抓住重点信息。

（五）普通话服务

普通话作为全国通用的语言，能够有效消除因方言差异所导致的沟通障碍，确保服务员与顾客之间的交流更加顺畅、明白，使双方能够更好地理解彼此的意思，避免因口音或表达习惯不同而产生误解，为顾客提供更加优质、高效的服务体验。服务人员需要熟练掌握普通话，并在日常服务中积极运用。在与顾客交流时，要注意发音准确、语速适中、表达清晰。例如，在为来自不同地区的顾客服务时，使用标准普通话进行交流："您好，您点的西湖龙井已泡好，请慢用。"通过这样的方式，确保与每位顾客的沟通都能准确无误地进行。

三、礼貌问候的礼节

问候在服务场景中意义重大且价值非凡。作为顾客与服务人员初次接触的关键环节，问候直接影响顾客对餐厅专业性和亲和力的第一印象，热情得体的问候能营造良好氛围，为用餐体验奠定积极基础。主动问候还能迅速拉近与顾客的心理距离，让顾客切实感受到尊重与关怀，从而建立起对服务人员的信任，使顾客用餐时更加放松愉悦。此外，及时的问候体现了对顾客需求的敏锐关注，可有效减少顾客因被忽视而产生的不满情绪，降低投诉风险，为后续服务的顺利开展创造有利条件。

（一）问候的核心原则

1. 主动性与及时性

主动性和及时性是服务人员应具备的重要素质。服务人员应在顾客进店的3秒内主动开口问候，避免让顾客等待或感到无所适从。这种及时的问候不仅能体现服务的高效性，还能让顾客从踏入店门的那一刻起就感受到热情的接待。在整个服务过程中，无论是在续杯饮品还是上菜时，服务人员都应保持警觉，每次与顾客接触时都重新以简短而亲切的问候语开启交流，如"您好，您的饮品已续满，请慢用"或"您好，这是您点的菜品，小心烫哦"，这样的问候语不仅能够强化顾客被关注和重视的感觉，还能在每一次互动中展现细致与周到的服务，从而提升顾客的整体用餐体验。

2.简洁性与适配性

语言的简洁性与场景适配性至关重要。服务人员应使用简短明确的语言,避免冗长复杂的表达,以确保顾客能够迅速理解服务意图。例如,"您好,请问需要帮助吗?"比"打扰一下,您是不是需要什么服务?"更为直接高效,有助于提升服务效率并减少顾客的不耐烦情绪。此外,服务人员还需根据时间、节日、顾客特征等因素灵活调整问候内容,以展现对顾客的个性化关注。具体内容如表3-4所示。

表3-4　问候语言场景化分类

场景类型	语言示例
日常迎宾	"上午好,欢迎光临!" "中午好,欢迎光临!" "晚上好,欢迎光临!"
节假日	"中秋快乐! 今天有特供月饼套餐哦!" "新年好!""圣诞快乐!"
特殊顾客	"您今天气色真好!"(对老人) "张老师,新年好!"(对熟悉的顾客)
服务中接触	"您的饮品马上送到,请稍等。"

(二)问候时非语言动作配合

在服务过程中,非语言动作的配合至关重要。在眼神方面,服务人员应注视顾客鼻梁至眉间三角区域,避免直视眼睛或目光游离,以此恰到好处地传递专业与亲切,既表达尊重与专注,又不会让顾客感到不适或被冒犯。微笑时,嘴角需自然上扬,露出6—8颗牙齿,同时面部肌肉放松,因为真诚自然的微笑是拉近与顾客距离的有力武器,能瞬间让顾客感受到友善与热情,提升其满意度与好感度。身体角度上,迎宾时侧身15°引导,服务中保持上半身微倾10°以示关注,这种适当的身体倾斜角度,充分展现出服务人员的礼貌与专注,让顾客切实感受到被尊重与重视,大大增强了服务的亲和力。

(三)常见的错误及纠正方案

在餐厅中问候顾客,常见的错误是缺乏主动性、语言冗长以及表情僵硬。可以参见表3-5中的内容进行纠正。

表3-5　问候常见的错误类型

错误类型	错误示例	纠正方案
缺乏主动性	低头整理餐具,未问候新入座顾客	设定"3秒原则",强制自我训练
语言冗长	"您好! 今天天气不错,您想坐窗边吗?"	简化为:"您好,需要靠窗座位吗?"
表情僵硬	微笑时嘴角紧绷,眼神呆滞	对镜练习"眼神+嘴角"联动表情

教学互动——角色扮演

一、分组任务

每组由4人组成,分别扮演迎宾员、服务员、顾客、观察员。模拟场景如下。

(1)雨天迎宾(需撑伞+防滑提醒)。

(2)老年顾客入座(需搀扶+适度赞美)。

(3)常客接待(需称呼姓氏:"王先生,您的座位已预留")。

二、评估标准

在进行角色扮演的互动时,可参见表3-6中的内容进行评分。

表3-6 礼貌问候角色扮演评分表

评分项	细则	分值
语言规范性	用语简洁,无冗余词	30
动作协调性	手势、表情、身体角度同步	30
场景适配度	根据顾客特征调整问候内容	25
情感传递	观察员模拟顾客满意度评分(1—5分)	15

四、称呼的礼节

(一)学用称谓语

在餐饮服务中,恰当的称呼是表达尊重、建立信任的基础。称呼需根据顾客身份、文化背景及场合灵活调整,避免因用词不当引发误解或不满。

1.泛称

泛称,适用于大多数顾客的通用称呼,体现基本尊重。例如:成年男性,称呼"先生";成年女性,称呼"女士";儿童,称呼"小朋友";群体顾客,称呼"各位贵宾"。

要注意的是,避免使用带有年龄暗示的称呼,例如"阿姨""大叔",以防引起顾客的敏感或不悦。对非熟客禁用昵称或调侃性称呼,例如"帅哥"或者"亲爱的",以免显得过于随意或不尊重。

2.尊称

尊称,用于表达更高敬意,适用于VIP顾客、长者或特殊场合。例如,企业高管,通常称呼"张总""李董";学术界人士,称呼"王教授""陈博士";政府人员,称呼"赵局""刘处"。

使用尊称的时候要注意,避免过度使用职称,例如对普通职员称"某总",以免造成不必要的压力或误解。当我们对顾客不确定职称时,以"先生/女士＋姓氏"为安全选择,保持称呼的得体与尊重。

3. 谦称

谦称是指服务人员自我谦逊的称呼,体现服务姿态。例如在做自我介绍时说:"我是您的服务员小李。"当顾客问"您贵姓"时,可回答"免贵姓王"。

(二)掌握称呼的礼节

1. 正式场合的称呼策略

在正式场合的称呼策略中,服务人员应优先使用尊称加姓氏(如"王总""林女士"),以体现对顾客的高度重视与尊重。这种称呼方式不仅符合商务宴请、高端酒会等正式场合的礼仪规范,还能有效传递专业性和正式感。同时,应避免使用缩写或简称(如"刘先生"优于"老刘"),以确保称呼的规范性和正式性。

2. 非正式场合的称呼策略

在非正式场合的称呼策略中,服务人员应适度亲切,但需保持边界感。例如,在家庭聚餐或朋友聚会等轻松场景中,称呼可以稍显亲切,但应避免过于随意或失去尊重,如"张先生"优于"张哥"。这种称呼方式在亲切与尊重之间找到平衡,既能营造轻松的氛围,又能体现对顾客的尊重,从而提升顾客的满意度和舒适感。

3. 询问顾客姓名的礼仪

在餐饮服务中,询问顾客姓名的礼仪至关重要,主要适用于以下场景:当顾客通过电话或在线平台进行预订时,服务人员需礼貌地询问顾客的姓名,以便准确记录预订信息;对于VIP顾客,服务人员应先以尊称问候,然后再次确认顾客的姓名,以确保服务的个性化和尊贵感;同样,在为顾客办理会员登记手续时,询问姓名是必不可少的环节,服务人员应以友好、专业的态度进行询问,并仔细核对信息。

在询问顾客姓名时可以参照表3-7中列举的话术模板。

表3-7　称呼用语话术模版

步骤	正确话术	错误话术
初次询问	"请问您如何称呼?"	"你叫什么名字?"
确认姓氏	"是口天吴,对吗?"	"你姓啥?"
登记信息	"刘女士,您的联系方式是?"	"把电话再说一遍。"

教学互动——称呼训练

一、场景训练

学生抽取场景卡,设计3句包含称呼的对话。

场景1:商务宴请中接待某科技公司CEO王明。

场景2:为日籍顾客田中由美办理入住。

场景3:老年夫妇结婚纪念日聚餐。

二、快速反应测试

老师快速展示顾客身份标签(如"外籍教授""带儿童的母亲"),学生5秒内说出恰当称呼。

标签1:"60岁企业家,姓氏陈"——正确回答:"陈总,您好!"

标签2:"法国游客,姓名Marie Dupont"——正确回答:"Madam Dupont, welcome!"

五、应答技巧的礼仪

(一)应答的基本原则

1. 真诚热情,有问必答

在餐饮服务中,服务人员应始终保持真诚热情、有问必答的态度。当顾客提出问题或需求时,即使无法立即解决问题,服务人员也应先表达积极态度,如"我立刻帮您确认"。这样的表达能让顾客感受到被重视和关注,从而增强顾客的信任感。同时,服务人员应避免使用消极回应,如"不清楚"或"不知道",这些回答可能让顾客感到被冷落或不被重视。相反,应转为主动协助,例如,"我联系后厨为您解答"。通过这样的方式,展现服务人员积极解决问题的态度,提升顾客的满意度。

2. 恭敬有礼,一视同仁

首先,服务人员应对所有顾客的身份和消费水平无差别对待,无论顾客背景如何,都应提供同样优质的服务,营造公平友好的服务环境。其次,避免过度关注VIP顾客而忽视普通顾客,每个顾客都希望得到适当的关注和服务,过度关注某些顾客可能会让其他顾客感到被冷落。最后,服务人员应使用统一的敬语模板,如"您请说""感谢您的建议",这些礼貌用语能够传递出对顾客的尊重和礼貌,提升整体服务形象。

3. 守信负责,反应敏捷

当顾客提出问题或需求时,服务人员应明确告知解决时限,例如"10分钟内为您上菜"。这能让顾客对服务进度有明确预期,减少等待焦虑。若超过承诺时间,服务人员需主动道歉并给予适当补偿。同时,服务人员应遵循"到我为止"原则,首位接待的服务人员需全程跟进问题解决,避免转交推诿,确保问题及时有效处理,防止顾客在不同服务人员间奔波,从而增强顾客对服务的满意度。

(二)应答的要领

1. 表情管理

在应答顾客时,服务人员应保持自然微笑,嘴角上扬约15°,苹果肌微抬,避免僵硬或过度夸张,这样的微笑能够传递友好和热情,营造温暖的服务氛围。同时,面对顾客投诉或其他压力情况时,服务人员需学会控制情绪,例如通过深呼吸2秒保持语调平稳,避免情绪化回应。对于无理要求,可使用缓冲话术争取时间,如"我理解您的需求,请允许我请示上级"。通过这些技巧,服务人员能够在压力下保持专业形象,妥善处理各种复杂情况。

2. 眼神交流

服务人员在与顾客交谈时,应保持适当的眼神接触,每句话与顾客保持3—5秒的自然眼神交流,随后自然移开。这种适度的眼神交流能够传递出专注和尊重,让顾客感受到被重视,从而提升服务的亲和力。同时,服务人员应注意避免频繁眨眼或斜视等行为,因为这些可能让顾客感到服务人员不自信或不耐烦,进而影响顾客对服务的评价。通过恰当的眼神交流,服务人员能够展现专业素养,增强顾客的信任感。

(三)应答语分类与应用

1. 主动提供帮助

当顾客需要帮助时,服务人员应主动上前询问:"您好,我能为您做些什么?"这种主动的态度能够给顾客留下积极的第一印象,显示出服务的周到和热情。

2. 委婉拒绝

当无法满足顾客的要求时,服务人员应以诚恳和委婉的态度表示歉意:"实在抱歉,目前还无法满足您的要求。"这样的表达方式能够缓解顾客的失望情绪,同时保持了服务的专业性和礼貌。

3. 迅速响应顾客吩咐

当顾客有吩咐时,服务人员应迅速回应并确认:"是,我明白了。"或"好,马上就来。"有时还需要重复顾客的问题以确保理解无误:"知道了,请您放心!"这种回应方式能够显示出对顾客需求的重视和对工作的认真态度。

4. 应对顾客的等待

当服务对象较多,排在后面的顾客开始抱怨时,服务人员应点头致意并表示歉意:"对不起,请您稍候片刻。"这种礼貌的回应能够缓解顾客的不满情绪,同时也显示出对所有顾客的尊重和关注。

5. 处理顾客的语速问题

如果顾客的语速过快或含糊不清,服务人员可以亲切地请求:"对不起,请您说慢一点。"或"对不起,请您再说一遍,好吗?"这种询问方式既体现了对顾客的尊重,也确保了信息的准确传达。

6. 礼貌致意

当不能立即接待顾客时,服务人员应礼貌致意:"对不起,请您稍候片刻。"或"请稍等一下,好吗?"这种礼貌的表达方式能够让顾客感受到被尊重,同时也为服务人员争取到了处理其他事务的时间。

7. 应对工作失误

当工作失误或给顾客添麻烦时,服务人员应礼貌应答:"实在对不起,给您添麻烦了。"或"对不起,刚才疏忽了,今后一定注意。"这种回应方式能够显示出服务人员的责任感和对顾客的尊重。

8. 处理顾客误解

当顾客误解时,服务人员应礼貌致歉:"没关系,您别介意。"或"不要紧,这算不了什么。"这种回应方式能够缓解顾客的尴尬情绪,同时也显示出服务人员的大度和理解。

9. 谦恭回应顾客赞扬

当顾客赞扬时,服务人员应谦恭地回应:"谢谢,您过奖了,不敢当。"或"承蒙夸奖,谢谢您了。"这种回应方式能够显示出服务人员的谦逊和对顾客的尊重。

10. 婉言谢绝过分要求

当顾客提出过分或无理要求时,服务人员应婉言谢绝:"这恐怕不行吧。"或"很抱歉,我无法满足您的要求。"这种回应方式既保持了服务的专业性和礼貌,也维护了服务人员的尊严和原则。

六、交谈的艺术

(一)交谈的礼节

1. 安全话题

在服务过程中,选择合适的话题能够促进与顾客的交流,提升顾客的用餐体验。以下是一些安全话题的类型、示例及适用场景。

(1)菜品与文化:"这道菜源自本地传统工艺,您尝尝看。"该话题适用于推荐菜品、介绍特色菜时,通过分享菜品背后的文化故事,激发顾客的兴趣,增加菜品的吸引力。

（2）环境与体验："您觉得今天的音乐氛围如何？"服务人员可通过询问顾客对餐厅环境的感受，如音乐、灯光等，让顾客参与到餐厅氛围的营造中，增强其参与感和满意度。

（3）节日与活动："我们下周有亲子烘焙体验，您感兴趣吗？"结合节日或餐厅举办的活动进行交流，能够增加顾客对餐厅的黏性，使其感受到餐厅的关怀和特色。

2. 禁忌话题

为避免引起顾客的不适或反感，在交谈中应避免涉及以下话题。

（1）隐私类：包括年龄、收入、婚姻状况等个人隐私信息，尊重顾客的隐私是建立良好关系的基础。

（2）敏感类：政治立场、宗教分歧、负面评价其他顾客等敏感话题，容易引发争议或冲突，影响顾客的用餐心情。

（3）争议类：餐厅内部管理问题、同行竞争对比等，这类话题可能让顾客产生负面印象，降低对餐厅的评价。

教学互动——案例分析

> **案例**　顾客询问服务员收入，服务员回答："反正跟您比，肯定比您挣得少。"
>
> **问题**　此回答违反了隐私禁忌，涉及个人收入这一敏感问题，容易引发顾客的不适。
>
> **改进方案**　微笑回应："感谢您的关心！更希望听听您对菜品的反馈。"通过转移话题，避免直接回答隐私问题，保持交谈的礼貌与专业。

（二）委婉表达

委婉表达是一种重要的沟通技巧，旨在通过礼貌和巧妙的语言处理，避免直接冲突或让顾客感到不适，从而提升顾客体验和满意度。以下是几种常见的委婉表达方式及其应用示例。

1. 以肯定替代否定

避免直接否定顾客，转而强调可提供的解决方案，示例如下。

直接："这道菜没有。"

委婉："这道菜今日售罄，但我们的厨师推荐同样受欢迎的香煎三文鱼，您愿意尝试吗？"

2. 模糊化敏感信息

使用中性词汇淡化争议，避免引发顾客对立情绪，示例如下。

直接:"您的要求不合理。"

委婉:"您的需求我们非常重视,但需要与团队进一步协调。"

3. 归因于客观因素

将问题归咎于外部因素,而非顾客或餐厅责任,示例如下。

直接:"您迟到了,座位被取消了。"

委婉:"因预约保留时间已过,我们为您协调其他空位,您看可以吗?"

常见场景的委婉话术模板如表3-8所示。

表3-8　委婉话术模板

场景	直接表述	委婉表达
菜品售罄	"卖完了,点别的吧。"	"这道菜非常受欢迎,已提前售罄,我们为您推荐招牌菜×××如何?"
拒绝额外请求	"不行,这不符合规定。"	"您的需求我已记录,需要请示上级后尽快答复您。"
纠正顾客错误	"你弄错了。"	"可能有些误会,我为您再详细说明一遍。"
提醒顾客规则	"这里不能抽烟!"	"为了大家的舒适体验,我们设有室外吸烟区,我带您过去?"

4. 委婉表达的策略

在委婉表达时,我们通常会采用三种常见的策略,共情先行、提供选择权以及正话反说。第一种是共情先行,在传达负面信息前,先表达理解与共情。公式为"共情句＋事实陈述＋解决方案"。例如:"理解您想靠窗的期待(共情),但当前靠窗位已满(事实),我们为您预留下一时段或安排安静包厢(方案),您看如何?"第二种是提供选择权。通过选项赋予顾客控制感,减少被拒绝的负面体验。例如:"您的预订时间已过,我们可以为您安排立即入座吧台位,或10分钟后安排靠窗位,您更倾向哪种?"第三种是正话反说,用积极词汇包裹负面信息。例如:"这道菜需要更多时间准备(负面),以确保口味达到最佳标准(正面)。"

教学互动——委婉表达实战训练

学生将10句直接表述转化为委婉表达(见表3-9)。

表3-9　委婉表达训练表

直接表述	委婉表达
"这里不能带宠物。"	"为了所有顾客的舒适体验,我们设有宠物寄存区,需要我带您过去吗?"

续表

直接表述	委婉表达
"你声音太大,影响其他顾客。"	"为了让每位顾客享受安静的氛围,建议您稍降音量,感谢您的理解!"
"这道菜没有,换一个吧。"	"这道菜今日非常受欢迎,已售罄,我们的厨师特别推荐香草烤鸡,您想试试吗?"
"你迟到了,座位被取消了。"	"因预约保留时间已过,我们为您协调了另一处舒适座位,您看可以吗?"
"这不能退,你自己看菜单说明。"	"非常抱歉,根据餐厅规定,特殊菜品无法退换。但我们可以为您打包或赠送一份甜品以表达歉意。"
"没预订不能坐窗边。"	"靠窗座位目前需要提前预约,我为您安排一处安静角落,或稍后靠窗有空位时为您调整,您更倾向哪种?"
"你点错了,不是我们的问题。"	"可能是沟通时有误会,我为您核对订单并调整,您看这样可以吗?"
"最低消费200元,不够不能坐包厢。"	"包厢服务包含专属体验,消费满200元即可使用。您是否需要我推荐几道特色菜凑单?"
"这道菜就是辣的,吃不了别点。"	"这道菜口味偏辣,如果您喜欢清淡,推荐清蒸鲈鱼或上汤时蔬,口感更温和。"
"我们下班了,赶紧结账。"	"感谢您今晚光临!为方便您,我们已为您准备好账单,随时可以为您结算。"

(三)插话的礼节

在服务过程中,插话是一项需要谨慎运用的技巧,若使用不当,可能会引起顾客的不满或误解,因此掌握插话的礼节至关重要。

1. 允许插话的情况

并非所有情况下都适合插话,通常在以下几种情形下可以考虑插话。第一,紧急事件:当遇到紧急情况,如顾客突发身体不适或餐厅内出现安全隐患等,需要立即打断顾客的讲话,以处理紧急状况。第二,顾客长时间偏离主题:若顾客在交谈中长时间偏离核心需求,导致交流效率低下,服务人员可适当插话,引导对话回归主题,以更好地满足顾客需求。第三,提供关键的补充信息。例如,顾客点菜时未提及对某些食材的过敏史,而所点菜品恰好含有该食材,服务人员应插话告知,避免过敏风险。

2. 插话三步骤

当需要插话时,建议遵循以下三个步骤,以确保插话的礼貌性和有效性。首先进行铺垫,先轻声说"抱歉打扰您",以表达对顾客的尊重和歉意,缓解插话可能带来的突兀感;其次简要陈述,在接下来的10秒内,迅速而简洁地说明插话的重点内容,避免冗长复杂的表述,确保顾客能够快速理解插话的核心信息;最后将话语权交还给顾客,可以说"您请继续,我稍后再补充",让顾客感受到被尊重和关注。

3.插话禁忌

在插话过程中,应避免直接打断顾客的谈话。避免生硬地采用不礼貌的方式打断顾客,如"您说得不对,我们餐厅不可能有这种事!"这种直接打断顾客并否定其说法的行为,容易引发顾客的不满甚至产生争执。若不慎直接打断了顾客,应立即意识到错误,并用诚恳的态度进行补救,可以说:"非常抱歉打断您,请您继续说明情况。"通过及时道歉和邀请顾客继续发言,来缓解因不当插话造成的不良影响,恢复顾客的信任和好感。

教学互动——插话模拟训练

根据以下场景,模拟如何进行插话。

场景1:顾客抱怨时,需及时告知顾客,厨房已解决问题。

场景2:顾客闲聊时,需插话提醒预约时间已到。

(四)倾听技巧:从被动听到主动理解

1.3F倾听法

服务人员可运用3F倾听法来提升倾听效果,具体内容如下。

(1) Fact(事实)。

在顾客表达问题时,服务人员应准确捕捉其中的客观事实。例如,顾客说:"我点的牛排太熟了,和我之前要求的不一样。"服务人员可以回应:"您提到牛排过熟,对吗?"通过这样的复述,服务人员能够确认自己对问题的理解,同时也让顾客感受到被认真倾听。

(2) Feel(情绪)。

服务人员还需要关注顾客在表达中的情绪变化。例如,顾客说:"等了这么久,真是让人着急!"服务人员可以回应:"等待时间过长让您着急了,抱歉!"这样的回应不仅能够缓解顾客的负面情绪,还能增进顾客对服务人员的理解和信任。

(3) Focus(聚焦)。

在倾听过程中,服务人员要能够聚焦顾客的核心需求。例如,顾客说:"我希望这道菜能重新做一下,或者给我换一个选择。"服务人员可以回应:"您希望更换菜品还是退款?"通过明确顾客的核心需求,服务人员能够更精准地提供解决方案,提升服务效率和顾客满意度。

2. 非语言倾听

在餐饮服务中,非语言倾听是有效沟通的重要组成部分。服务人员在倾听顾客时,可以通过适度点头和身体前倾来传递专注和理解。具体而言,服务人员可以每10秒适度点头1次,幅度适中,既能表达对顾客话语的理解与认同,又避免过于频繁而显得刻意。同时,上半身微倾10°,这一肢体语言能够向顾客传递出积极参与的态度,让顾客感受到服务人员的专注和尊重。

教学互动——倾听训练

一、听力捕捉练习

播放一段顾客投诉录音(含冗余信息),学生用3F法提炼事实、感受、意图。

二、角色扮演反馈

两个学生为一组,学生A扮演抱怨上菜慢的顾客,学生B应用3F倾听法回应。

项目小结

本项目系统介绍了餐饮服务中的核心礼仪与沟通技巧。从微笑管理到交谈艺术,内容涵盖服务人员必备素养的各个方面。

通过学习,学生应掌握以微笑传递友善、以规范仪容仪表树立专业形象的技巧,理解优雅姿势和手势在展现职业风范中的作用,熟知恰当称呼顾客的重要性,以及灵活运用应答和交谈技巧在化解矛盾、提升服务体验中的实践方法。

这些技能对今后的职业发展具有重要意义,有助于学生在餐饮服务场景中为顾客提供优质服务,也能在日常交往中发挥积极作用。希望学生将所学知识运用到实践中,持续提升服务水平,为自己的职业发展增添动力。

项目训练

知识训练

项目三

一、知识训练

扫码查看具体内容。

二、能力训练

1. 情景演练

(1)场景一:雨天迎宾服务。

Note

任务:模拟雨天顾客到店,需完成撑伞、防滑提醒及引导入座。

要求:使用横摆式手势引导。

语言:"雨天路滑,请小心台阶。"动作与语言同步,表情自然。

(2)场景二:处理菜品售罄投诉。

任务:顾客因招牌菜售罄不满,需安抚情绪并提供替代方案。

要求:应用3F倾听法反映事实与情绪。

委婉表达:"这道菜非常受欢迎,已售罄,我们推荐香煎三文鱼,您愿意尝试吗?"

2.角色扮演

角色分配:服务员、顾客、观察员。

场景如下。

(1)VIP客户接待。

顾客身份:企业高管"张总"。

任务:使用尊称将顾客引导至包厢,并介绍菜品文化。

评分点:称呼准确性、手势规范性、语言流畅度。

(2)老年顾客特殊关怀。

顾客需求:腿脚不便需搀扶入座,并询问忌口。

任务:使用高低式蹲姿沟通,语言亲切。

评分点:动作安全性、非语言关怀(如微笑、眼神)。

3.案例分析

案例:顾客因上菜延迟30分钟情绪激动,指责服务员效率低下。

任务如下。

(1)用鞠躬礼(45°)表达歉意。

(2)通过3F倾听法提炼顾客核心需求。

(3)提供两项解决方案(如优先安排上菜、赠送甜品)。

项目四
餐饮服务基本技能

项目描述

　　本项目围绕餐饮服务中的核心技能展开系统化训练,涵盖托盘服务、餐厅摆台、餐巾折花、酒水服务、上菜服务及分菜服务六大任务。通过理论与实践相结合的教学模式,学生将掌握餐饮服务流程的标准化操作规范,理解服务细节对顾客体验的重要性,并培养应对复杂场景的应变能力。本项目的学习不仅能为后续高阶服务技能奠定基础,还能强化学生的职业素养与服务意识,助力学生成为兼具专业能力与人文关怀的餐饮服务人才。

项目目标

知识目标

1.掌握托盘服务的分类、操作流程及轻托与重托的核心区别。

2.熟悉中餐与西餐摆台的布局原则、餐具摆放标准及台布铺设方法。

3.了解餐巾折花的种类、基本技法及文化寓意,掌握酒水分类与侍酒礼仪。

4.熟悉中餐"八先八后"上菜原则及西餐分餐服务的顺序与规范。

5.掌握分菜工具的使用技巧及整形菜的分割方法。

能力目标

1.能规范完成托盘的理盘、装盘、走盘全流程操作,确保平稳高效。

2.能独立完成十人圆桌宴会摆台,做到餐具间距均匀、台面整洁美观。

3.能熟练折叠20种以上餐巾花型,并合理搭配宴会主题。

4.能按标准流程完成红葡萄酒开瓶、醒酒及斟倒服务,精准控制斟酒量。

5.能安全处理酒精炉火锅、煲类等特殊菜肴,灵活应对顾客个性化需求。

素养目标

1. 通过反复实操训练,养成精益求精、追求卓越的职业态度。
2. 理解中餐摆台"鸡不献头,鱼不献脊"等传统礼仪的文化内涵。
3. 强化操作规范意识,注重细节管理以预防意外发生。
4. 在分组实训中提升沟通效率与协作意识,模拟真实服务场景。
5. 鼓励在摆台设计、餐巾折花等方面融入创意,展现个性化服务理念。

知识导图

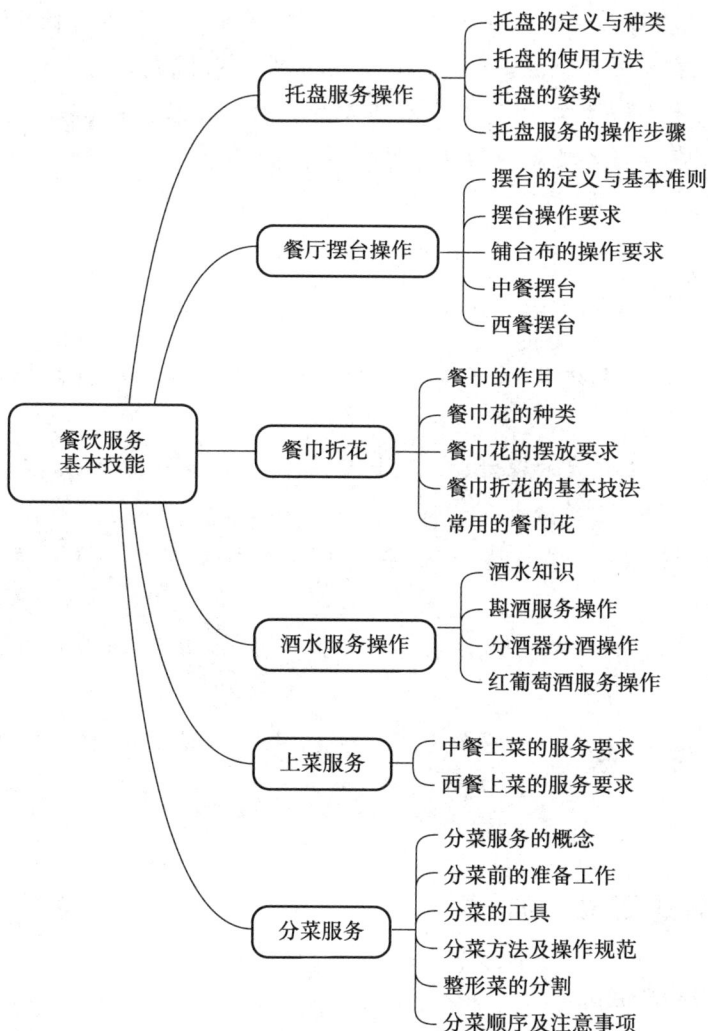

托盘服务操作
- 托盘的定义与种类
- 托盘的使用方法
- 托盘的姿势
- 托盘服务的操作步骤

餐厅摆台操作
- 摆台的定义与基本准则
- 摆台操作要求
- 铺台布的操作要求
- 中餐摆台
- 西餐摆台

餐饮服务基本技能

餐巾折花
- 餐巾的作用
- 餐巾花的种类
- 餐巾花的摆放要求
- 餐巾折花的基本技法
- 常用的餐巾花

酒水服务操作
- 酒水知识
- 斟酒服务操作
- 分酒器分酒操作
- 红葡萄酒服务操作

上菜服务
- 中餐上菜的服务要求
- 西餐上菜的服务要求

分菜服务
- 分菜服务的概念
- 分菜前的准备工作
- 分菜的工具
- 分菜方法及操作规范
- 整形菜的分割
- 分菜顺序及注意事项

Note

任务一　托盘服务操作

任务描述

　　本任务通过系统训练,使学生掌握托盘的分类、使用场景及标准操作流程,包括轻托(胸前托)与重托(肩上托)的技巧,以及理盘、装盘、起盘、走盘、卸盘等关键步骤。通过情景模拟与实操演练,学生需适应不同服务场景的挑战,如狭小空间避让、动态平衡控制、突发情况应对等,最终达到动作规范、服务流畅、礼仪得体的职业要求。本任务是餐饮服务基础技能的重要组成部分,为后续复杂服务技能的学习奠定坚实基础。

任务目标

　　1.掌握托盘的定义、分类及在餐饮服务中的应用场景,理解轻托与重托的核心区别。

　　2.熟练完成托盘的理盘、装盘、起盘、走盘、卸盘全流程操作,确保动作规范、平稳且高效。

　　3.提升轻托(胸前托)与重托(肩上托)的操作技能,适应不同重量物品的运送需求。

　　4.增强动态平衡能力,能够应对行走避让、蹲起、突发障碍等复杂服务场景。

　　5.强化服务安全意识,注重托盘检查、物品摆放及操作细节,避免意外发生。

一、托盘的定义与种类

(一)托盘的定义

　　托盘是餐厅服务人员在席间为顾客端送物品时不可或缺的工具之一。恰当地运用托盘,不仅能够彰显餐厅服务的规范性,还能有效节省时间和精力,从而提升服务的整体效率。托盘操作是餐厅服务人员必须熟练掌握的基本技能之一。

（二）托盘的种类

（1）从制作材料上分，有塑料、木质、金属托盘等。

（2）按形状分，有圆形托盘、方形托盘、矩形托盘、椭圆形托盘等，目前常用的是圆形和矩形两种。

（3）按尺寸分，有大、中、小三种规格。一般长方形或大圆形托盘用于传菜和搬运较重物品，可以采用双手或重托方法托盘。中圆形托盘一般用于摆台、对客服务等，是目前餐厅最常见的托盘。小圆形托盘主要用于特殊物品及高档物品的递送。

二、托盘的使用方法

托盘的操作方式，一般按盘内物品的重量区分，有轻托和重托两种。

（一）轻托

轻托又称胸前托，一般使用中、小型圆盘，用于运送少量的酒水饮料、餐具、传菜、斟酒、摆台、撤换餐具等，所托物品重量为5千克以内。轻托一般在顾客面前操作，因此，该项技能的熟练程度显得十分重要，它是评价餐厅服务人员技能水平高低的一个重要指标。

（二）重托

重托又称肩上托，一般使用的是质地坚固的大、中矩形托盘，用来运送量多的菜肴和较重的物品，所托物品重量基本上在5千克以上。重托不仅要求有较强的臂力，而且需要有熟练的技巧。因托盘较大，托物较重，一般不适合在餐桌旁使用，多用于传菜员在厨房与餐厅之间传菜。目前，在餐厅内运送重物时，大部分采用各类餐车推送。

三、托盘的姿势

1. 手掌姿势

左手臂自然弯曲至约90°，掌心朝上，五指自然分开。此时，掌心与小臂之间应保持约15°的夹角。用大拇指以及大拇指根部的大鱼际部位稳稳支撑托盘的左侧边缘，其余四指自然舒展分开，从右侧对托盘形成有效支撑。确保托盘的中心位置恰好落在支撑点上，且掌心与托盘底部保持一定距离，不直接接触。

2. 手臂姿势

托盘平托于左侧胸前，托盘距离腰部5—8厘米（1个拳头）。

3. 行走姿势

在进行托送行走操作时，需保持头部端正、双肩水平，目光平视前方，集中注意力

视频微课

▼

托盘的操作姿势

观察路况。行走过程中,脚步应轻盈快捷,步伐稳健。托盘的手腕要保持松弛且富有弹性,让托盘在胸前随着步伐的节奏自然、适度地摆动,摆动幅度不宜过大,以确保托盘平稳。与此同时,另一只手臂可自然下垂放于背后,保持身体平衡。若所托物品重量较大,为确保安全与稳定,可将另一只手臂于前方适当位置轻扶托盘。

四、托盘服务的操作步骤

(一)理盘

使用清洁抹布,按照从内部到边缘,再到底部的顺序擦拭托盘,确保其干净整洁。将托盘平稳放置在备餐柜、吧台或服务桌上,准备进行物品装摆。

(二)装盘

(1)根据物品形状、大小及取出的先后顺序,进行合理的装盘码放。

(2)落台装盘。装盘时要确定托盘平稳放在台面上。

(3)把握重心。托盘的重心要安排在中间或稍偏后的位置。将物品按重量的大小和高低由托盘的中心部位依次向四周放置,摆放均匀,以保持重心平衡。

(4)有序摆放。在将几种不同物件同时装盘时,通常把较重、较高的物品摆放在托盘后侧,较轻、较矮的物品则置于托盘前侧。同时,将先使用的物品(需确保不易摔碎或变形)摆放在托盘前方或上层,后使用的物品则放在托盘后方或下层。

(5)疏密得当。物品与物品之间留有约2厘米的间隔,以免端托行走时发生碰撞而产生声响,或造成端托不稳,或卸盘时不便(特别是对于摆台)。

(6)商标朝外。将酒品、饮品等物品的商标朝向托盘前面,显示给顾客。

(三)起盘

站在操作台前,左脚向前半步,身体呈半蹲状,右手拉托盘边出桌面二分之一后,用左手托起托盘,同时借助腰腿力量将托盘托起,右手扶托盘边沿以保持稳定。双脚并拢,面带微笑,眼睛平视前方,确保托盘稳定后准备行走。

(四)走盘

行走时面带微笑、上身挺直,挺胸收腹、步伐轻快,右手臂可背后摆放或随步伐自然摆动;在行走过程中遇到顾客时,礼貌地将托盘向右或打开至身体左侧避让,缓慢减速,确保"遇障碍物让而不停"。注意观察周围环境,判断有无异常情况,同时保护好托盘上的物品。

(五)卸盘

卸盘有两种方式,一种是顾客餐桌卸盘,一种是在工作台直接落托,具体的方法如下。

（1）卸盘。站在顾客餐位的右侧，右脚伸入顾客餐椅的一半，将托盘移至身体左侧，右手从托盘内拿取物品递给顾客，注意不要从顾客头上越过。在递送物品时，要随时调整托盘的重心，确保平衡，并配合相应的语言提示，如"请用茶"等。

（2）落托。将整个托盘放到工作台上称为落托。落托时，左脚向前，身体下蹲。右手协助，将托盘平稳推至工作台面上。

教学互动——托盘训练

一、训练准备

（一）场地准备

（1）实训室需预留足够空间（5米×8米以上），地面平整防滑。

（2）设置模拟服务通道（宽约60厘米）及餐位区域。

（二）物品准备

（1）每位学生配备1个中号圆形托盘（建议使用防滑材质或教学透明托盘）。

（2）矿泉水瓶（带盖，装满水）：每人2瓶（负重训练）。

（3）模拟餐具（如空饮料杯、餐盘、餐具盒等）及酒水道具（贴有标签的空瓶）。

（4）桌椅布置：圆桌6—8人位、餐椅、通道模拟道具（如背靠背椅子）。

二、训练方法

（一）姿势训练

1.训练目标

掌握标准托盘姿势，做到"稳、平、松"。

2.训练步骤

口令分解练习，如表4-1中的口令，老师边喊口令，学生同步操作动作。

表4-1　托盘姿势训练口令

训练口令	学生动作
预备	双脚并拢，身体直立，托盘置于备餐台
90°，掌平上	左臂弯成90°，掌心向上，五指自然分开
离一拳，五指开	托盘边缘距腰部约5—8厘米（一拳距离），五指均匀受力
15°，六个点	掌心与小臂呈15°角，托盘重心落于"大鱼际＋五指根部"六个支撑点
呈凹形，平稳松	托盘中心微凹，保持水平，手腕放松，避免僵硬

视频微课
▼

托盘服务

（二）负重训练

1.训练目标

增强手臂耐力及稳定性，适应实际服务中的负重需求。

2.训练步骤

第一阶段是基础负重的训练，托盘内放置1瓶矿泉水，保持标准姿势站立3分钟，逐步延长至5分钟；第二阶段是进阶负重的训练，托盘内增加至2瓶矿泉水，进行"静态托举＋缓慢行走"组合训练，时长为5分钟。

（三）平衡训练

1.训练目标

提高动态平衡能力，适应服务中突发的移动需求。

2.训练步骤

训练时，托盘内放置2瓶水。首先进行上下移动练习，将托盘从胸前缓慢举至肩高，再降至腰部，重复5次；其次进行左右摆动练习，将托盘向左或向右平移30厘米，保持平稳，各进行3次；最后进行蹲起练习，从半蹲姿势起身，过程中确保托盘保持水平，连续完成5次。随着训练的深入，可逐步增加难度，例如将水瓶数量增加至3瓶。

（四）行走避让训练

1.训练目标

掌握狭小空间避让技巧，做到"稳而不停、礼貌优先"。

2.训练步骤

用背靠背的椅子搭建一个60厘米宽的通道，学生依次托着装有2瓶水的托盘通过。训练通道避让的操作。老师随机扮演迎面顾客，学生需侧身或将托盘右移进行避让。这些训练旨在提高学生在实际工作中的应对能力和托盘操作的稳定性。

（五）桌边卸盘训练

1.训练目标

熟练完成餐位旁卸盘动作，确保服务安全与优雅。

2.训练步骤

模拟为顾客送饮料的场景。3人一组，分角色扮演服务员和顾客，服务员托盘内装有2杯饮料。按照如下步骤操作：首先，右脚伸入餐椅一半，同时将托盘左移至身体左侧，确保站位稳定。其次，用右手取杯，并从顾客右侧递送，注意递送时禁止越过头顶，以确保动作规范和安全。在整个过程中，服务员需保持微笑，并配合语言："您的柠檬水，请慢用。"

（六）操作步骤综合训练

1.训练目标

完整演练托盘服务全流程，强化步骤衔接与应变能力。

2.训练步骤

学生以3人一组的形式进行角色扮演,分别担任"服务员""顾客"和"观察员"。训练流程包括三个主要步骤:首先是理盘和装盘,服务员需按照"重物靠后、商标朝外"的原则,在托盘上摆放4瓶饮料;其次是起盘和走盘,服务员托举托盘绕场行走,在过程中需完成2次避让动作,以模拟实际服务中的突发情况;最后是卸盘和落托,服务员在指定餐位卸下2瓶饮料,将剩余物品送回备餐台。

任务训练

扫码看答案

一、知识训练

1.轻托又称_____托,所托物品重量一般在_____公斤以内。

2.托盘操作时,掌心与小手臂应呈_____度角,托盘中心需置于_____支撑点上。

3.重托多用于运送_____公斤以上的物品,一般采用_____型托盘。

4.装盘时,较重的物品应摆放在托盘的_____位置,商标需朝向_____。

5.卸盘时,服务员应站在顾客餐位的_____侧,避免物品从顾客_____越过。

6.以下哪种托盘适合用于传菜和搬运较重物品?(　　　)

A.小圆形托盘　　　　B.中圆形托盘　　　　C.大矩形托盘　　　　D.椭圆形托盘

7.轻托操作时,托盘距离腰部应保持多少距离?(　　　)

A.1—3厘米　　　　B.5—8厘米　　　　C.10—15厘米　　　　D.20厘米

8.托盘行走避让时,正确的做法是(　　　)。

A.直接停下等待顾客通过

B.将托盘移至身体右侧,用身体挡住

C.加速绕过顾客

D.高举托盘从顾客头顶越过

9.装盘时,物品之间的间隔建议为(　　　)。

A.无间隔　　　　B.1厘米　　　　C.2厘米　　　　D.5厘米

10.托盘卸盘的关键动作是(　　　)。

A.托盘从顾客左侧递送　　　　　　　　B.右脚伸入餐椅一半,托盘左移

C.直接弯腰放下托盘　　　　　　　　　D.单手快速取物

二、能力训练

场景:模拟餐厅午市高峰期,需为顾客递送4瓶饮料并避让突然出现的顾客。

任务要求:

(1)完成理盘—装盘—起盘—走盘—卸盘全流程。

Note

（2）绕场一周行走。

（3）途中需侧身避让一位迎面顾客（由教师或学生扮演）。

（4）使用礼貌用语（如"请稍等"）。

托盘操作规范评分表如表4-2所示。

表4-2　托盘操作规范评分表

评分项目	评分标准	分值
仪容仪表	发型、面容、手指甲、制服、鞋袜、名牌、个人卫生等。	10
理盘	擦拭托盘	10
装盘	高里矮外,重里轻外,商标朝外,间距1厘米	10
起盘	姿势标准,动作流畅	15
走盘	行走自然,路遇顾客有礼貌	10
卸盘	姿势标准,操作轻	10
负重托盘	3瓶酒,3分钟	25
整体印象	举止自然,大方	10

任务二　餐厅摆台操作

任务描述

本任务重点讲解托盘的姿势、托盘的步骤,同时讲述在教学的过程中如何对学生进行训练。

任务目标

1. 学生全面理解摆台的多样类型及其具体要求。

2. 学生将掌握各类摆台的操作流程与标准化规范,进而达到操作规范、技艺娴熟的训练目标。

一、摆台的定义与基本准则

（一）摆台的定义

摆台,亦称作餐桌设计、布置或铺陈,是指在顾客就餐前,精心安排餐桌布局、确定座位顺序,并按照既定的标准与规范,将所需餐具、用具及其他必需品整齐有序地摆放在餐桌上的过程。这一过程涵盖了餐桌布置、席位规划、用具筹备、台布铺设、餐具摆设以及席面美化等多个方面。摆台不仅是餐厅服务中的一项高技术含量工作,也是宴会设计的核心组成部分,更是每位餐饮服务人员必须精通的基本技能。

（二）摆台的基本准则

鉴于地域饮食习惯的差异、顾客就餐形式与规格的多样性,餐具的种类、数量以及台面造型会呈现出多样化的特点。同时,各饭店摆台风格各异,难以做到完全一致。然而,摆台的基本准则却是相通的。这些准则具体包括以下内容。

（1）餐具应洁净无瑕,无污渍、水渍、油渍,符合国家消毒标准,且无缺口、裂纹,整体搭配和谐。

（2）摆台手法需卫生,手持餐具时避免触碰食用部分。

（3）餐具间距要适当,中餐常以骨碟定位,确保餐具间距均匀且相对集中。

（4）布局需便于进餐与服务,如骨碟靠桌边对客、汤碗左置、酒具前放、筷子右摆、茶具在筷子右侧,遵循先左后右等原则。

（5）装饰需得体,与餐厅风格相符,既不过于奢华也不失高雅,体现宴会主题。

（6）台面须保持清洁整齐,所有物品均须洁净,摆放有序。

（7）尊重各国风俗习惯与社交礼仪,席位与餐具摆放依习俗与规格调整。

二、摆台操作要求

（一）检查要求

（1）检查餐桌位置是否正确,整体摆放是否整齐一致,桌面、桌架是否稳当。

（2）备好托盘、餐车、杯筐等用具。

（3）检查餐具是否完整配套、清洁、无破损。

（二）卫生要求

在摆台过程中,服务人员需保持手部洁净。操作时,应手持碟、碗的边缘,杯子的下半部,以及小汤勺、餐刀叉的柄把,避免触碰台布表面,以确保餐具和台布的清洁。

（三）摆放要求

在摆放物品时,需先确定主人位,然后按顺时针方向依次摆放,动作要轻快,避免产生较大响声。摆放时要求定位一步到位,避免反复调整,并确保各物品间距均匀,以保持整体的整齐与美观。

三、铺台布的操作要求

(一)推拉式铺台布

推拉式铺台布的操作方法如表4-3所示。

视频微课
▼

铺台布

表4-3　推拉式铺台布的操作方法

程序	操作方法
准备	(1)选择与餐桌大小规格相应的台布; (2)检查台布确保无污染、无破损,台布的折缝要横竖统一
站位	站在两位陪同位中间,双手将两个板凳分别向左右挪开,双脚一前一后站立
打开	(1)将折好的台布正面朝上打开,用两手的大拇指和食指分别夹住台布的一边,双臂向上将台布抖开; (2)用其余三指抓住多余的台布,平行打折,将台布拉拢到桌面一边
推出、拉回	双手拽住台布一边,身体重心往下。将其余部分台布贴着餐台平行用力推出去,再缓缓将台布拉回
定位	(1)将台布拉回定位; (2)台布中线居中对称,中线正对主位,四周下垂,分布均匀,台布铺好后舒展平整

(二)抖铺式铺台布

抖铺式铺台布的操作方法如表4-4所示。

表4-4　抖铺式铺台布的操作方法

程序	操作方法
准备	(1)选择与餐桌大小规格相应的台布 (2)检查台布,确保无污染、无破损,台布的折缝要横竖统一
站位	站在两位陪同位中间,双手将两个板凳分别向左右挪开,双脚一前一后站立
打开	(1)将折好的台布正面朝上打开,用两手的大拇指和食指分别夹住台布的一边,双臂向上将台布抖开; (2)用其余三指抓住多余的台布,平行打折,将台布拉拢到桌面一边
抖出、拉回	(1)双手拽住台布一边,将台布拢到胸前; (2)身体呈正位站立式,利用手腕的力量,将台布向对面抛出; (3)将台布拉回平铺于桌面
定位	(1)将台布拉回定位; (2)台布中线居中对称,中线正对主位,四周下垂,分布均匀,台布铺好后舒展平整

Note

（三）撒网式铺台布

撒网式铺台布的操作方法如表4-5所示。

表4-5　撒网式铺台布的操作方法

程序	操作方法
准备	（1）选择与餐桌大小规格相应的台布； （2）检查台布确保无污染、无破损，台布的折缝要横竖统一
站位	站在两位陪同位中间，双手将两个板凳分别向左右挪开，双脚一前一后站立
打开	（1）将折好的台布正面朝上打开，用两手的大拇指和食指分别夹住台布的一边，双臂向上将台布抖开； （2）用其余三指抓住多余的台布，平行打折，将台布拉拢到桌面一边
抖出、拉回	（1）双手拽住台布一边，将台布拢到胸前； （2）身体呈正位站立式，利用手腕的力量，将台布向对面抛出； （3）将台布拉回平铺于桌面
定位	（1）将台布拉回定位； （2）台布中线居中对称，中线正对主位，四周下垂，分布均匀，台布铺好后舒展平整

四、中餐摆台

（一）不同餐桌的摆台定位

（1）方桌四人台定位如图4-1所示。

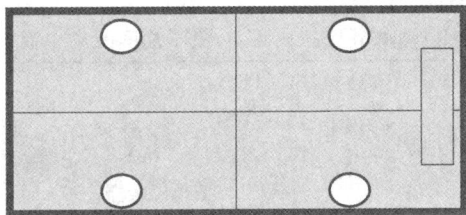

图4-1　方桌四人台定位图

（2）圆桌六人台定位如图4-2所示。

（3）圆桌十人台定位如图4-3所示。

Note

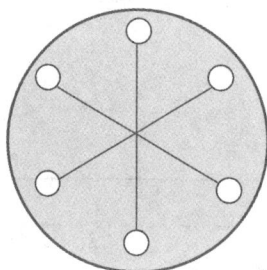

图4-2　圆桌六人台定位图

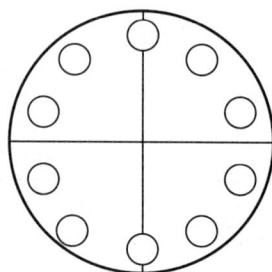

图4-3　圆桌十人台定位图

（二）摆台操作程序与标准

1.中餐零点摆台

中餐零点摆台的操作标准与要求如表4-6所示,餐位摆放如图4-4所示。

表4-6　中餐零点摆台操作标准与要求

程序	操作标准与要求
铺台布	按中餐铺台布的方法铺好台布
放转盘	要求转盘居中摆放,注意检查转轨旋转是否灵活
骨碟定位	骨碟摆在席位正中,距桌边1.5厘米
摆放汤碗、汤勺	汤碗摆在骨碟左侧1厘米处,汤勺置于汤碗中,勺把向左
摆放筷架、筷子	筷架摆在骨碟右侧,筷架在筷子上部三分之一处。筷子放在筷架上,距骨碟2厘米,筷尾距桌边1.5厘米
摆放水杯	水杯摆在骨碟右前方3厘米处
摆放餐巾花	将折叠好的盘花置于骨碟上,或将折叠好的杯花置于水杯内
摆放公用餐具	（1）摆放烟灰缸:从主人右侧摆起,每两人之间摆放一个。烟灰缸外沿与酒具外沿成一弧线,其中两个架烟孔朝向两侧的顾客; （2）放桌花:在餐台中央摆放花瓶或插花,花的摆放高度不超过顾客落座后眼睛的高度,以免影响顾客视线
围椅	从主位开始,将餐椅拉成圆形,椅子之间距离相等,与桌边相距1.5厘米

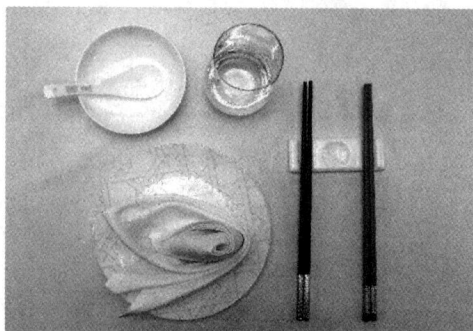

图4-4　中餐零点餐位图示例

2. 中餐宴会摆台

中餐宴会摆台的操作要领与标准如表4-7所示,餐位摆放如图4-5所示。

表4-7 中餐宴会摆台操作要领与标准

程序	操作要领与标准
铺台布	按照中餐铺台布的方法铺好台布
围桌裙	(1) 将台裙的折边与桌面平行; (2) 使用台裙夹将台裙按顺时针方向依次固定在餐桌上
放转盘	要求转盘居中摆放,注意检查转轨旋转是否灵活
摆餐具	(1) 骨碟定位:从主人位开始,按顺时针方向依次摆放。要求轻放,拿骨碟边沿,间距均等,离桌边1.5厘米; (2) 摆放汤碗、汤勺:汤碗放在骨碟的左前方,与骨碟相距1厘米,汤勺放在汤碗里,勺把向左; (3) 摆放筷架、筷子:筷架摆在骨碟的右侧,距骨碟右侧边缘3厘米,筷子摆在筷架上,筷架在筷子上部三分之一处,筷子后端距桌边1.5厘米
摆放酒杯	(1) 红葡萄酒杯摆在骨碟的正前方,距骨碟外沿1.5厘米; (2) 水杯放在红葡萄酒杯的右侧,两杯相距1厘米; (3) 两杯中心点在同一直线上
折餐巾花	根据宴会主题摆放餐巾花,要求做到简洁明快、整齐划一、搭配合理
摆放公用餐具	(1) 摆放烟灰缸:从主人右侧摆起,每两人之间摆放一个。烟灰缸外沿与酒具外沿呈一弧线,其中两个架烟孔朝向两侧的顾客; (2) 餐单:菜单摆在正副主人餐具的右侧,底边距桌边1.5厘米,或将菜单立放在餐位的正上方; (3) 放桌花:在餐台中央摆放花瓶或插花,花的摆放高度不超过顾客落座后眼睛的高度,以免影响顾客视线
围椅	从主位开始,将餐椅拉成圆形,椅子之间距离相等,与桌边相距1.5厘米

图4-5 中餐宴会餐位图示例

五、西餐摆台

（一）西餐早餐摆台

西餐早餐摆台的操作标准与要求如表4-8所示，餐位摆放如图4-6所示。

表4-8　西餐早餐摆台操作标准与要求

程序	操作标准与要求
铺台布	按规范要求铺好台布
摆餐巾	餐位正中摆放餐巾
摆放餐刀、餐叉	（1）餐刀摆放在餐巾右侧，刀刃朝左，刀柄下端距餐台边2厘米； （2）餐叉摆放在餐巾左侧，叉齿朝上，叉柄下端距餐台边2厘米
摆黄油刀	黄油刀放在餐刀右侧，刀刃朝左，距餐刀1厘米。刀柄下端距餐台边2厘米
摆水杯	水杯摆在餐刀正前方，距离刀尖2厘米
摆公共用具	椒盐盅、奶缸、糖缸、烟灰缸等摆在餐台靠中心或餐厅规定的位置

图4-6　西餐早餐餐位图示例

（二）西餐正餐摆台

西餐正餐摆台的操作标准与要求如表4-9所示。餐位摆放如图4-7所示。

表4-9　西餐正餐摆台操作标准与要求

程序	操作标准与要求
铺台布	按规范要求铺好台布
摆展示盘	餐位正中摆放展示盘，展示盘距餐台边1厘米

续表

程序	操作标准与要求
摆放餐刀、餐叉、汤匙	（1）从展示盘右侧由里向外依次摆放餐刀、汤匙； （2）在展示盘的左侧摆放餐叉，叉尖向上； （3）餐具距桌边2厘米，距展示盘1厘米； （4）如有鱼类菜肴，需加摆鱼刀和鱼叉
摆酒杯	水杯摆在主菜刀尖前方垂直位置，相距约2厘米
摆花瓶，烛台、牙签筒、椒盐盅、烟灰缸、火柴	（1）花瓶置于餐台正中； （2）将两个烛台分别摆放在花瓶左右两侧，距花瓶20厘米； （3）牙签筒两套，分别摆在烛台两侧，距烛台10厘米的中线上； （4）椒盐盅两套，分别摆放在烛台两侧，距烛台12厘米，分别置于中轴线两侧，左盐右椒，间距1厘米； （5）烟灰缸摆放在椒盐盅前方2厘米，火柴在烟灰缸上放外侧，磷面向里，店徽向上
摆餐巾花	将折叠好的盘花摆放于展示盘内

图4-7　西餐正餐餐位图示例

（三）西餐宴会摆台

西餐宴会摆台的操作标准与要求如表4-10所示。餐位摆放如图4-8所示。

表4-10　西餐宴会摆台操作标准与要求

程序	操作标准与要求
铺台布	按规范要求铺好台布
拉椅定位	（1）椅子之间距离相等； （2）椅子与下垂台布距离1厘米； （3）每个餐位最小宽度60厘米
摆展示盘	餐位正中摆放展示盘，展示盘距餐台边1厘米

续表

程序	操作标准与要求
摆放餐刀、餐叉、汤匙	(1)摆放顺序由里往外； (2)摆台时注意餐具手柄、餐具上不留手指印； (3)主菜刀放在展示盘右侧，距餐台边1厘米，与展示盘相距1厘米； (4)主菜叉放在展示盘左侧，距餐台边1厘米，与展示盘相距1厘米； (5)鱼叉摆在主菜叉左侧，距主菜叉0.5厘米，距餐台边1厘米； (6)头盘叉放在鱼叉左侧，距鱼叉0.5厘米，距餐台边1厘米； (7)鱼刀摆在主菜刀右侧，距主菜刀0.5厘米，距餐台边1厘米； (8)汤匙摆在鱼刀右侧，距鱼刀0.5厘米，距餐台边1厘米； (9)头盘刀摆在汤匙右侧，距汤匙0.5厘米，距餐台边1厘米
摆面包盘、黄油刀	(1)面包盘摆放在餐叉左侧，面包盘的中心与展示盘的中心在一条线上，距餐叉1厘米； (2)黄油刀置于面包盘右1/3处，刀刃向左，柄端向下
摆甜品叉、匙	(1)甜品叉、匙摆放在展示盘前方，平行摆放，甜品匙靠近展示盘，叉柄向右，距展示盘1厘米； (2)甜品叉摆在甜品匙外侧，叉柄向左，距甜品匙1厘米
摆酒杯	(1)水杯摆在主菜刀尖前方，相距约3厘米； (2)红葡萄酒杯摆在水杯右后方，两杯相距1厘米
摆花瓶，烛台、牙签筒、椒盐盅、烟灰缸、火柴	(1)花瓶置于餐台正中； (2)将两个烛台分别摆放在花瓶左右两侧，距花瓶20厘米； (3)牙签筒两套，分别摆在烛台两侧，距餐台10厘米中线上； (4)椒盐盅两套，分别摆放在烛台两侧，距烛台12厘米，分别置于中轴线两侧，左盐右椒，间距1厘米； (5)烟灰缸摆放在椒盐盅前方2厘米，火柴在烟灰缸上放外侧，磷面向里，店徽向上
摆餐巾花	将折叠好的盘花摆放于展示盘内

图4-8 西餐宴会餐位图示例

教学互动——摆台模拟训练

一、训练准备

（一）场地准备

模拟餐厅区域（配备圆桌、方桌各3—4张），确保桌面平整，通道宽度约1米。

（二）物品准备

根据摆台训练所需的餐用具，每组准备一套。包括台布、骨碟、汤碗、汤勺、筷子、筷架、水杯、红葡萄酒杯、白酒杯、分酒器、餐刀、餐叉、面包盘、黄油刀、公筷、公勺、烟灰缸、牙签盅、台裙、转盘、托盘、餐巾、桌号牌、装饰花瓶等。

二、训练方法

（一）台布铺设专项训练

（1）训练目标：掌握推拉式、抖铺式、撒网式铺台布的核心动作，确保台布中线居中、四周下垂均匀。

（2）训练步骤：每组5—8人，分组练习，轮换练习三种铺法。

（二）餐具定位专项训练

（1）训练目标：精准摆放餐具，确保间距均等、位置符合标准。

（2）训练步骤：每组5—8人，分组练习。轮换练习圆桌6人台、8人台、10人台和西餐4人台、8人台的定位训练。

（三）宴会摆台综合训练

（1）训练目标：完成十人圆桌宴会摆台，兼顾效率与美观，符合宴会主题。

（2）训练步骤：每组5—8人，其中1人负责计时。分组训练进行三轮后，可组织小组之间的比赛。摆台的综合训练可依据表4-11、表4-12进行评分。

表4-11 中餐宴会摆台考核评分表

序号	考核项目	总分	评分标准	分值
1	仪表仪容	4分	服饰整洁	1分
2			女生化淡妆，男生修面	1分
3			姿态自然大方，动作轻快、稳重	2分
4	铺台布	6分	正面朝上	1分
5			台布折叠的十字中心位于餐桌中心	1分
6			中间鼓缝线对准正副主人位	1分
7			台布四边均匀下垂	1分
8			台布四角包住餐桌四条腿	1分

续表

序号	考核项目	总分	评分标准	分值
9	铺台布	6分	干净利落,一次到位	1分
10	骨碟定位	20分	骨碟定位	10分
11			距离均匀	5分
12			离桌边的距离1.5厘米	5分
13	汤碗、汤勺	15分	汤碗摆在骨碟左上方,与骨碟距离1厘米	5分
14			汤勺放在汤碗内,勺把向右	5分
15	筷架、筷子	10分	筷架、筷子摆放在骨碟的右侧	5分
16			筷子放在筷架上,筷架在筷子前端三分之一处,筷尾距桌边1.5厘米	5分
17	酒具	20分	葡萄酒杯摆放在骨碟的正前方,距汤碗外沿1厘米	8分
18			葡萄酒杯的右侧摆白酒杯,左侧摆放水杯	8分
19			三只酒杯一条直线上或成45°斜线	4分
20	餐巾折花	10分	选10种不同造型的餐巾花折叠,插入杯中	5分
21			突出主人位	1分
22			简洁明快,造型逼真	4分
23	公用餐具	10分	公用餐具摆放符合要求	10分
24	整体效果	5分	整洁、美观	5分

表4-12　西餐宴会摆台考核评分表

序号	考核项目	总分	评分标准	分值
1	仪表仪容	4分	服饰整洁	1分
2			女生化淡妆,男生修面	1分
3			姿态自然大方,动作轻快、稳重	2分
4	铺放台布	8分	台布正面朝上	3分
5			四角均匀下垂	3分
6			铺台布时所站位置正确	2分
7	摆展示盘	15分	距桌边2厘米	6分
8			拿盘的边沿	4分
9			摆放在座位的正前方	5分
10	摆刀、叉、匙	20分	摆放顺序由里向外	8分
11			摆放位置正确	4分

续表

序号	考核项目	总分	评分标准	分值
12	摆刀、叉、匙	20分	摆放刀、叉、匙	4分
13			摆放时不要碰撞出声音	4分
14	摆面包盘、黄油刀、黄油碟等	15分	摆放顺序为盘、刀、碟	8分
15			摆放位置正确	3分
16			刀子拿刀把	2分
17			盘碟拿边沿	2分
18	摆酒具	12分	摆放顺序正确	4分
19			位置正确,间距为1厘米	4分
20			杯具的位置正确	4分
21	摆餐巾花	8分	造型逼真、美观、大方	6分
22			口布洁净	2分
23	公用餐具的摆放	7分	花瓶、烛台摆放正确	3分
24			签筒、调味瓶摆放正确	2分
25			烟灰缸、火柴摆放正确	2分
26	座椅定位	6分	椅子间距相等	3分
27			椅子前沿与下垂的台布垂直	3分
28	整体效果	5分	整洁	10分

任务训练

扫码看答案

一、知识训练

1.中餐摆台中,骨碟应距离桌边_____厘米,水杯应位于骨碟正前方_____厘米。

2.西餐正餐摆台中,三杯(水杯、红葡萄酒杯、白酒杯)需成_____°斜线,且刀叉距桌边_____厘米。

3.铺台布时,台布下垂长度应均匀,误差不超过_____厘米;台布中线需正对_____。

4.中餐宴会摆台中,公用餐具应摆放在_____的正上方,公用筷在上,公用勺在下,筷尾和勺尾朝向_____。

5.摆台的基本准则中,手拿餐具时应避免触碰_____部分,汤碗应放在骨碟的_____侧。

6.以下哪种台布铺法需要利用腰部力量带动手臂挥动?(　　)

Note

A.推拉式　　　　B.抖铺式　　　　C.撒网式　　　　D.折叠式

7.中餐摆台中,筷架的摆放位置是?(　　　)

A.骨碟左侧1厘米　　B.骨碟右侧3厘米　C.水杯正前方　　　D.汤碗右上方

8.西餐宴会摆台中,面包盘的位置应如何确定?(　　　)

A.餐叉左侧1厘米,距桌边2厘米　　　　B.餐刀右侧1厘米,距桌边1.5厘米

C.展示盘正上方　　　　　　　　　　D.水杯右侧

9.以下哪项不符合摆台卫生要求?(　　　)

A.手拿杯子的下半部　　　　　　　B.佩戴手套操作

C.手触餐具入口部分　　　　　　　D.托盘表面清洁

10.中餐宴会摆台中,烟灰缸的摆放要求是?(　　　)

A.每两人之间一个,架烟孔朝向顾客　　B.仅在主人位右侧放置

C.摆放在骨碟正前方　　　　　　　D.隐藏于桌花下方

二、能力训练

(一)中餐宴会摆台操作测试

测试要求:在15分钟内完成十人圆桌宴会摆台,包含铺台布、围桌裙、摆放餐具、布置装饰物等流程。

(二)西餐宴会摆台操作测试

测试要求:在20分钟内完成六人西餐宴会摆台,包含铺台布、摆放刀叉、酒杯、装饰物等流程。

任务三　餐巾折花

任务描述

　　本任务旨在引导学生系统掌握餐巾折花的专业技能。教学环节包含教师对基础知识的讲解与不同折花技法的示范演示,并辅以学生实际操作与教师个性化指导,确保技能习得的准确性。训练内容涵盖折花核心手法要领,并循序渐进地安排植物类、动物类及实物类等典型花型的学习与实践。通过分组实训环节,学生将在折叠质量与效率的相互比较与点评中,深化理解,有效提升综合实践能力。

任务目标

1. 了解餐巾折花的种类、花型选择与摆放要求。
2. 掌握折花的手法要领和部分折花的操作方法。
3. 达到操作规范、熟练折叠的训练要求，能够独立完成多种餐巾花型的折叠。
4. 全面掌握餐巾折花的基本技能和知识，为将来的餐饮服务工作打下坚实基础。

一、餐巾的作用

在餐饮服务领域，餐巾是一种极具功能性的物品。它既是一种卫生用品，还兼具装饰与美化餐桌的功能。

1. 卫生用品

顾客用餐时将餐巾放在膝盖上，用于擦嘴或防止食物弄脏衣物，确保用餐的清洁卫生。

2. 装饰与美化餐桌

餐巾能够被折叠成各种栩栩如生的造型，比如鱼、昆虫、鸟、花卉等，为宴会营造出热烈而欢快的氛围，为顾客带来艺术上的享受。

3. 标识座次

餐巾花的摆放还能标示出主宾的座位。通过选择不同的花型，宴会的主位得以更加突出，彰显其尊贵地位。

4. 独特的沟通作用

餐巾是一种无声的语言，能够传递和表达宾主之间的情谊，发挥着独特的沟通作用。例如，通过摆放"迎宾花篮"造型的餐巾花来向来宾表达欢迎之情；在婚礼宴席上，摆放"喜鹊""玫瑰花"等造型的餐巾花，传达主人对新人的美好祝愿。

二、餐巾花的种类

1. 按照造型外观分类

餐巾花主要分为动物类、植物类和实物类三种。动物类如孔雀、金鱼、蝴蝶、长尾鸟等，栩栩如生，灵动活泼；植物类如四叶草、荷花、玫瑰、牡丹等，造型多变，美观大方；实物类如王冠、扇面、寿桃等，创意独特，为餐桌增添情趣。

2. 按照摆放方式分类

从摆放方式来看,餐巾花可分为杯花和盘花两大类。杯花是将折叠好的餐巾插入水杯或葡萄酒杯中,其立体感强,造型逼真,给人以视觉上的冲击和美感。然而,杯花也存在一定的局限性,容易污染杯具,且不宜提前折叠储存,需在使用前现折现用。盘花则是将折叠好的餐巾花直接放置在餐盘中或台面上,卫生便捷,可提前折叠并便于储存。展开后,餐巾花平整美观,被广泛应用。

三、餐巾花的摆放要求

(1)插入杯中的餐巾花要恰当掌握深度,通常插入杯中三分之一的位置,保持花型完整不散,杯内的餐巾也应线条清楚、整齐。

(2)主花要摆在主位,副主位为次高花,一般花则摆放在其他顾客的席位上,使整个台面上的花型高低均匀、错落有致。

(3)不同的花型在同桌摆放时,要将形状相似的花错开并对称摆放,一般不宜将形状相似的花型挤在一起。

(4)摆花时要将花型的观赏面朝向顾客席位,适合正面观赏的餐巾花如孔雀开屏、白鹤等,要将头部朝向顾客;适合侧面观赏的餐巾花如金鱼、三尾鸟等,要将头部朝向右侧。

(5)摆放餐巾花时,要间距均匀,摆放整齐,长台上的花要摆在一条直线上,以保持整体的美观和协调。

四、餐巾折花的基本技法

餐巾折花,一门将平凡餐巾变成艺术佳作的技艺,其奥秘藏于诸多娴熟、细腻的手法之中。以下是对这些手法的全新解读,带你领略餐巾折花的独特魅力。

1. 折叠:基础中的精髓

折叠,堪称餐巾折花的基石,几乎贯穿于所有造型的创作过程。它能将餐巾化作二分之一、四分之一,或是三角形、正方形、菱形、梯形、锯齿形等多种形态。叠分为折叠与分叠两种形式。

掌握叠的诀窍,需对目标造型了然于胸,精准定位折痕线与角度,力求一次成型。切忌反复折叠,以免在餐巾上留下痕迹,破坏其挺括质感,进而影响作品的美观度。

2. 推折:层次感的塑造者

推折,主要用于打造褶裥,为花形增添丰富层次与紧凑美感。操作时,双手拇指与食指捏住餐巾,拇指相对成一条直线,指面向外,中指掌控下一个褶裥的距离,食指握紧餐巾向前推折至中指处,中指再迅速腾出,准备控制下一次褶裥。

折分为直线折与斜线折。直线折适用于两头等大的褶裥;斜线折则用于一头大一头小,或是折出半圆形、圆弧形褶裥。无论哪种折法,关键在于褶裥的均匀与整齐。

3.翻拉:灵动造型的巧思

翻,多用于折花鸟造型。一手持餐巾,另一手将下垂的餐巾翻起一角,塑造出花卉的花瓣,以及鸟的头颈、翅膀、尾巴等造型。翻花叶时,要注重叶子的对称性、大小一致性以及间距相等;翻鸟的翅膀、尾巴或头颈时,要翻得挺括,避免软塌。翻的精髓在于把握大小尺度,追求自然、美观的效果。

拉,通常在餐巾花半成形时使用。将半成型的餐巾花攥在左手中,用右手拉出一只角或几只角。拉的过程中,要确保大小比例协调,造型挺括有型。掌握拉的要领,能让作品在成型阶段更加完美。

4.卷:形态的多样性

卷,依靠大拇指、食指、中指的默契配合,将餐巾卷成圆筒状。卷分为直卷与螺旋卷。直卷时,务必保证餐巾两头平整。螺旋卷则有两种形式:一是先将餐巾叠成三角形,边角参差不齐;二是固定餐巾一头,卷另一头或一头多卷、一头少卷,打造出一头大一头小的造型。

无论是哪种卷法,都要确保餐巾卷得紧凑、挺括,避免松软、弯曲变形,以免影响整体造型。卷的要点在于卷紧、卷挺,这是塑造完美卷形的关键。

5.捏:精细造型的妙笔

捏,主要用于塑造鸟头造型。先将餐巾一角拉挺,形成颈部,再用一只手的大拇指、食指、中指捏住鸟颈顶端,食指向下压,将巾角尖端向里压下,随后用中指与大拇指将压下的巾角捏出尖嘴状,完成鸟头的塑造。

捏的要点在于棱角分明,头顶角、嘴尖角精准到位,这样才能赋予鸟头生动的形态。

6.穿:逼真感的点睛之笔

穿,借助工具(通常是筷子)从餐巾夹层折缝中边穿边收,形成皱褶,使造型更加逼真、美观。操作时,左手稳握折好的餐巾,右手持筷子,将筷子细端穿入餐巾夹层折缝,另一端抵在身体或桌上。右手拇指与食指缓缓拉动餐巾,直至筷子完全穿过。穿好后,先将餐巾花插入杯中,再抽掉筷子,防止松散。遇到双层穿裥,应先穿下面一层,再穿上面一层。

穿的要领是褶裥平整、笔直、细小且均匀,这样才能达到理想效果。

五、常用的餐巾花

(1)帐篷,如图4-9所示。

(2)皇冠,如图4-10所示。

图4-9　帐篷

图4-10　皇冠

（3）扇子，如图4-11所示。

（4）四尾金鱼，如图4-12所示。

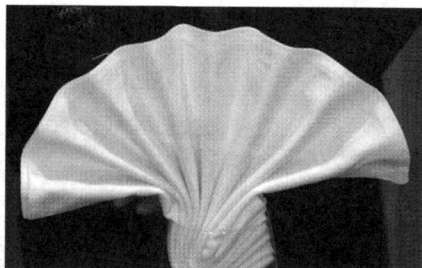

图4-11　扇子

图4-12　四尾金鱼

（5）帆船，如图4-13所示。

（6）蜡烛，如图4-14所示。

图4-13　帆船

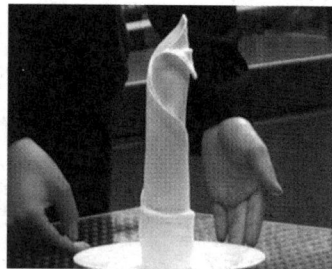

图4-14　蜡烛

以上餐巾花的折法，请打开视频微课进行学习。

视频微课
▼
餐巾折花
基本技法

扫码看答案
▼

任务训练

一、知识训练

1.餐巾花造型的种类有_____、_____、_____三种。

2.餐巾花的摆放要求：插入杯中的餐巾花要恰当掌握深度，通常插入杯中__的位置，保持花型完整_____，杯内的餐巾也应线条清楚、整齐。

Note

二、能力训练

（1）九种基本技法达到灵活运用。

（2）掌握20种常见餐巾花的折法。

（3）10分钟完成10种折花，并要求折出5种花、5种鸟。

任务四 酒水服务操作

任务描述

　　酒水服务是餐饮服务中的核心技能之一，要求服务人员掌握酒水分类、侍酒礼仪、斟酒操作及配套服务流程。通过本任务的学习，学生需能够根据酒水特性进行专业服务，包括示酒、开瓶、醒酒、斟倒等标准化操作，同时结合客户需求灵活调整服务方式以提升餐饮服务品质与客户体验。

任务目标

　　1.掌握酒水分类标准与酒精度的定义，理解酒精饮料与非酒精饮料的主要差异，熟悉酒水与菜品的搭配逻辑。

　　2.规范完成红葡萄酒的开瓶、醒酒、斟倒全流程操作。

　　3.熟练使用分酒器进行分酒与派送，确保分量均匀并运用得体的服务语言。

一、酒水知识

（一）酒水的定义与分类

（1）定义与主要差异。

酒精度阐释：酒精度，即在20℃条件下，乙醇在液体中的体积占比（％vol），例如40％vol意味着每100mL液体中含有40mL乙醇。

酒精饮料界定：酒精饮料，指含有乙醇（乙醇含量≥0.5％vol）的饮品，通过发酵或蒸馏工艺酿制，兼具社交、佐餐及文化属性，如典雅的葡萄酒、醇厚的威士忌等。

非酒精饮料概述：非酒精饮料，指不含乙醇或含量极低（乙醇含量＜0.5％vol）的饮品,主要以解渴、补充营养为目的,如果汁之清新、茶之韵味、咖啡之香浓、碳酸饮料之畅快。

（2）典型酒精度范围。

啤酒:酒精度通常介于4%vol—8%vol,而精酿IPA可达12%vol。

葡萄酒:酒精度多在12%vol—14%vol,加强型雪莉酒则可高达22%vol。

蒸馏酒:酒精度较高,一般在40%vol—60%vol,部分朗姆酒更是超过75%vol。

（3）酒精度对口感的影响。

低酒精度(<12%vol):轻盈易饮,适口性强,如莫斯卡托甜白葡萄酒,入口即化,令人愉悦。

中酒精度(12%vol—20%vol):层次丰富,酸涩适中,干红葡萄酒便是其典型代表,品味之间,尽显风华。

高酒精度(>20%vol):辛辣感强烈,需搭配高油脂食物以调和,如威士忌配奶酪,两者相得益彰。

（4）酒水的分类。

酒水的类别、定义与核心工艺、酒精度及典型代表如表4-13所示。

表4-13　酒水分类

类别	定义与核心工艺	酒精度	典型代表
发酵酒	原料直接发酵,不蒸馏	3%vol—20%vol	葡萄酒、啤酒、黄酒、清酒、米酒
蒸馏酒	发酵后蒸馏提纯,酒精度显著提升	20%vol—70%vol	白酒、威士忌、白兰地、伏特加
配制酒	以酒为基,添加香料/药材/果汁调配	15%vol—40%vol	药酒、利口酒、味美思、预调鸡尾酒
非酒精饮料	不含酒精或酒精度≤0.5%vol	0—0.5%vol	茶、咖啡、果汁、碳酸饮料

（二）侍酒服务技巧

1.酒水佐餐搭配逻辑

酒水与菜品的搭配是一门能够显著提升用餐体验的学问。在西餐中,遵循"红配红肉,白配白肉"的经典原则,例如牛排搭配红葡萄酒,海鲜搭配白葡萄酒,可以更好地凸显食材的风味。对于中式宴席或重口味的菜肴,白酒的辛辣口感与中式菜肴的浓郁味道相互呼应,增强了味觉的层次感。在享用江浙菜或大闸蟹时,黄酒的温润口感和独特香气与这些菜品的清淡鲜美及大闸蟹的肥美相得益彰。最后,在餐后享用威士忌,其丰富的口感和香气不仅能够帮助消化,还能为整个用餐体验画上一个圆满的句号。

2. 温度控制

酒水的侍酒温度对其口感和香气的释放起着至关重要的作用。冷藏酒类如啤酒和白葡萄酒,应分别在4—8℃和8—12℃的温度下饮用,以保持其清爽的口感和浓郁的香气。而常温饮用或需温热的酒类如清酒和黄酒,分别在40—50℃和35—45℃时口感最佳,温热后的酒水能够更好地释放其香气,提升饮用体验。

3. 杯型选择

在餐饮服务中,选择合适的杯型对于酒水至关重要,可以突出展示酒水的特点。红葡萄酒的理想选择是波尔多杯,其高挑的杯身设计能够有效聚拢酒香,使顾客能够充分体验葡萄酒的复杂香气;对于白酒,小口杯是更合适的选择,因为它可以减少酒液的挥发,更好地保留香气,让顾客能够细细品味白酒的浓郁;啤酒则通常使用直筒杯,这种杯型有助于维持丰富的泡沫,从而提升饮用时的愉悦感。

(三)健康与礼仪提示

在提供酒水服务时,还需要关注顾客的健康和礼仪细节。高度酒因其独特的口感和香气,适合少量慢饮,以充分品味其风味;低度酒则更适合在社交场合轻松饮用,能够有效活跃交流氛围。此外,药酒虽然具有一定的保健功效,但在推荐时需要明确告知顾客其功效及禁忌人群,确保顾客安全饮用。

二、斟酒服务操作

(一)斟酒前的准备事项

1. 根据不同的酒水准备开瓶器

不同类型的酒水需要使用不同的开瓶器,以确保顺利开启。例如,葡萄酒通常需要专业的酒钻和酒刀,而啤酒则使用开瓶器。

2. 根据不同的酒水准备不同的酒杯、器皿

酒杯和器皿的选择应与酒水类型相匹配,以提升饮用体验。例如,白酒配分酒器、小白酒杯;红葡萄酒配红葡萄酒杯、醒酒器;啤酒、饮料配多功能杯。

3. 红葡萄酒打开后需倒入醒酒器中醒酒

红葡萄酒在开启后,通常需要倒入醒酒器中醒酒,以释放其香气和柔化单宁,提升口感。

(二)示瓶展示

示瓶是将顾客所点的酒水向顾客展示的过程,目的是对顾客表示尊重,需请顾客确定所点酒水无误,征询顾客开酒瓶及斟酒的时间,以免出错。

服务员取回酒水,站在点酒水顾客的右侧,右脚向前迈出小步,走进顾客右侧,左手托瓶底,右手扶瓶颈,商标向上朝向顾客,让顾客辨认。介绍语为:这是您点的52％vol剑南春,请问现在打开吗?

(三)酒水开瓶

开瓶是指开启酒瓶的瓶塞和瓶盖的方法。啤酒、葡萄酒和白酒的开瓶方法各有不同。

1.开启葡萄酒

开葡萄酒时要用专业的酒钻和酒刀,通常酒钻和酒刀是合二为一的。先用准备好的酒刀切开酒瓶的封口,去除封口顶部的锡纸,并用餐巾将瓶口擦拭干净,然后将酒钻的螺丝锥对准瓶塞中心,按顺时针方向轻轻钻下去慢慢旋转,直至将酒钻的螺旋部分全部钻入塞内,随后利用酒钻的起拔杠杆下压,使瓶塞升起直到拔出。瓶塞出瓶后,应放在骨碟上,呈送至顾客面前。

在开瓶过程中,动作要轻,以免摇动酒瓶时将瓶底的沉淀物泛起。最后用洁净的餐巾按正确的包瓶方法将酒瓶包上。

2.开白酒

在开启一次性金属盖的中国白酒时,示瓶后将酒瓶放置于餐台,确保酒标朝向顾客。随后,左手扶稳瓶身,右手轻轻拧开瓶盖,动作需轻稳。拧下的瓶盖应放置在备餐台上,切勿急于丢弃,以便顾客未喝完时打包使用。开酒时,禁止将酒瓶抱在胸前操作,也不可在行走过程中开启。

3.开瓶装啤酒

开瓶装啤酒时要在餐台上进行。方法是左手扶瓶,右手握住起子,分别从三个不同角度开瓶,轻轻将盖子起开,不能损伤瓶口。不可用嘴,不可将盖勾住桌面边缘打开,啤酒要用开瓶器开瓶,如有破损应立即更换,以免影响酒的质量和顾客安全饮用。

开罐装啤酒,需在顾客右侧,左手托住罐底,右手拉住环,身体离开桌面朝向外侧,(不能对着顾客),开启时不要剧烈摇动,以免气体或酒水喷洒到顾客身上。

(四)斟倒标准

不同酒水有着不同的斟倒标准,以确保顾客能享受到最佳口感与体验,具体要求如下。

白酒:斟至八分满为宜。

红葡萄酒:斟至酒杯容量的三分之一。

啤酒:斟至八分满,留二分泡沫。

饮料:斟至八分满即可。

此外,也可根据顾客需求适当调整倒酒量。

（五）斟酒操作步骤

斟酒操作需要遵循一定的步骤和原则，以确保服务的专业性和高效性。

（1）询问顾客需要。在开始斟酒之前，先询问顾客需要哪种酒水，以及是否有特殊的斟倒要求。

（2）站在顾客右手边，右手持瓶侧立、斟倒入杯、旋转起瓶、收瓶退出，按照顺时针方向依次斟倒。服务员应站在顾客的右手边，右手持瓶，侧立于顾客身后，将酒水斟倒入杯中，然后旋转起瓶，收瓶退出。按照顺时针方向依次为顾客斟倒。

（3）斟倒酒水时，应按照先宾后主、女士优先的原则，顺时针依次为顾客斟倒。若是两位服务员同时服务，则一位从主宾开始，另一位从副主宾开始，同时按顺时针方向进行。

（六）席间续酒

在用餐过程中，服务员需要根据顾客的需求，及时为顾客续酒，确保顾客的饮用体验。续酒时，同样要遵循斟酒的操作步骤和顺序，动作轻缓，以免打扰顾客用餐。

三、分酒器分酒操作

（一）确定饮酒人数

在进行分酒服务之前，首先要明确有多少位顾客需要饮酒，这是合理安排分酒器数量和后续服务的基础。

可以通过向主人了解有几位顾客饮酒，或者直接询问顾客来获取准确的饮酒人数信息。例如，"各位好，请问有哪几位顾客喝白酒？"或者"各位好，请问需要几个分酒器？"

（二）摆好分酒器

根据确定的饮酒人数，将相应数量的分酒器整齐地摆放在餐桌转盘一边，确保每位饮酒顾客都能方便地取用。

（三）分酒

为顾客分酒时，可以按照以下步骤进行。

（1）持瓶，侧身站在上菜口。

（2）斟酒，将酒倒入分酒器。

（3）斟倒分量均匀，或听从顾客要求。通常要将整瓶酒分完。

（4）按斟酒规范操作。

（四）派送分酒器

派送分酒器的步骤如下：首先，服务人员转动转盘，邀请需要饮酒的顾客自行取用

视频微课
▼

斟酒的
程序

分酒器,同时配合服务用语:"酒已分好,请各位慢用。"此外,服务人员也可走到饮酒顾客的右侧,侧身靠近餐桌,转动转盘后将分酒器放置到顾客餐位前,并礼貌提示:"这是五粮液,请慢用。"

(五)续酒

当顾客的酒杯空了,服务人员可以拿起分酒器,礼貌地说:"您好,给您斟酒。"斟好酒后,服务人员应说"请慢用",然后将分酒器放回原位并礼貌地退出。如果顾客表示拒绝续酒,服务人员则不再继续斟酒,以尊重顾客的意愿。

(六)询问加酒

可视情况请示主人是否需要添加酒水,可轻声询问:"先生您好,五粮液还需要再来一瓶吗?"

四、红葡萄酒服务操作

(一)准备

在进行红葡萄酒服务之前,要做好充分的准备工作,这是后续服务能顺利进行且顾客有较高满意度的基本保证。

要确保所选用的红葡萄酒外观完好无损,瓶口、瓶身及酒标都应保持洁净,无任何污迹或霉迹,以呈现出最佳的品质形象。

准备好服务过程中所需的各种物品:两块干净的口布,用于擦拭瓶口和杯具;一个整洁的垫碟,用于放置开瓶后的瓶塞;一把专业的酒钻,用于顺利开瓶;适量的红葡萄酒杯,根据顾客数量准备充足且干净、无瑕疵的酒杯;一个托盘,用于运送酒瓶和相关用品;红葡萄酒醒酒器,用于醒酒,以提升红葡萄酒的口感。

(二)示酒

示酒环节是与顾客建立信任和沟通的重要步骤,需要服务员展现出专业和细致的态度。

服务员应站在点酒顾客的右侧,将叠好的口布整齐地放于酒瓶底部,然后用左手托住瓶底,右手握住瓶颈,要确保酒标朝向顾客,以便顾客清晰地查看酒的名称及年份等信息。在这一过程中,服务员要礼貌地向顾客介绍所点的酒品,并请顾客确认是否为所需酒款。待顾客确认无误后,服务员应表示感谢,对顾客选择的尊重。

(三)开瓶

开瓶环节需要服务员具备熟练的技巧和耐心,以确保酒瓶的完整性和酒质不受影响。

首先,服务员要征求顾客的同意,确认是否可以开酒。接着,使用开瓶器沿瓶口突出部分的上缘,小心地划开瓶口的锡封,动作要轻盈且准确,避免对瓶口造成损伤。

其次,将开瓶器的钻头对准瓶塞的正中央,缓缓地钻入,切记不可旋转酒瓶,以免搅动瓶中的沉淀物。当钻头的螺旋部分全部钻入塞内,应停止钻入动作。

再次,利用开瓶器的支架稳稳地顶在瓶口处,左手轻轻扶住瓶口和支架,以保持稳定;右手则缓缓向上轻提开瓶器把手,使瓶塞慢慢被拔起。在瓶塞即将完全拔出时,用手轻轻旋转瓶塞并将其顺利拔出,整个过程要尽量避免发出任何声响,用力需均匀且柔和,防止将瓶塞折断。瓶塞拔出后,将其小心地放在洁净的垫碟中,并交给点酒顾客,以便顾客确认酒质是否良好。之后,服务员用口布轻轻擦拭瓶口,确保瓶口干净整洁,无任何残留物。

最后,将红葡萄酒缓缓倒入醒酒器中,为后续的醒酒环节做好准备。

(四) 醒酒

醒酒是提升红葡萄酒口感的关键步骤,通过科学的方法让酒液与空气充分接触,从而优化其风味。

对于陈年红葡萄酒而言,由于其单宁和色素等成分在长时间的储存过程中会逐渐形成沉淀物,因此在开瓶后,原则上应将酒液平稳且缓慢地注入醒酒器中,使沉淀物能够留在瓶底,避免其影响酒的口感和外观。这一过程被称为醒酒,俗称"换瓶"。

而对于浅龄红葡萄酒,其单宁等成分尚未完全成熟,通过将其注入醒酒器的流动过程,可以使酒液大面积地与空气接触。醒酒器通常具有较大的空间和开口,这有助于加速单宁的软化,同时充分释放出酒液中原本封闭的香气。这一过程即为醒酒,俗称"呼吸"。

在倒酒时,应适当倾斜醒酒器,使酒液能够沿着瓶壁缓缓流下,这样可以有效避免将沉淀物带入醒酒器中。当葡萄酒倒入醒酒器后,服务员应缓慢地晃动手腕,让红葡萄酒在醒酒器中轻轻搅动,使酒分子能够充分地与空气接触,进一步提升醒酒的效果。

(五) 品酒

品酒环节是让顾客体验红葡萄酒魅力的重要时刻,服务员需要细致地协助顾客完成这一过程。

首先,服务员要确认品酒人,确保将酒液倒入其杯中。在倒酒时,要保持酒标朝向顾客,以方便顾客查看酒品信息。向顾客杯中注入约五分之一的酒量,这一分量既能让顾客充分感受酒的风味,又不至于造成浪费。倒酒过程中,要顺势向内轻轻旋转酒瓶,然后平稳地提起酒瓶,结束倒酒动作。之后,用口布擦拭干净瓶口,以保持瓶口的整洁。接着,用手示意顾客可以开始品尝,并保持示酒动作,耐心等待顾客对酒品进行确认。

待顾客品尝后,根据其反馈和要求,再为其他顾客进行斟酒服务,确保每位顾客都能满意地享用红葡萄酒。

（六）斟酒

斟酒是红葡萄酒服务的最后环节，也是直接关系到顾客饮用体验的重要步骤，服务员需秉持专业和细致的态度完成这一过程。

在为顾客斟酒时，要将酒瓶上的酒标朝向顾客，以方便顾客查看酒品信息。从主宾的右侧开始，按照顺时针方向依次为顾客提供服务，这是符合礼仪规范的斟酒顺序。在续斟时，应遵循长者优先、女士优先的原则，体现对顾客的尊重和关怀。

一般情况下，将酒斟至酒杯的三分之一处为宜，这样的量既能保证顾客有足够的酒液享用，又能避免因酒量过多而造成的不便。斟酒时，动作要轻盈、稳健且流畅，确保酒液准确地倒入酒杯中，不洒不漏。同时，瓶口始终与杯口保持约2厘米的距离，这样可以防止瓶口与杯口碰撞产生声响，影响顾客的用餐氛围。

每斟完一杯酒后，服务员要顺势向内轻微旋转酒瓶，然后平稳地收起酒瓶并退出餐位，避免打扰顾客用餐。在退出前，再次用口布将瓶口擦拭干净，保持酒瓶的整洁。在整个用餐过程中，服务员应随时留意顾客的酒杯情况，当酒瓶中还剩约五分之一的酒液时，主动向顾客征询是否需要续酒，例如轻声询问："您需要再加一瓶吗？"以确保顾客的饮用需求得到及时满足。

教学互动——酒水服务模拟训练

一、训练准备

（一）场地准备

模拟餐厅区域，摆放圆桌、方桌各3—4张，配备转盘、餐椅、桌布。同时准备醒酒、分酒的操作台。

（二）物品准备

（1）酒水类：红葡萄酒、白葡萄酒、白酒（空瓶装水模拟）、啤酒（无酒精饮料模拟）、无酒精饮料（果汁、茶）、利口酒（模拟用）。

（2）酒具：红葡萄酒杯、白葡萄酒杯、白酒杯、啤酒杯、分酒器、醒酒器、托盘、冰桶、开瓶器、口布、垫碟、酒钻、计时器。

二、训练方法

（一）示酒与开瓶专项训练

（1）训练目标：掌握示酒礼仪，熟练操作红葡萄酒开瓶流程（划锡封、钻塞、拔塞、醒酒）。

（2）训练步骤：每组学生依次练习示酒和开瓶，重点纠正握瓶姿势。模拟顾客提问场景（如询问年份、产地），练习服务应答。

（二）斟酒标准操作训练

（1）训练目标：规范斟酒站位、持瓶、收瓶旋转的动作要领。精准掌握不同酒类的斟倒量（红葡萄酒斟至酒杯容量的三分之一，白酒斟至八分满，啤酒斟至八分满、二分泡沫)。

(2)训练步骤:摆放10位顾客的酒杯。2人一组,每人为5位顾客斟倒酒水。同时模拟斟酒的标准操作。

(三)分酒器操作与派送训练

(1)训练目标:掌握分酒器斟酒均匀度及派送礼仪。熟练使用转盘并规范服务语言(如"五粮液,请慢用")。

(2)训练步骤:每组完成"分酒—派送—续酒"全流程,重点练习转盘操作与语言规范。

模拟顾客拒绝续酒场景,训练礼貌应对。

(四)红葡萄酒服务全流程演练

(1)训练目标:整合示酒、开瓶、醒酒、品酒确认、斟酒等环节,完成完整服务流程。

(2)训练步骤:每组完成3轮全流程演练,分组练习完成后,小组之间可以设置PK赛。

任务训练

扫码看答案

一、知识训练

1.酒精度的科学定义是:在_____℃时,乙醇体积占液体总体积的百分比。

2.红葡萄酒的标准斟倒量为酒杯的_____。

3.醒酒的两大目的是:_____沉淀物和_____单宁软化与香气释放。

4.分酒器派送时,服务员应使用_____(语言模板)进行服务。

5.侍酒顺序应遵循_____优先和_____优先原则。

6.白酒的标准斟倒量为_____分满。

7.以下哪种酒类属于配制酒?(　　)

A.威士忌　　　　　B.利口酒　　　　　C.清酒　　　　　D.黄酒

8.红葡萄酒开瓶时,钻头应钻入瓶塞的(　　)位置?

A.瓶塞边缘　　　B.瓶塞正中间　　　C.瓶塞底部　　　D.随意位置

9.以下哪种酒需要醒酒?(　　)

A.浅龄白葡萄酒　　B.陈年红葡萄酒　　C.啤酒　　　　　D.利口酒

10.分酒器派送时,正确的操作是(　　)。

A.直接递给顾客　　　　　　　　B.通过转盘自取

C.放在桌边不转动　　　　　　　D.由服务员随意放置

11.侍酒礼仪中,示酒时应站在顾客的哪一侧?(　　)

A.左侧　　　　　　B.右侧　　　　　　C.正前方　　　　　D.任意位置

二、能力训练

（一）徒手斟酒模拟测试

1分钟内完成10人位斟倒，做到动作标准优美，不滴不洒，分量适度。

（二）托盘斟酒模拟测试

托盘内装啤酒、饮料或白酒。2分钟内完成10人位的斟倒。做到动作标准优美，不滴不洒分量适度。可以依据表4-14进行考核评分。

表4-14　斟酒服务操作考核评分表

考核项目	操作要求	分值
斟酒顺序	能够按照先宾后主的顺序依次进行	20
斟酒姿势	酒水商标朝外，显示顾客	10
	瓶口不要碰杯口，相距2厘米左右	10
	握瓶姿势正确，步法正确	15
	收瓶姿势规范，动作优美	15
斟酒标准	斟酒量八分满	15
	不滴不洒，不少不溢	15

（三）红葡萄酒服务全流程操作测试

模拟为2位顾客进行红葡萄酒服务。可以依据表4-15进行考核评分。

表4-15　红葡萄酒服务操作考核评分表

考核项目	操作要求	分值
准备	检查酒瓶外观、标签完整，备齐酒具（醒酒器、开瓶器、口布等）	10分
示酒	丁字步站位，酒标朝向顾客，服务语言规范	15分
开瓶	锡封切割整齐，钻头居中，瓶塞完整拔出，擦拭瓶口	20分
醒酒	倾斜酒瓶缓慢倒酒，避免沉淀物，晃动醒酒器动作规范	15分
品酒确认	向主宾杯中倒入五分之一酒量，示意品尝，待确认后继续斟酒	10分
斟酒	顺时针顺序，酒标朝向顾客，斟至三分之一处，瓶口无滴漏	20分
服务礼仪	语言礼貌（如"请慢用"），动作轻柔，全程无洒漏	10分

任务五 上菜服务

任务描述

上菜服务是餐饮服务中的核心环节,直接影响顾客的用餐体验与餐厅的专业形象。本任务旨在通过系统化的理论与实践训练,让学生掌握中餐与西餐上菜服务的标准化流程、操作规范及礼仪要求。本任务的内容涵盖上菜顺序、摆盘技巧、特殊菜肴处理、顾客互动等关键技能,适合酒店管理、餐饮服务等专业学生学习,可为其未来从事高端餐饮服务或宴会管理奠定基础。

任务目标

1. 掌握中餐上菜的核心规范。
2. 掌握西餐上菜的服务标准。
3. 特殊菜肴的安全处理服务。

一、中餐上菜的服务要求

(一)上菜顺序要求

1. 凉菜—大菜—烧菜—炒菜—汤类—主食—水果

在中餐服务中,上菜顺序遵循一定的原则,以确保顾客能够获得最佳的用餐体验。首先,凉菜应先于热菜上桌,为主宾和其他顾客开启味蕾。其次,按照菜肴的重要性和品质,依次上大菜、烧菜和炒菜,让顾客逐步品尝到不同口味和烹饪方式的菜品。汤类通常在炒菜之后上桌,起到调节口味和补充营养的作用。主食和水果则根据用餐情况,在适当的时候提供,为主餐画上圆满的句号。

2. 八先八后原则

(1)先凉菜后热菜,让顾客先品尝口感清爽的凉菜,再享受热气腾腾的热菜。

(2)先主菜后次菜,突出主菜的地位,满足顾客对主要菜品的期待。

(3)先荤菜后素菜,荤菜通常味道浓郁,能够先吸引顾客的注意力。

（4）先咸菜后甜菜，避免甜味影响对其他菜品味道的感知。

（5）先跟味后菜肴，即先上与菜肴搭配的调味品或配菜，方便顾客调味。

（6）先浓郁后清淡，使顾客的味蕾逐渐适应不同强度的味道。

（7）先炒菜后烧菜，炒菜烹饪时间短，能更快上桌，保持热度和口感。

（8）先菜品后主食，让顾客先品尝各类菜品，最后以主食收尾。

水果的上桌时间则根据顾客的用餐情况灵活安排，既可以在餐前作为开胃品，也可以在餐后作为甜点，为整个用餐过程增添一分清爽和甜蜜。

（二）上菜位置要求

在中餐上菜服务中，上菜的位置选择也十分讲究，旨在为顾客提供便利和舒适的用餐环境。通常情况下，服务员应选择空位进行上菜，以避免打扰顾客的用餐和交谈。如果餐桌上有副主人，那么副主人的右侧是理想的上菜位置，方便副主人为顾客介绍菜品或进行其他服务。在陪同席之间上菜也是一个不错的选择，这样可以为各位顾客提供相对均衡的服务，避免某一区域的顾客等待过久。同时，为了保证安全，应尽量避开老人和小孩的旁边进行上菜，防止热菜或尖锐的餐具对他们造成威胁。

（三）上菜时机的要求

上菜的时机把握对于提升顾客的用餐体验至关重要。在中餐服务中，通常采用即上与叫上相结合的方式根据顾客的需求灵活调整上菜速度。冷盘应在顾客点菜后的10分钟内上桌，以满足顾客迫不及待的味蕾需求。热菜则需在20分钟内上桌，确保菜肴能够保持最佳的口感和温度。大菜作为中餐的重头戏，应在30分钟左右上齐全部菜品，使顾客能够在适宜的时间内品尝到所有美味。当然，服务员也应根据顾客的用餐节奏和特殊要求，灵活调整上菜时机，避免菜肴堆积或顾客等待过久。

（四）上菜姿势的要求

在中餐上菜服务中，服务员的上菜姿势不仅影响着服务的效率，还关系到顾客的用餐安全和舒适度。常见的上菜姿势有单手侧身式和双手平伸式，以及针对位上菜的特殊姿势。

1. 单手侧身式

单手侧身式上菜时，服务员应一脚在前，一脚在后，呈侧身上菜的姿势。端菜盘的方法是用食指、中指、无名指勾住菜盘的底边棱，同时用拇指稳压盘边，保持菜盘的平稳。然后以正常步速走到餐桌前，按照预定的上菜位置轻轻将菜肴摆放上桌。

2. 双手平伸式

双手平伸式上菜与单手侧身式类似，服务员同样采用一脚在前、一脚在后的侧身站立姿势。双手端菜盘时，食指、中指、无名指分别握住菜盘的两端，拇指翘起稳压盘边，确保菜盘在行走过程中保持水平。到达餐桌后，按照规范的上菜位置将菜肴轻轻放置。

3. 位上菜

对于位上菜,服务员需根据菜肴的盛菜器皿选择使用托盘或徒手上菜。在上菜时,应站在顾客右侧,以便于顾客取用菜肴,同时避免影响顾客的用餐视线和空间。

(五)餐桌菜盘摆放标准

1. 通用型菜品摆放

餐桌菜盘的摆放不仅关乎美观,还影响着顾客的用餐便利性和舒适度。在中餐服务中,通用型菜品摆放需注意以下几点。

(1)菜品的观赏面应朝向主宾,以突出主宾的尊贵地位,同时展示菜肴的最佳视觉效果。

(2)各种菜肴要错开、对称摆放,从菜肴的原材料、色彩、形状、器具等多方面考虑搭配。例如,荤菜与素菜、深色与浅色的菜肴相互间隔,使整个餐桌看起来丰富多彩、和谐美观。

(3)避免叠盘和搁盘,确保每个菜盘都有足够的空间展示其特色,同时也便于顾客取用。

(4)在上菜前先调整空出上菜位置,再进行上菜操作,以保持餐桌的整洁和秩序。

(5)在呈现整鸡、整鸭、整鱼等整形菜肴时,需遵循"鸡不献头,鱼不献脊"的传统礼仪,避免将鸡头或鱼脊正对主宾,这既体现了对顾客的尊重,也传承了中华餐饮文化的精髓。

2. 圆桌菜盘摆放

在圆桌菜盘摆放中,服务员需注意摆菜位置要与桌面的小件餐具保持适当距离,一般不超出转盘边沿,以免在转动转盘时打翻餐具或杯具。菜品摆上餐桌后,应先将其转至主宾位置,以示对主宾的尊重。

3. 长条桌菜盘摆放

对于长条桌菜盘摆放,应从餐桌中间开始,按照"一中心、二平放、三三角、四四方"的原则进行均匀摆放。同时,要考虑菜肴的原材料、色彩、形状、器具等因素,如荤素搭配、深浅色搭配等,使整个餐桌的菜品布局合理、美观大方。

4. 撤盘

这里的撤盘指的是当台面没有多余的空位上菜时,可以采取以下几种方法挪出空位来。

(1)撤空盘:服务员需及时撤去空盘,保持桌面整洁。

(2)有序移盘:移动菜盘,让其更紧凑,注意不要发出声响。

(3)大盘换小盘:如果大盘里面的菜肴并不多,可以征询顾客的意见"这道菜是否可以给您换个小盘装",然后将大盘的菜换一个小盘装,再端上餐桌。

Note

(4)合并拼盘:餐桌上同类型的菜肴,在征得顾客同意之后可以将其合并。

(5)分派到人:将菜肴分到每位顾客的餐盘中。

(六)上菜程序与操作规程

1. 工具与物品的准备

在开始上菜之前,服务人员需确保所有必要的物品已经准备齐全,包括但不限于以下几类。

(1)餐具类:根据餐厅的规模和顾客的预订情况,准备相应数量的刀叉、汤匙、筷子等基本餐具,确保每套餐具的完整性和清洁度,无破损或污渍。

(2)餐碟与碗类:备齐各种规格的碟子和汤碗,用于盛放不同的菜品和汤品,同样需要检查其清洁度和完整性。

(3)托盘与辅助工具:选择合适尺寸和材质的托盘,以便稳定地运送菜品。同时,准备好毛巾、酒精炉、垫盘、燃料等辅助用品,确保在服务过程中能够顺利使用。

(4)调味品与配料:根据餐厅的菜品特色和顾客的可能需求,准备相应的调味料、酱料、水果、蔬菜等,保证菜品的口味和质量。

(5)其他用品:包括但不限于牙签、餐巾纸、湿巾等一次性用品,以及可能需要的小工具,如剪刀、牙签筒等,以满足顾客在用餐过程中的各种需求。

2. 对单核查与菜品确认

在将菜品送上餐桌之前,进行细致的对单核查是确保服务准确性的关键步骤。

(1)名称核对:服务人员应仔细对照点菜单,逐一核对即将上桌的菜品名称,确保所上的菜品与顾客所点完全一致,避免出现上错菜或漏菜的情况。在确认无误后,按照规定的流程在点菜单上进行标记或勾选,表示该菜品已准备上桌。

(2)质量检查:对每一道菜品进行质量检查,包括其新鲜度、分量和色泽等方面。确保食材新鲜、烹饪得当,菜品的分量符合餐厅的标准,色泽诱人且无异常变色或杂质,以保证顾客能够享受到高品质的美食体验。

(3)卫生检查:检查菜品的卫生状况,确保盘中无异物,盘边干净整洁,未被污染。这一步骤对于保障顾客的健康安全至关重要,也是餐厅卫生管理的重要环节。

(4)台面观察:在上菜前,服务人员还需留意餐桌的台面情况,观察是否有空位可供摆放新的菜品,以便合理安排上菜的位置和顺序,确保餐桌的整洁与美观。

3. 菜品上桌

根据菜品的装盘不同,选择合适的上菜方式。菜品上桌要按标准操作。

4. 摆放妥当

菜品摆上餐桌后,按照顺时针的方向,先将菜品转至主宾位置。

5. 报菜名

菜品转至主宾位置后,服务人员应退后一步,以清晰、响亮的声音报出菜名,确保全体顾客能够听清。对于重点菜式或特色菜品,服务人员还应进行简要的介绍,包括菜品的主要食材、烹饪方法、口味特点等,以提升顾客对菜品的认知和期待,增加用餐的趣味性和满意度。

6. 关注反馈

在报完菜名后,服务人员应仔细观察顾客的进餐反应,通过眼神交流、微笑等方式与顾客进行互动,然后安静地离开餐桌,以便顾客用餐。在用餐过程中,服务人员应保持适当的距离,留意顾客的需求,随时准备提供进一步的服务。

7. 注意事项

(1)上完最后一道菜的提醒。

当上完最后一道菜时,服务员应低声告知主人:"您的菜已上齐,还剩下一道主食未上。"这样可以提醒宴请的主人,可以开始用餐了。如果顾客在餐前未点主食,服务员此时也可以提醒顾客及时添加主食,以免顾客因等待主食而影响用餐体验。

(2)灵活调整上菜节奏。

在实际服务过程中,顾客的用餐节奏可能因各种因素而有所不同。服务人员应密切关注顾客的用餐情况,根据实际情况灵活调整上菜速度,避免菜肴堆积或顾客等待过久。同时,要善于与顾客沟通,及时响应顾客的需求,确保用餐过程的顺畅与愉悦。

(七)特殊菜肴上菜方法

1. 酒精炉火锅类

酒精炉火锅类的操作需要严格遵循安全规范和操作流程,以确保顾客的用餐体验和安全,以下是酒精炉火锅类的正确操作步骤。

(1)在桌旁将酒精投放于酒精炉中;

(2)上桌后将酒精炉点着火,燃烧3—5秒后将火稍调小,注意不要在餐桌上点火;

(3)将锅仔平稳放于酒精炉,将火调大,请顾客慢用;

(4)当汤汁沸腾时应将火调小或关掉酒精炉。

2. 卡式炉

卡式炉的使用能够为顾客提供便捷且安全的用餐体验,以下是卡式炉的正确操作步骤。

(1)提前准备好卡式炉;

(2)先上卡式炉再上菜;

(3)点火,调到合适的火候,请顾客慢用,注意不要在餐桌上点火;

(4)当汤汁沸腾时应调小火或关掉卡式炉。

3. 煲类

煲类菜品的上桌流程需要特别注意安全与细节,以下是煲类菜品的正确上桌

视频微课
▼

上菜服务程序

Note

步骤。

（1）提醒顾客注意安全,同时注意避免自身被烫伤;

（2）上桌后,用一条干净的毛巾或餐巾纸包裹煲盖,将煲盖轻轻揭下并翻面放置（要避免汤汁或蒸汽水滴落到桌面或顾客衣物上）。

4. 汤汁类

汤汁类菜品的上桌流程需要注重规范操作,以下是汤汁类菜品的正确操作步骤。

（1）将汤勺放入汤碗（锅仔等）中,汤勺柄部朝右;

（2）双手端稳汤品,将其安全摆放到餐桌上;

（3）如需续汤,倾倒时用汤勺背面轻挡汤汁,避免溅出。

5. 油炸类

油炸类菜品通常会配备跟料,因此在上菜的时候一定要先上跟料,后上菜肴,并为顾客介绍跟料名称和使用方法。为了保证油炸类菜品的口感,上菜时要提醒顾客趁热食用,如有必要可以直接为顾客分食。

二、西餐上菜的服务要求

（一）上菜顺序要求

1. 传统西餐上菜顺序

在传统的西餐用餐礼仪中,上菜顺序遵循一套严格的规范,旨在为顾客提供层层递进、丰富多样的用餐体验。这一顺序依次为:头盘（开胃菜）、汤类、副菜（通常为鱼类或海鲜）、主菜（一般是肉类）、沙拉、甜品,最后是咖啡或茶。每一道菜品都有其独特的风味和作用,从清新爽口的开胃菜开始,逐步过渡到味道浓郁的主菜,再以甜品和咖啡或茶的组合为整个用餐过程画上圆满的句号。

2. 现代简化顺序

随着现代生活方式的改变和餐饮节奏的加快,许多餐厅根据自身的定位和顾客的实际需求,对传统上菜顺序进行了适当简化。常见的简化顺序为:头盘、主菜、甜品。这种简化方式在保留西餐文化精髓的同时,减少了菜品的数量,使用餐过程更加简洁高效,更符合当代快节奏生活的需求。

3. 特殊原则

在西餐服务中,除了遵循既定的上菜顺序外,还需严格遵守"女士优先、主宾优先"的原则。这意味着在上菜时,服务员应优先为女士和主宾提供服务,体现对他们的尊重和关注。此外,为了确保同一桌顾客能够同步享受用餐的乐趣,服务员需合理安排上菜节奏,使所有顾客的用餐进度保持一致,避免出现部分顾客等待过久或提前结束用餐的尴尬情况。

Note

（二）上菜程序与操作规程

1. 准备工作

（1）准备餐具：在开始上菜之前，服务员需确保所有必要的餐具和用品已经准备齐全。这包括上菜托盘、调味料、汤勺、汤碗等基本餐具用品。同时，还需准备足够的垫碟、咖啡匙、糖包等小用品，以满足顾客在用餐过程中的各种需求。

（2）清理桌面：上菜前，服务员应及时撤去桌面上的空盘碟，保持桌面的整洁与有序。同时，根据即将上桌的菜品，合理调整餐具的位置，为新菜品腾出合适的空间。这一过程需要服务员具备良好的空间感和审美观，确保餐具与菜品的摆放既实用又美观。

（3）核对菜单：服务员在上菜前，必须仔细核对所上菜品的名称、台号与点菜单是否一致，确保菜品的准确性。这一步骤对于避免上错菜至关重要，也是体现餐厅服务专业性的重要环节。

（4）检查菜品质量：对菜品质量的检查是上菜前不可忽视的一环。服务员需仔细观察菜品的色泽是否正常，有无异常的杂质或异物，确保菜品的卫生与安全。此外，还需检查菜品的分量是否充足，摆盘是否整齐美观，以满足顾客对菜品品质和视觉效果的双重期待。

（5）了解菜品信息：服务员应熟悉每一道菜品的名称、特点、烹饪方法及背后的小故事或典故。这样在上菜时，能够准确无误地报出菜名，并根据菜品的特色进行简要介绍，增加顾客对菜品的了解和兴趣，提升用餐的趣味性和满意度。

2. 上菜的操作规程

（1）按序上菜：服务员在上菜时，应严格按照既定的顺序进行操作。通常情况下，西餐的上菜顺序为：面包、黄油、头盘、汤、主菜、甜品、咖啡、茶。服务员需牢记这一顺序，不可随意颠倒，以确保顾客能够按照合理的时间和口味享受每一道菜品。

（2）先斟酒后上菜：对于需要搭配酒类的菜品，服务员应在上菜前先为顾客斟酒。这是西餐服务中的重要礼仪之一，旨在让顾客在品尝菜品的同时，能够同步享受到美酒的醇香，提升用餐的整体体验。斟酒时，服务员需注意酒量的控制，避免酒液溢出或不足。

（3）上菜顺序：在为顾客上菜时，服务员应遵循"先女后男、先宾后主"的顺序，体现对女士和主宾的尊重。通常情况下，上菜应从主宾的右侧开始，用右手进行操作，这是西餐服务中约定俗成的礼仪规范。遵循这样的服务顺序和礼仪规范，服务员不仅能营造和谐优雅的用餐氛围，更能让顾客真切感受到无微不至的重视与关怀。

（4）先撤后上：每道菜用毕，服务员需先撤走用过的餐具，然后再上新菜。这一过程需要服务员具备敏锐的观察力，能够准确判断顾客是否已经用完菜品。撤盘前，服务员应征得顾客的许可，并注意顾客刀叉的摆放位置。若顾客将刀叉呈八字形放在餐盘两侧,表示顾客还要继续食用,此时不可撤盘;若顾客将刀叉交叉或平行放在餐盘中,则表示不再食用,可以撤盘。通过细致入微的服务,确保顾客的用餐舒适度。

（5）上甜品前撤走餐具:在上甜品之前,服务员应将主菜的餐具及盐瓶、胡椒瓶、玻璃杯等撤去,保持桌面的整洁与清爽。甜点用毕,从顾客的右侧送上咖啡、茶,咖啡杯、茶杯放在垫碟上,碟内放一把咖啡匙,并附上适量的糖。这一系列操作不仅体现了服务的规范性,也为顾客的用餐体验画上完美的句号。

教学互动——上菜服务训练

一、训练准备

（一）场地准备

模拟餐厅区域(配备圆桌、长条桌各3—4张),桌面平整,通道宽度约1.5米,设置备餐台与传菜动线。

（二）物品准备

每组需要准备一整套上菜用的工具和餐具。例如,托盘、菜盘(不同尺寸)、酒精炉、卡式炉、汤碗、汤勺、公筷、公勺、垫盘、燃料、调料盅、餐巾、隔热手套、毛巾、桌号牌、装饰花瓶等。

（三）学生分组

将学生分成若干小组,每组5—8人,每组内设定主宾、副主人、服务员等不同角色,并在训练过程中进行轮换,让每位学生都能体验不同角色的服务需求与感受。

二、训练方法

（一）上菜姿势专项训练

（1）训练目标:帮助学生掌握单手侧身式、双手平伸式、位上菜等常见上菜姿势的正确技巧。

（2）训练步骤:首先,学生分组使用空盘进行初步模拟练习,通过不同姿势的端盘动作,熟悉并掌握端盘的基本技巧,同时注意保持身体平衡和菜盘的稳定性。其次,在熟练掌握空盘练习后,逐步增加盘中物品的重量,例如加入水杯等,以提升训练的挑战性,从而培养学生在复杂情况下的应变能力。最后,学生们轮换扮演主宾、副主人、服务员等角色,完整练习"上菜—报菜名—调整摆盘"这一系列服务流程,加深对整个服务环节的理解和掌握。

（二）特殊菜肴处理训练

（1）训练目标:掌握火锅、煲类、油炸类、汤汁类菜肴的安全操作与上菜规范。

（2）训练步骤:学生们通过分组练习来掌握特殊菜肴的上菜技巧,有两大操作必须重点练习。第一是练习酒精炉的点火、调火和关火步骤;第二是模拟揭盖动作,学习如何避免水滴溅出,并练习单手托煲、单手揭盖的协调性。

（三）十人圆桌宴会上菜模拟

（1）训练目标:模拟十人圆桌宴会的全流程上菜服务,让学生上菜全流程符合规范。

（2）训练步骤:每组学生共同完成一场十人圆桌宴会的全流程上菜服务,涵盖凉菜、热菜、汤类、主食等多个环节。训练内容包括摆盘调整、报菜名、酒精炉操作等,确保学生能够熟练掌握各个环节的服务技巧。在完成三轮基础训练后,组织"上菜服务挑战赛",要求学生限时完成指定任务。可依据表4-16的要求进行考核评分。

表4-16　上菜服务操作考核评分表

评分项	评分标准	标准分
上菜姿势	单手/双手端盘平稳	20分
	步态优雅,无碰撞	10分
报菜名	语言清晰,礼仪到位	10分
上菜顺序	凉菜优先,顺序无误	20分
特殊菜肴操作	酒精炉安全规范	10分
	煲类揭盖无溅洒	10分
	油炸类酱料搭配合理	10分
综合摆盘	桌面合理布局	10分

任务训练

扫码看答案
▼

一、知识训练

1.冷盘应在顾客点菜后_____分钟内上桌,热菜在_____分钟内上桌。

2.西餐上菜时,遵循_____优先原则,优先为女士和主宾服务。

3.上整鸡时应避免将_____朝向主宾方向,遵循"鸡不献头"的习俗。

4.酒精炉操作中,必须确保_____原则,即不能带火源直接放置于餐桌。

5.西餐主菜盘应距离桌边_____厘米,刀叉按使用顺序由_____摆放。

6.中餐上菜时,以下哪种位置是规范的上菜位置?(　　)

A. 主宾正前方　　　　B. 副主人左侧　　　　C. 陪同席之间　　　　D. 小孩座位旁

7.西餐分餐服务中,撤盘的正确做法是(　　)。

A. 直接撤走无须询问　　　　　　　B. 从顾客左侧撤盘

C. 刀叉交叉摆放表示可以撤盘　　　D. 优先撤走主宾餐盘

8.处理油炸类菜肴时,以下操作正确的是(　　)。

A.直接用手调整菜品造型 　　　　　B.先上跟料后上主菜

C.提醒顾客冷食更佳 　　　　　　　D.无须介绍食用方法

9.西餐汤类服务中,汤勺的正确摆放方向是(　　)。

A.柄部朝左 　　　　　　　　　　　B.柄部朝右

C.垂直插入汤碗 　　　　　　　　　D.置于底盘外侧

10.若顾客对菜品熟度不满,服务员应首先(　　)。

A.解释烹饪标准 　　　　　　　　　B.立即致歉并更换

C.提供折扣补偿 　　　　　　　　　D.忽略顾客要求

二、能力训练

(一)中餐上菜服务全流程实操考核

场景可设置为十人圆桌商务宴,菜单包括火锅、煲类、油炸类、汤汁类菜肴。依据表4-17的要求进行考核评分。

表4-17　中餐上菜服务操作考核评分表

评分项	评分标准	标准分
上菜姿势	单手/双手端盘平稳	20
	步态优雅,无碰撞	10
报菜名	语言清晰,礼仪到位	10
上菜顺序	凉菜优先,顺序无误	20
特殊菜肴操作	酒精炉安全规范	10
	煲类揭盖无溅洒	10
	油炸类跟料搭配合理	10
综合摆盘	桌面合理布局	10

(二)西餐上菜服务全流程实操考核

场景可设置为四人西餐晚餐的上菜服务,菜品包括头盘、汤类、主菜、甜品、饮品。依据表4-18的要求进行考核评分。

表4-18　西餐上菜服务操作考核评分表

评分项	评分标准	标准分
上菜顺序	头盘—汤—主菜—甜品—饮品,顺序无颠倒	20
姿势规范	托盘平稳、分餐动作优雅,无餐具碰撞	20
同步服务	四人菜品同步上桌,无延误	15
报菜名与互动	语言清晰,介绍食材与搭配建议	20
安全操作	热汤提醒、红葡萄酒倒酒无洒漏	15
整体感官	礼貌用语、动作、表情等综合印象	10

任务六　分菜服务

任务描述

　　分菜服务是餐饮服务中体现专业性与细致度的重要环节,尤其在高端宴席和商务用餐场景中,直接影响顾客的用餐体验与餐厅的服务水准。本任务通过理论讲解与实操训练,使学生掌握分菜服务的核心技能,包括分菜工具的正确使用、整形菜的分割技巧、分菜顺序的规范操作,以及应对复杂场景的能力,为培养高素质餐饮服务人才奠定基础。

任务目标

　　1.掌握分菜服务的基本规范。

　　2.根据场景选择餐位分菜、餐台分菜、旁桌分菜或位上分菜,确保操作高效且符合礼仪。

　　3.遵循分菜顺序与原则:按"先宾后主、顺时针方向"分菜,优先服务女士与主宾,合理分配菜品分量。

一、分菜服务的概念

　　分菜服务,亦称派菜或让菜,是指在菜肴和点心经过顾客的观赏之后,餐厅服务员代替主人,利用服务叉或服务勺,将这些美食依次分配到每位顾客的餐碟中的过程。这是一项在餐饮服务中极具技术性且难度较大的工作,服务员必须熟练掌握这一技能,方能在实际操作中得心应手,为顾客提供优质的服务体验。

二、分菜前的准备工作

(一)掌握分菜技术

　　深入了解各种菜肴的烹制方法,以及菜肴成型后的质地和特点,特别是整形菜的结构特点。这就像建造房屋前要了解材料的特性一样,只有这样才能正确地选择分菜工具,确保分菜时操作自如,为后续的分菜工作打下坚实的基础。

Note

（二）准备分菜工具和餐具

确保分菜工具(如服务叉、服务勺)清洁无污渍,大小适当。这是分菜服务的基本保障,干净的工具是提供优质服务的前提。餐具可事先放置在餐具柜中,或在需要时使用托盘随上菜一同托出。合理安排餐具的摆放,能够提高服务效率,让整个分菜过程更加顺畅。

（三）清洁分菜区域

若计划在工作台上进行分菜,需事先清理桌面。保持工作台的整洁,能够为分菜工作提供一个良好的环境,避免不必要的干扰。若在餐车上分菜,则需确保餐车已洗净并擦干。餐车的清洁与否,直接关系到分菜的卫生和美观,必须引起足够的重视。

三、分菜的工具

（一）常用工具

服务叉与服务勺是常用的分菜工具。一般适用于分派丝、片、丁、块状菜肴。在面对这些不同形态的菜肴时,服务叉与服务勺能够灵活运用,确保分菜的精准与高效。

服务叉和服务勺的拿法是,服务员右手中指、无名指和小指稍加弯曲,钩住勺把后部。食指垫于勺、叉之间,与拇指配合捏住叉把。操作时,右手背向下,掌心向上,先用勺插入菜中,同时用拇指和食指将叉、勺分开。待勺盛起菜肴后,再将叉夹紧菜肴送至顾客餐碟。

（二）其他工具

在分菜服务中,还会使用到长柄汤勺、筷子、餐刀、餐叉等工具,这些工具在分菜过程中通常会配合使用。

（1）服务勺与服务筷配合:多用于定点分菜。这种配合方式在特定场景下能够发挥出独特的优势,提高分菜的效率和准确性。

（2）汤勺与筷子配合:一般用于分汤。在分汤过程中,汤勺与筷子要默契配合,要能够让汤品均匀地分派到每一位顾客的餐碗中。

（3）刀、叉、勺配合:在餐桌边分切带骨或带刺的菜肴(如鱼、鸡、鸭等)。根据具体情况,可先使用刀、叉剔除鱼刺或鸡鸭骨,然后分切成块,最后用服务勺进行分让。

四、分菜方法及操作规范

（一）桌上分让式

（1）侧身站在顾客的座椅左边,持叉勺餐具分派菜肴。这种站位既方便服务员操

视频微课

▼

叉勺的
拿法

作,又不会给顾客造成过多的干扰。

（2）在上菜口展示全貌后,将菜盘放入托盘内或直接托在手掌上。左手托稳菜盘,右手分菜。展示菜肴全貌是为了让顾客对菜品有一个直观的了解,提升用餐的期待感。

（3）取适量的菜肴放在顾客骨碟的中央,菜盘尽量接近顾客的骨碟。这样做能够确保菜肴摆放整齐美观,提升用餐的视觉体验。

（4）分好菜肴后,应将右手的服务刀叉始终停留在菜盘的上方,直到推出餐位,再为下一位顾客分菜。这个细节动作体现了服务的连贯性和专业性,让顾客感受到服务的周到。

（二）餐台分菜

（1）主要用于分汤类菜肴。

（2）将菜品与顾客的餐盘、碗碟一起放在转盘上。

（3）服务员用筷子、汤勺等工具将菜肴分派到顾客的餐碗中。在分派过程中,要注意分量的均匀和动作的轻巧,避免汤汁溅出。

（4）由顾客自取或服务员协助将餐具送到顾客面前。根据顾客的需求和场景的不同,灵活选择服务方式。

（三）旁桌分菜

（1）准备餐用具:在进行分菜服务时,需根据顾客人数准备相应的汤碗或骨碟,并整齐摆放在托盘中。同时,备好分菜用具,包括分汤勺、筷子、餐刀、餐叉及干净的毛巾。

（2）菜品上桌:将菜品上桌转至主宾位并报菜名。随后,停顿几秒,告知顾客将菜品分装,再将菜盘转回上菜口,撤下菜品至备餐台。对于无需上桌展示的菜品,在上菜口告知顾客菜名后直接分装。最后,欠身退下。

（3）备餐台分菜:在备餐台分菜时,将菜肴均匀分派到备好的汤碗或骨碟中。分汤时按"先干后汤"的顺序进行,并附上小瓷勺。分好后,用托盘集中托起,送至每位顾客面前。

（四）桌上分汤

（1）准备用具:按顾客人数把汤碗准备好,放在菜品右侧。

（2）展示菜品:汤碗中放入长柄勺,汤勺柄朝右。菜品上桌转至主宾位,退后一步报菜名。征得顾客同意后准备分汤。

（3）分派:服务人员走至需分汤顾客的右侧,示意顾客"您好！给您分汤"。然后按照"先干后汤"的方法,将汤均匀分到汤碗中。盛好汤后,将汤碗端到顾客餐位,请顾客慢用。接着,转动转盘,将汤碗移至下一位需分派的顾客处,按照顺时针方向依次分派。

视频微课
▼
桌上分
让式

（五）位上分菜

（1）厨房将菜肴按顾客人数分装好。

（2）服务员采用轻托卸盘的方式将菜盘逐一分送给顾客。根据菜肴的装盘，如果无法用单手进行上菜的。可以采取双手上菜的方式，逐一分送给顾客。

（3）位上分菜时，先将顾客面前的脏餐盘收走，再行上菜。

五、整形菜的分割

（一）整鱼剔骨

视频微课

▼

整鱼剔骨

服务员左手稳稳地用服务叉按住鱼头，右手持餐刀精准操作：先在鱼颈和鱼尾处各切下一刀，动作轻巧而利落。随后，沿着鱼脊从头部向尾部轻轻划开，将鱼肉从中间完整地剥开，顺势将两侧鱼肉轻柔地拨向两侧，巧妙地剔除中间的鱼骨和鱼刺。处理完毕后，再将两侧鱼肉小心地恢复原状，均匀地浇上原汁。待鱼汁充分浸透鱼肉，使其鲜嫩多汁后，再将鱼肉分块，依次分给顾客。

（二）整鸡、整鸭分割

分割鸡、鸭等整形类菜肴，要先用刀、叉剔去骨头。分让时要按鸡、鸭类菜肴的自身结构来分割及分派，要保持其形状的完整和均匀，一般头尾不分派，留在碟中，由顾客自行取用。

（三）烤鸭的包制

烤鸭的包制流程可遵循以下步骤为顾客提供服务。

（1）取饼：用筷子或手轻轻拿起一张薄饼，平铺在餐盘上。

（2）抹酱：用筷子或小勺在薄饼上均匀地抹上一层甜面酱，注意不要太多，以免饼皮破裂。

（3）放配料：在薄饼上依次放上适量的葱丝和黄瓜丝，增加清新感。

视频微课

▼

包烤鸭

（4）放烤鸭：在配料上整齐地放上几片烤鸭，确保每片烤鸭的皮都朝上，让顾客能更好地品尝到烤鸭的风味。

（5）卷饼：用筷子或手轻轻将薄饼从一侧卷起，卷紧但不要过度用力，确保配料和烤鸭不会散落。

（6）调整：将卷好的烤鸭卷轻轻放在餐盘上，调整位置，使其摆放整齐。

（7）呈上：将装有烤鸭卷的餐盘轻轻送至顾客面前，微笑示意顾客享用。

六、分菜顺序及注意事项

（一）分菜顺序

（1）分菜顺序是先宾后主，顺时针方向依次分让。

（2）凡配有佐料的菜，在分派时要先蘸（夹）上佐料，再分到餐碟里。

（二）分菜的注意事项

（1）分派分量均匀：分菜时，服务员要掌握好菜肴的分量，对按个数和只数的菜肴要事先数好个数，尽量保证每位顾客都能均匀地分到一份。

（2）动作标准轻快：分菜时服务员动作要协调、利落，做到轻、快、准，不使菜肴和汤汁滴洒于桌上或顾客身上，切忌用叉、匙在菜盘中刮出响声，以最快的速度、最短的时间准确地完成分菜工作。

（3）及时跟上调料：凡带调料的菜肴在分让时，服务员要将食物蘸上酱料后，再分给顾客。

（4）分派剩余合理：将菜肴分派给一桌顾客后，菜盘内要留下十分之一左右，以示菜肴的丰盛，或留给顾客后续取用。菜肴的头、尾、残骨等不宜分给顾客，优质的部位分给主宾。

（5）主、辅料搭配：主料在上，辅料在下；先分干料，再分汤。

教学互动——分菜训练

一、训练准备

（一）场地准备

模拟宴会厅（圆桌、长条桌各2张），备餐台配备分菜工具柜。

（二）物品准备

服务叉匙、切肉刀、汤勺、骨碟、汤碗、托盘、烤鸭卷模型（练习用）。

二、训练方法

（一）叉勺分菜专项训练

1.训练目标

掌握叉匙握持、分菜动作的协调性。

2.训练步骤

学生分组进行练习，用叉匙夹取土豆丝、豆腐块或者花生米等。每组记录10秒内完成的分菜份数及完整性，以提升分菜速度和质量。

（二）分汤的专项训练

1.训练目标

熟悉汤类的分派技巧，适应多样化服务场景。

2.训练步骤

模拟为4位不同的顾客分别进行桌上分汤。

项目小结

　　本项目通过系统化训练提升学生餐饮服务核心技能,使其熟练掌握托盘、摆台、餐巾折花、酒水服务、上菜及分菜六大任务的操作标准与细节。理论与实践相结合,学生可精准完成轻托重托平衡、中西餐摆台布局、餐巾花型适配,规范执行红葡萄酒开瓶醒酒、中餐上菜原则、整菜分割等高阶流程。项目注重职业素养塑造,培养服务安全意识、传统礼仪文化理解、团队协作与创新服务理念,为后续高阶技能与宴会管理奠基,助力学生成为专业与人文兼顾的餐饮服务人才。

项目训练

知识训练 ▼

项目四

一、知识训练

扫码查看具体内容。

二、能力训练

(一)分菜全流程实操考核

1. 场景

十人圆桌宴会,菜单包括清炒土豆丝、北京烤鸭、西湖牛肉羹、佛跳墙等。

2. 任务要求

要求如下,依据表4-19的标准进行考核评分。

(1)分菜准备:检查工具清洁度,备齐骨碟、汤碗、服务叉匙。

(2)叉勺分菜:为6位顾客分派土豆丝,分量均匀,操作规范。

(3)烤鸭卷制:5分钟内完成10卷,每卷含3片鸭肉,无松散。

(4)分汤操作:采用桌上分汤的方法,为6位顾客进行分汤服务。

(5)位上菜服务:为3位顾客进行位上菜服务。

表4-19　分菜服务操作考核评分表

评分项	评分标准	标准分
工具使用	叉匙握持规范,分菜无掉落	20
整形菜处理	烤鸭卷紧实无松散	20
分汤操作	操作无汤汁溅洒,分量均匀	20
位上菜	站位规范,服务用语规范	20
分菜顺序	主宾优先,顺时针无错漏	10
操作流程	严格按照操作流程,动作标准	10

Note

项目五
服务流程与基本技巧

项目描述

本项目系统阐述餐饮服务全流程关键环节与核心技巧,涵盖预订、开档收市、中餐零点与宴会、西餐及自助餐服务六大模块。通过标准化流程(SOP)解析、情景模拟与案例分析,培养学生规范化执行能力、突发事件应对能力(如客诉处理、设备故障)及跨文化服务意识(如中西方礼仪差异)。注重服务质量管理与客户体验优化,为培养高素质餐饮人才提供实践基础。

项目目标

知识目标

1. 理解餐饮服务全流程的核心价值与标准化操作规范(SOP)。
2. 掌握不同餐饮场景(中餐宴会、西餐、自助餐)的服务特点与差异化要求。
3. 熟悉食品安全、设备维护、环境管理等基础运营知识。

能力目标

1. 能够独立执行预订服务、餐前准备、餐中服务及收市工作,确保流程无缝衔接。
2. 熟练运用服务话术与沟通技巧,精准对接客户需求(如特殊饮食要求、文化禁忌)。
3. 具备多任务处理能力,高效协调前台接待、后厨配合与突发事件响应。

素养目标

1. 树立"以客户为中心"的服务理念,展现专业、亲切的职业形象。
2. 强化团队协作意识与责任担当,提升服务场景中的全局观与执行力。
3. 培养终身学习能力,关注行业动态(如智能化点餐技术、可持续餐饮趋势),持续优化服务技能。

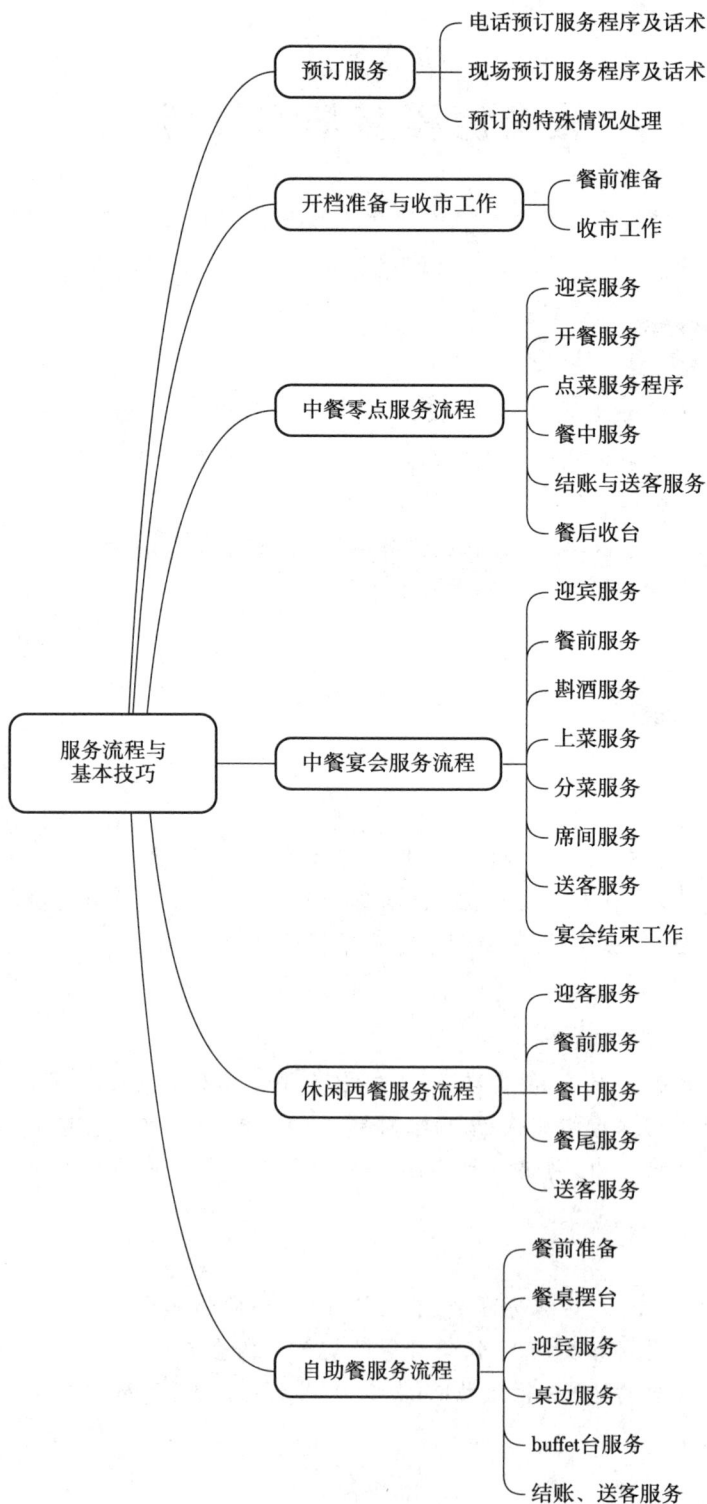

知识导图

服务流程与基本技巧
- 预订服务
  - 电话预订服务程序及话术
  - 现场预订服务程序及话术
  - 预订的特殊情况处理
- 开档准备与收市工作
  - 餐前准备
  - 收市工作
- 中餐零点服务流程
  - 迎宾服务
  - 开餐服务
  - 点菜服务程序
  - 餐中服务
  - 结账与送客服务
  - 餐后收台
- 中餐宴会服务流程
  - 迎宾服务
  - 餐前服务
  - 斟酒服务
  - 上菜服务
  - 分菜服务
  - 席间服务
  - 送客服务
  - 宴会结束工作
- 休闲西餐服务流程
  - 迎客服务
  - 餐前服务
  - 餐中服务
  - 餐尾服务
  - 送客服务
- 自助餐服务流程
  - 餐前准备
  - 餐桌摆台
  - 迎宾服务
  - 桌边服务
  - buffet台服务
  - 结账、送客服务

Note

任务一　预订服务

任务描述

　　预订服务是餐饮服务的首要环节,直接影响客户对餐厅的第一印象和整体满意度。本任务旨在通过系统化的理论讲解与实操训练,帮助学生掌握电话预订与现场预订的标准化服务流程,包括信息记录、需求确认、客户沟通技巧及特殊情况处理等核心技能。同时,强调以客户为中心的服务理念,培养学生在服务过程中展现专业性、灵活性与高效性,为后续用餐服务奠定基础。

任务目标

　　1.理解预订服务在餐饮服务中的重要性及核心价值。

　　2.掌握电话预订与现场预订的标准操作流程(SOP)。

　　3.熟练运用标准服务话术,展现亲切、专业的服务形象。

　　4.准确记录客户需求(如用餐时间、人数、特殊要求等),避免信息遗漏或误传。

　　5.灵活应对预订过程中的突发情况(如客户延迟回复、多人同时咨询等)。

一、电话预订服务程序及话术

　　电话预订是餐饮服务中极为常见的预订方式,它方便快捷,能够让客户在任何时间、任何地点轻松完成预订。对于餐厅而言,电话预订不仅能够提高预订效率,还能通过电话沟通直接与客户建立联系,了解客户需求,提供个性化服务。在进行电话预订服务时,需要注意以下几点。

(一)接听电话,问候顾客

　　在接听电话时,应在电话响三声内用左手拿起电话,同时右手拿起笔准备记录。接听时需自报餐厅名称,并使用普通话进行沟通。保持面带微笑,确保声音亲切且语速适中,以展现餐厅的专业形象和优质服务。

教学互动——服务语言训练

> "您好！×××餐厅,很高兴为您服务!"
>
> 如电话响起三声内未接电话,应说:
>
> "您好! 不好意思,让您久等了,很高兴为您服务!"

(二)倾听、回应,了解需求

电话预订的核心在于准确把握客户的需求,这需要服务员具备良好的倾听能力和沟通技巧。在这一过程中,服务员不仅要仔细倾听客户的要求,确定对方来电的目的,还要适时回应,让客户感受到被关注和重视。

(1)仔细倾听顾客要求,确定对方来电目的,适时回应。

(2)礼貌询问顾客姓名。

(3)沟通预订事项:询问预订日期,用餐人数,使用"请问……"之类的话术。

(4)复述顾客的预订,并告知包房号。

(5)礼貌询问顾客手机号码、到店时间。

(6)向顾客介绍保留时间。

(7)询问顾客是否还有其他要求。

教学互动——服务语言训练

> "好的,马上给您安排。"
>
> "请问先生您贵姓?(称呼顾客:××先生)谢谢!"
>
> "请问您需要预订什么时间? 是晚餐吗?"
>
> "请问您有几位顾客?"
>
> "请问您大约几点钟可以到?"
>
> "给您安排××包房可以吗?"
>
> "给您预订好了今天晚上的××包房。"
>
> "您有8位顾客,预计六点钟到,对吗?"
>
> "好的,我将您的预订保留到六点。"
>
> "请问您还有什么其他需要吗?"
>
> "请问您的电话号码是多少?"
>
> "好的,××先生,您的电话是……,谢谢。"

（三）结束通话

结束通话时，使用顾客姓氏称呼并表达感谢与欢迎，例如："王女士，感谢您的来电，期待您的光临!"待顾客先挂断后，轻轻放下听筒。

教学互动——服务语言训练

"××先生，您晚上过来的时候直接报您的姓氏和电话号码后四位数就可以了。"

"××先生，晚上见，恭候您的光临! 再见!"

教学互动——情景模拟对话

预订员："您好! 金秋阁餐厅。我是预订员小李，很高兴为您服务。"

顾客："你好，我想预订一张今天晚上八个人的餐桌。"

预订员："好的，没问题。请问怎么称呼您?"

顾客："我姓刘。"

预订员："好的，刘先生。您需要包间服务吗?"

顾客："是的，我们希望环境安静一些。"

预订员："好的，刘先生。为了给您提供更优质的服务，我们的包间需要收取10%的服务费。"

顾客："好的，可以接受。"

预订员："好的，谢谢。那给您安排在翠竹厅可以吗? 这个厅比较宽敞，环境也很幽雅，而且隔音效果很好，您不会受到外界干扰。"

顾客："很好，谢谢。"

预订员："好的，请问您和您的客人最迟几点可以到?"

顾客："大概七点钟。"

预订员："好的，您预订了今天晚上七点翠竹厅的八人晚餐，菜单到时候再决定，是吗?"

顾客："是的。"

预订员："顺便告诉您，我们餐厅最晚为您保留座位到晚上七点半，可以吗?"

顾客："可以。"

预订员："非常感谢您在金秋阁餐厅订餐，来电号码是您的联系方式吗?"

顾客："是的。"

视频微课
▼

电话预订

> 预订员："谢谢,稍后我会将具体的预订信息发到您手机上,您还有其他要求吗?"
>
> 顾客："没有了。谢谢,再见。"
>
> 预订员："恭候您的光临,再见。"

二、现场预订服务程序及话术

现场预订是另一种常见的预订方式,它适用于那些希望亲自到餐厅了解环境、设施和服务的客户。现场预订不仅能够为客户提供更直观的体验,还能让餐厅有机会直接展示自身的特色和优势,从而提升客户的满意度和忠诚度。在进行现场预订服务时,需要注意以下几点。

(一)接待、问候顾客

当顾客前来预订时,服务人员应立即面带微笑问候顾客,保持声音亲切且语速适中,以展现热情和专业的服务态度。

(二)倾听、回应,了解需求

在接待顾客的预订过程中,与顾客进行有效沟通是确保预订顺利进行的关键。良好的沟通不仅能够准确获取顾客的需求,还能给顾客留下专业、贴心的印象,以下是预订沟通的具体步骤和要点。

(1)仔细倾听顾客要求。

(2)礼貌询问顾客姓名。

(3)沟通预订事项:询问预订日期、用餐人数,使用"请问……"等话术。

(4)复述顾客的预订,并告知包房号。

(5)礼貌询问顾客手机号码、到店时间。

(6)向顾客介绍保留时间。

(7)询问顾客是否还有其他要求。

教学互动——服务语言训练

"好的,马上给您安排。"

"请问先生您贵姓?(称呼顾客:××先生)谢谢!"

"请问您需要预订什么时间? 是晚餐吗?"

"请问您有几位?"

"请问您大约几点钟可以到?"

"给您安排××包房可以吗?"

"给您预订好了今天晚上的××包房。"

"您有8位顾客,预计六点钟到,对吗?"

"好的,我将您的预订保留到六点。"

"请问您还有什么其他需要吗?"

"请问您的电话号码是多少?"

"好的,××先生,您的电话是……谢谢。"

(三)带顾客参观包房

在接待顾客预订包房后,为确保顾客对预订的房间满意并提升整体用餐体验,服务人员可以主动提供包房参观服务。通过带顾客参观包房,服务人员能够详细介绍房间的布局和特点,帮助顾客提前了解用餐环境,从而增强顾客的信任感和满意度。以下是带顾客参观包房的具体步骤。

(1)询问顾客是否需要参观预订的房间。

(2)介绍房间的大小、特点。

教学互动——服务语言训练

"您需要看一下房间吗?"

"(称呼顾客:××先生)我带您去看一下房间!"

"这个房间……"

(四)结束、送别顾客

在顾客完成包房预订后,服务人员需以专业且周到的方式送别顾客,确保顾客对餐厅的服务留下深刻的良好印象。当顾客准备离开时,服务人员应使用顾客的姓氏进行亲切称呼,如"张先生"或"李女士",随后,向顾客表达感谢之意,例如:"非常感谢您选择我们的包房,期待您的再次光临!"在顾客回应后,服务人员应礼貌地将顾客送至餐厅门口。

教学互动——服务语言训练

"××先生,您晚上过来的时候直接报您的姓氏和电话号码后四位数就可以了。"

"××先生,详细的预订信息,会通过短信的方式发送到您手机上,请您注意查收。"

"××先生,晚上见,恭候您的光临! 再见!"

Note

教学互动——情景模拟对话

预订员:您好,欢迎光临蓝海酒店餐厅。

顾客:您好,我想预订后天的午餐。

预订员:好的,先生。请问您怎么称呼?

顾客:我姓张

预订员:好的,张先生,请随我来。我是餐厅预订员小赵。

(将顾客带到预订处)

预订员:张先生,您请坐,请用茶。

顾客:好的,谢谢。

预订员:张先生,请问一共有多少客人?需要到大厅还是包房就餐?

顾客:大概20人,都是公司同事,希望能安排一个宽敞、明亮的包房。

预订员:好的,20位客人,我可以为您安排一个大包房。我们去看看包房吧。

顾客:好的。

预订员:为您安排在二楼可以吗?这里是牡丹厅,有可以容纳25人就餐的大餐桌,采光很好,环境也很舒适,您看可以吗?

顾客:可以。

预订员:请问客人几点到?

顾客:后天中午12点到。

预订员:好的,后天中午12点的午餐。根据本酒店的规定,可为您保留座位最晚时间到12点30分,可以吗?如果您想保留得晚一些,您可以先交一些押金。

顾客:不用了,我们会准时到达。

预订员:好的。您是准备现在订菜单还是后天客人到了再订?

顾客:后天再订吧。

预订员:好的,请您留一下联系方式,可以吗?

顾客:好的。请记一下,138×××5678。

预订员:谢谢。张先生,您预订的是后天中午12点的20人午餐,在二楼的牡丹厅。请问您还有其他要求吗?

顾客:请问包房里有投影设备吗?我们可能会有一些简单的商务交流。

预订员:有的,牡丹厅配备了高清投影仪和幕布,可以满足您的商务需求,请您放心。

顾客:很好,谢谢。

预订员:恭候您的光临。再见。

三、预订的特殊情况处理

在实际的预订服务过程中，难免会遇到一些特殊情况，如何妥善处理这些情况，是衡量一个服务员专业素养的重要标准。以下将介绍几种常见的特殊情况及其处理方法。

（1）电话接通后，问候已经说完，但顾客回应迟缓或暂无回应。

这种情况下，可以跟对方说"您好！您的电话已接通，这里是××餐厅。"如两次之后，仍然没有人回答，可以说："您好！我听不清您的声音，我会稍后给您打过去。"

（2）在一个人当值的过程中，正好在接听电话时，有来店预订或者咨询的顾客。

①跟接听电话的顾客说：麻烦您稍等我1分钟。

②对来店顾客说：麻烦您在这边坐下，我接完电话马上过来。并用手势示意顾客到等候区域。

（3）不确定顾客的姓氏发音，如何处理？

①熟悉的音，不确定字形。采用拆分字体的方式询问。如："王，是三横一竖王吗？""黄，是草字头的黄吗？""李，是木子李吗？""刘，是文刀刘吗？"

②比较生僻的姓氏，或不知如何书写的姓氏。虚心请教顾客。如："请问您是哪个普？"或"请问'普'字怎么写？"

教学互动——预订服务流程训练

一、训练准备

（一）场地准备

（1）电话预订区：设置隔音工位，配备电话机、登记本、服务流程示意图。

（2）现场预订区：布置前台接待台，摆放包房介绍手册、客户登记表、电子叫号器。

（3）包房参观区：模拟2—3个包房（标注名称、容量、设备如投影仪、独立卫生间）。

（4）客户等待区（配备座椅、茶水、菜单预览屏）。

（二）物品准备

电话机、预订登记本（纸质与电子版）、电子叫号器（模拟现场预订排队）、茶水托盘（配茶壶、杯具）。

二、训练方法

（一）电话预订服务专项训练

（1）训练目标：掌握电话接听礼仪、信息记录规范与突发问题处理方法。

（2）训练步骤：分组训练，每组学生分别扮演预订员和顾客，模拟以下情景进行训练。

情景1:客户临时更改人数(如从8人增至12人)。

情景2:电话信号中断后回拨。

(二)现场预订服务专项训练

(1)训练目标:强化面对面沟通技巧、包房推荐能力与多任务处理效率。

(2)训练步骤:分组训练,每组学生分别扮演预订员和顾客,模拟以下情景进行训练。

情景1:同时接待到店客户与接听电话。

情景2:客户对包房不满意,要求更换。

任务二　开档准备与收市工作

任务描述

　　开档准备与收市工作是餐饮服务中保障运营顺畅与顾客体验的核心环节。开档准备涵盖餐厅环境、设备、物资及人员的全面筹备,确保营业前达到卫生标准,各项设备功能完备,员工状态达到最佳;收市工作则需系统完成清洁整理、设备维护、库存清点及安全管理,为次日运营奠定基础。本任务通过规范化的流程设计,培养学生高效执行开档与收市操作的能力,强化团队协作意识,并提升应对突发问题的专业素养。

任务目标

1.掌握开档准备与收市工作的标准化流程及关键控制点。

2.熟悉餐前例会的内容组织与沟通技巧。

一、餐前准备

(一)餐前准备的内容

1.环境准备

环境准备是给顾客留下好印象的第一步。我们要确保餐厅的地面、桌椅、门窗都干干净净,没有污渍,空气清新。具体来说,要按照"一客一消"的标准对餐桌进行消毒,公共区域每天也要进行三次消杀,并做好记录。同时,要根据餐厅的类型调节灯光和温度,比如西餐厅适合暖光,快餐店适合冷光,温度夏季保持在24—26℃,冬季保持在20—22℃。最后,还要检查收银系统、叫号器、Wi-Fi信号等设备是否正常运行,厨房设备如烤箱、制冰机等要提前检查和预热。

2.物品准备

物品准备方面,我们要根据预计的客流量准备足够的餐具和布草。例如,预计有100位顾客,那就要准备120套餐具,以应对可能的翻台情况。西餐按照"刀叉勺"三件套准备,中餐则准备"骨碟、汤碗、茶杯"组合。同时,要检查开瓶器、点菜设备、服务车等功能是否正常,补充牙签、纸巾、儿童餐具等消耗品。另外,还要准备应急药箱、老花镜、充电宝租借服务标识牌等特殊物品。

3.人员状态准备

人员状态准备是确保服务质量的关键。我们要检查仪容仪表,确保制服干净无褶皱,工牌佩戴在左胸上方10厘米处,鞋袜颜色统一。妆容要淡雅,不能使用浓香水,男性头发不能过耳,女性头发要盘起。同时,要进行岗前自查和互查,确保没有异味、饰品(婚戒除外)和过长指甲。此外,要注意心理和体能准备,班前吃点东西避免低血糖,但不能吃太饱,不能带负面情绪上岗。

4.应急预案准备

应急预案准备是为了应对可能出现的突发情况。我们要提前预演常见问题,比如设备故障(如打印机卡纸)、顾客投诉、突发疾病等,并准备好应对话术和处理流程。同时,要准备备用电源、临时菜单等物资,以应对可能出现的意外情况。

(二)餐前例会

餐前例会是团队协作和服务质量的保障。我们要在例会上进行任务分配、信息传达和服务标准重申。比如,根据员工技能分级安排工作,明确传菜员、收银员、领位员的岗位动线;传达当日特色菜、沽清菜品、酒水促销活动、预订客情等重点信息;重申语言规范和上菜时效等服务标准。

1.例会要点

(1)时间控制:例会时长要控制在15分钟以内,使用"PDCA(Plan,Do,Check,Act)循环"布置任务。

(2)沟通方式:采用"三明治反馈法",即"表扬—改进建议—鼓励",比如"昨天摆台效率高,但餐具间距需统一,今天继续加油"。

(3)员工状态激励:通过口号演练、微笑练习、情景问答等方式激励员工,比如"顾客抱怨上菜慢如何回应"。

2. 例会形式创新

例会是提升服务质量、优化团队协作的重要环节。通过创新例会形式，不仅能够激发团队活力，还能有效提升服务人员的专业素养和应对能力。以下是例会形式创新的具体内容。

（1）角色扮演：模拟顾客投诉场景，训练应变能力。

（2）数据通报：展示昨日翻台率、好评率、差评分析。

（3）技术赋能：通过企业微信推送当日任务清单。

二、收市工作

（一）清洁与整理

清洁与整理是收市工作的重点。我们要对桌面、地面、操作台进行全面清洁和消毒，清空并更换垃圾桶垃圾袋，单独分类处理厨余垃圾。布草要统一回收，送洗前检查破损情况。餐具回收后按照"一冲二洗三消毒"的流程处理，消毒柜运行时间不少于30分钟，并填写消毒记录表。

（二）设备检查与维护

设备检查与维护是确保设备正常运行的关键。我们要关闭服务设备的电源，进行清洁并检查运行状态。同时，关闭空调、灯光、背景音乐系统，收银机日结后关机。

（三）库存管理与数据整理

库存管理与数据整理是提高运营效率的重要环节。我们要记录当日酒水、纸巾、清洁用品等消耗量，生成补货清单。检查食材库存，标注临期品并优先使用。汇总当日营业额、客流量、客诉记录，上传至管理系统，并打印次日预订信息，分发至相关岗位。

（四）收市会议与总结

收市会议与总结是改进工作的重要环节。我们要进行班后小结，全员参与，时长控制在10分钟以内，重点反馈当日问题，使用"5W1H（What，Why，Where，Who，How）分析法"制定改进措施。同时，指定专人负责次日开档准备。

（五）安全闭店

安全闭店是确保餐厅安全的重要环节。我们要检查门窗锁闭情况，启动安防监控系统，关闭总电源（保留必要冷藏设备供电），填写闭店检查表，值班经理签字确认。

【教学互动】——模拟餐前例会

（1）学生分组，6—8人分为一组。

（2）分别扮演管理者和员工，轮流模拟餐前例会的召开。

任务三　中餐零点服务流程

任务描述

　　中餐零点服务是餐饮服务中最为常见的服务形式,其核心在于为散客提供灵活、高效且个性化的用餐体验。本任务聚焦中餐零点服务的全流程操作规范,涵盖从迎宾接待、开餐准备、点菜服务、餐中服务、结账送客到餐后收台的完整环节。通过系统化的流程设计与标准化操作,帮助学生掌握中餐零点服务的核心技能,提升服务效率与顾客满意度。本任务强调对服务细节的把控、突发问题的灵活应对以及团队协作能力的培养,确保学生能够在真实场景中提供专业、优雅且符合行业标准的服务。

任务目标

　　1.掌握迎宾服务礼仪,熟练运用迎宾话术,灵活处理有预订与无预订顾客的座位安排,掌握餐厅满座时的沟通技巧与应急处理方法。

　　2.规范开餐服务流程,熟悉茶水、毛巾、餐巾摆放及餐位调整的标准操作,确保服务动作规范且符合顾客需求。

　　3.提升点菜服务的专业性,能够结合顾客需求进行菜品推荐,熟练处理特殊点单(如菜品售罄、时间限制等),准确完成订单确认与信息传递。

　　4.强化餐中服务细节,掌握上菜分菜、酒水添加、餐具更换、清洁维护等环节的操作标准,并灵活应对用餐过程中的突发需求。

　　5.高效完成结账与收台,熟悉多种支付方式的操作流程,规范执行账单核对、发票开具及送客礼仪;掌握餐后收台的分类整理与清洁标准,确保后续服务的无缝衔接。

一、迎宾服务

（一）迎宾服务的要点

（1）迎宾岗位十分重要,必须有人值守;若迎宾岗无人,餐厅管理人员应立即补位,确保顾客前来就餐时能够受到热情迎接。

（2）如有VIP顾客就餐，管理人员必须在门口迎候。

（3）若顾客前来就餐时餐厅已满座，应礼貌地请顾客在休息区稍做等待，并表达歉意。一旦有空位，应迅速安排顾客入座。

（4）引位员在安排餐桌时，应避免将顾客集中安排在同一服务区域内，以免导致部分服务员过于忙碌，而其他服务员则无所事事，从而影响餐厅的整体服务质量。

（5）若有携带儿童的顾客前来就餐，迎宾员应协助服务员提供儿童座椅，以确保儿童的用餐舒适与安全。

（6）若顾客在餐厅门口询问相关事宜，如问路、查看菜单或寻找他人等，迎宾员应热情地提供帮助，尽量满足顾客的需求。

（二）迎宾服务的程序

在进行迎宾服务时，通常会遇到两种情形：一种是餐厅有空座，一种是餐厅没有空座。具体的程序和服务标准如表5-1和表5-2所示。

表5-1　有空座时的迎宾服务程序

程序	服务标准
迎接顾客	顾客来到餐厅时，引位员应面带微笑主动上前问好
引位	（1）如顾客已预订，引位员应热情地引领顾客入座； （2）如顾客没有预订，引位员应礼貌地将顾客安排到满意的餐台； （3）引领顾客时，应走在顾客右前方1米处且不时回头，把握好顾客与自己的距离
拉椅让座	（1）当引位员把顾客带到餐台边时，服务员应主动上前问好并协助为顾客拉椅让座，注意女士优先； （2）站在椅背的正后方，双手握住椅背的两侧，后退半步的同时，将椅子拉后半步；用右手做请的手势，示意顾客入座； （3）在顾客即将坐下的时候，双手扶住椅背的两侧，将椅子轻轻往前送，用右腿顶住椅背，手脚配合使顾客不用自己挪动椅子并能恰到好处地入座； （4）拉椅、送椅的动作要迅速、敏捷，力度要适中、适度

表5-2　没有空座时的迎宾服务程序

程序	服务标准
迎接顾客	顾客来到餐厅时，迎宾员应面带微笑主动上前问好
服务	（1）礼貌地告诉顾客餐厅已满； （2）询问顾客是否可以等待，并告知大约等待时间； （3）安排顾客在休息处等待，为顾客提供茶水； （4）与餐厅及时沟通，了解餐位情况，以最快速度为顾客准备好餐台； （5）为顾客送上菜单，可提前为顾客点菜

教学互动——模拟情景对话

场景一:两位男士走进餐厅

迎宾员:您好!欢迎光临,请问您有预订吗?

顾客:没有预订,请问现在有空位吗?

迎宾员:非常幸运,刚好有一张靠窗的桌子空出来了,您看可以吗?

顾客:太好了,就那张吧。

迎宾员:非常感谢您的光临。这边请,我带您去您的座位。希望您用餐愉快!

场景二:一位女士带着孩子走进餐厅

迎宾员:下午好!欢迎光临,请问您有预订吗?

顾客:有的,我预订了一个四人位。

迎宾员:请问您贵姓?

顾客:我姓李。

迎宾员:好的,请稍候。

(检查预订记录,查找相关记录)

迎宾员:李女士,我们找到了您的预订记录。请这边走,我带您到您的座位。

顾客:好的,谢谢。

迎宾员:不客气,希望您和您的家人在我们餐厅有一个愉快的用餐体验。

教学互动——模拟情景对话

场景一:一位女士和一位先生走进餐厅

迎宾员:晚上好!先生,请问您有预订吗?

顾客:没有,现在有位置吗?

迎宾员:对不起,先生。现在座位已满,不知您是否可以等一下?如果有空位我们会及时为您安排的。

顾客:大概需要多久?

迎宾员:15分钟左右,您看可以吗?

顾客:如果只等15分钟,那我们可以等一下。

迎宾员:非常感谢您的理解,我会尽全力为您安排的。请您先到那边休息处等待一下,喝杯茶,好吗?顺便先看一下菜单。一会儿服务员会先为您点菜,一有空座我会及时通知您的。

顾客:好的,谢谢。

迎宾员:不客气,请随我来。

Note

（引领顾客到休息处。）

场景二：一位女士和一位先生走进餐厅

迎宾员：您好！欢迎光临，请问您有预订吗？

顾客：没有预订，请问现在有空位吗？

迎宾员：抱歉，目前餐厅内座位已满。请问您愿意稍等片刻吗？我们预计约15分钟后会有空位。

顾客：15分钟？我赶时间，不想等那么久。

迎宾员：非常抱歉给您带来不便。如果您愿意等待，我们可以为您提供茶水和菜单，尽量让您等得舒适一些。

顾客：不用了，我实在没时间等。你们这儿附近还有其他餐厅吗？

迎宾员：附近有一家美味轩，也是一家很不错的餐厅，或许您可以去试试。

顾客：好的，谢谢你的建议。

迎宾员：不客气，希望您下次光临我们餐厅！

二、开餐服务

开餐服务没有严格的先后顺序，因为在实际工作中，顾客到达的时间也不可能完全一致。所以开餐服务是依据顾客的到店情况及当班服务员的人数灵活安排的。开餐服务程序及标准如表5-3所示。

表5-3　开餐服务程序及标准

程序	服务标准
服务茶水	（1）服务茶水时，应先询问顾客喜欢饮用何种茶，适当做介绍并告知价位； （2）按照先宾后主的顺序为顾客倒茶水； （3）在顾客的右侧倒第一杯礼貌茶，以七分满为宜； （4）为全部顾客倒完茶，将茶壶添满水后，放在转盘上，供顾客自己添茶
服务毛巾	（1）根据顾客人数准备毛巾，放置于毛巾篮中，并用毛巾夹提供服务； （2）服务毛巾时，站在顾客右侧，遵循女士优先、先宾后主的原则； （3）用毛巾夹将毛巾，放置于顾客餐桌上的毛巾托上，如果没有毛巾托，可将毛巾递到顾客手上； （4）毛巾温度：夏季40℃，冬季50℃，湿度适中（拧干不滴水）； （5）顾客用过毛巾后，征询顾客同意后可撤下
铺席巾	（1）依据女士优先、先宾后主的原则为顾客铺餐巾； （2）一般情况下应在顾客右侧为顾客铺餐巾，如果在不方便的情况下（如一侧靠墙），也可以在顾客左侧为顾客铺餐巾； （3）铺餐巾时应站在顾客右侧，拿起餐巾，将其打开，注意右手在前，左手在后，将餐巾轻轻铺在顾客腿上，注意不要把胳膊肘送到顾客的面前（左侧服务时相反）； （4）如有儿童用餐，可根据家长的要求，帮助儿童铺餐巾

续表

程序	服务标准
调整餐位	(1) 礼貌询问顾客用餐人数； (2) 根据顾客人数调整餐位，增补或撤去餐具； (3) 使用托盘进行操作，确保持握餐具正确且动作轻柔； (4) 为不习惯使用筷子的西方顾客提供刀叉； (5) 为儿童提供加高童椅，并协助入座。同时提供宝宝餐具

教学互动——模拟情景对话

视频微课

▼

迎宾开餐
服务流程

场景一：餐厅内，服务员正在为四位顾客服务茶水。

服务员（微笑着走到顾客桌前）：各位顾客，晚上好！欢迎光临！请问大家喜欢喝什么茶呢？我们餐厅有龙井、铁观音、普洱和菊花茶。

顾客：我们对茶不太懂，你推荐一下吧。

服务员：龙井清新爽口，铁观音香气浓郁，普洱醇厚回甘，菊花茶清热解火。如果您喜欢清淡一些的，可以试试龙井或者菊花茶；如果喜欢浓郁一些的，铁观音和普洱都是不错的选择。

顾客：多少钱一壶？

服务员：龙井38元一壶，铁观音48元一壶，普洱58元一壶，菊花茶28元一壶。

顾客：那我们就来一壶铁观音吧。

服务员：好的，我们店里的铁观音非常受欢迎。我这就为您准备。

场景二：餐厅内，服务员正在为四位顾客服务，其中有一位小朋友。

服务员（微笑着迎接顾客）：晚上好！请问一共几位用餐呢？

顾客：我们一共有五个人。

服务员：好的，我马上为您加一套餐具。请问小朋友需要宝宝椅和宝宝餐具吗？

顾客：需要的，谢谢。

服务员：不客气。

三、点菜服务程序

点菜服务程序及标准如表5-4所示。

表5-4　点菜服务程序及标准

程序	服务标准
问候顾客	(1) 礼貌问候顾客,例如:"晚上好,先生。很高兴为您服务。" (2) 自我介绍,例如:"我是服务员小李。" (3) 征询顾客是否可以点菜,例如:"现在可以为您点菜吗?"
呈送菜单	(1) 餐厅会设置不同形式的菜单。例如:iPad点餐、二维码点餐和纸质菜单; (2) 为顾客介绍点餐的方式
介绍、推销菜肴	(1) 根据顾客的消费需求和消费心理,向顾客推销、推荐餐厅的时令菜、特色菜、畅销菜、高档菜; (2) 介绍菜肴时要做适当的描述和解释; (3) 必要时对顾客所点的菜量、数量和食品搭配提出合理化建议; (4) 注意礼貌用语的使用,尽量使用选择性、建议性语言,不可强迫顾客接受
特殊服务	(1) 顾客所点菜肴过多或重复时,要及时提醒顾客; (2) 如顾客所点的菜为菜单上没有的或已销售完的菜肴时,要积极与厨房取得联系,尽量满足顾客的需要或介绍其他相应的菜肴; (3) 如顾客点了需烹制时间较长的菜肴,要主动向顾客解释,告知等待时间,调整出菜顺序; (4) 如顾客需赶时间,要主动推荐一些快捷易做的菜肴; (5) 记清顾客的特殊要求,并尽量满足顾客
确认下单	(1) 点完菜后,要向顾客复述一遍所点菜肴及特殊要求,并请顾客确认; (2) 询问顾客是否马上上菜; (3) 感谢顾客,告知顾客大约等待的时间

教学互动——模拟情景对话

场景:一家高档中餐厅,服务员小李正在为顾客提供服务。

服务员:(微笑着迎接顾客):晚上好,先生/女士,欢迎光临!我是服务员小李,很高兴为您服务。请问现在可以为您点菜吗?

顾客:好的,我们先看看菜单。

服务员:好的,请慢慢看,如果有任何问题,随时告诉我。

(顾客浏览菜单,小李站在一旁,身体略向前倾,随时准备回答问题。)

顾客:你们有什么特色菜推荐吗?

服务员:我们的特色菜有红烧狮子头、清蒸鲈鱼和宫保鸡丁。红烧狮子头是我们的招牌菜,肉质鲜嫩,入口即化;清蒸鲈鱼选用新鲜的鲈鱼,肉质细腻,营养丰富;宫保鸡丁则是经典的川菜,口味麻辣鲜香,非常受欢迎。您可以根据自己的口味选择。

顾客:听起来都不错,我们来个红烧狮子头和宫保鸡丁吧。另外,我想点一个素菜,有什么推荐吗?

服务员:我们的素菜有清炒时蔬和麻婆豆腐。清炒时蔬选用当季新鲜蔬菜,清淡爽口;麻婆豆腐则是经典的川菜,口味麻辣鲜香,非常下饭。您看您喜欢哪一款?

顾客:那就来个清炒时蔬吧。

服务员:好的,您点了红烧狮子头、宫保鸡丁和清炒时蔬。这些菜的分量都很足,您看还需要再加点什么吗?

顾客:不用了,就这些吧。

服务员:好的,我为您确认一下,您点了红烧狮子头、宫保鸡丁和清炒时蔬,对吗?

顾客:对,没错。

服务员:好的,我会尽快为您安排上菜。大约需要20分钟,请您稍等片刻。如果有任何特殊需求,随时告诉我。

顾客:好的,谢谢。

服务员:不客气,这是我们应该做的。祝您用餐愉快!

四、餐中服务

餐中服务程序及标准如表5-5所示。

表5-5　餐中服务程序及标准

程序	服务标准
上菜、分菜	(1)服务技巧同上菜、分菜的技能; (2)把握好上菜的时机,按照标准流程适时分菜
添加酒水服务	(1)当顾客杯中酒水剩三分之一时务必添加,如加完空瓶,或剩下三分之一瓶时应立即询问主人或副主人是否加单,适时进行二次推销; (2)如顾客不需增加,待其喝完后立即从右侧收空杯
撤换毛巾服务	(1)在高档餐厅或讲求服务品质的餐厅,会为顾客提供毛巾服务; (2)通常在顾客入座准备就餐前、上带骨的和手执的菜时、上甜品和水果前为顾客上毛巾; (3)席间服务中换毛巾至少三次,如未使用则不更换;撤、上毛巾均用毛巾夹,但上、撤毛巾夹要有明显的区分
撤换骨碟服务	(1)骨碟是供顾客放置菜品骨渣的餐具,当骨碟内的残渣量超过其容量的1/3至1/2时,应立即为顾客更换新骨碟; (2)左手托盘,先客后主顺时针方向服务; (3)碟内有汤汁,同样要更换; (4)将脏骨碟收入托盘再将净碟放在原处,托盘内倒渣重叠

续表

程序	服务标准
撤换汤碗服务	（1）汤碗是供顾客盛装菜品的餐具。餐中在上汤菜时要换汤碗,随后上桌的菜品与前面菜品的味型差异较大时也要更换汤碗; （2）服务员更换口汤碗时站在顾客的右侧,右腿插入两椅之间,侧身,左手托盘尽量跟身体成一条直线; （3）注意事项:上汤菜时要换口汤碗,后上桌的菜品与前面菜品的味型差较大时,也要更换口汤碗
撤换烟灰缸服务	（1）换烟灰缸的原则:换烟缸,两个烟头须更换,最多不允许超过3个,每桌须摆四个烟缸,如抽烟人数超过4人,须每人一个送至顾客面前; （2）具体操作方法是左手托盘,在顾客右侧,右手用净烟缸,对位盖于脏烟缸上。同时拿起两个烟缸,置于托盘上,重新将净烟缸放置于桌面原位
撤盘杯服务	酒水饮料用完经询问顾客无意添加时,立即撤下相应杯具。吃完的空盘,也需要及时撤下。在操作中我们需要注意:撤杯时注意不着痕迹,同时斟热茶
上完最后一道菜	在上完最后一道菜的时候,一定要告知顾客:"您的菜已经上齐,请慢用。"
主食服务	（1）如顾客在点菜时没有点主食,在上青菜时可以询问主人或副主人是否需要添加主食; （2）如餐前已经点好主食,要遵循主人或副主人意见,是否开始制作主食,并告知制作大概需要的时间。"张先生,您的主食现在可以通知厨房制作了吗?我们的制作时间大概需要20分钟。如果稍后制作,会碰上主食的制作高峰期,至少需要30分钟。您看是现在制作吗?"
上水果、甜品	（1）询问顾客,是否可以上水果或甜品; （2）在上水果和甜品之前,将台面进行整理。桌面上的空盘撤掉。顾客的餐具除酒杯和茶杯之外,其他都撤走; （3）台面清理干净后,可以上水果和甜品
上餐后茶	上完水果和甜品后,再为顾客上餐后茶
整理休闲区	我们需要在上菜、斟酒的间隙迅速整理休闲区,主要包括整理茶几、沙发,并将物品摆放整齐
整理备餐区	（1）餐中撤下的餐具需分类放入下篮盒,或摆至传菜窗口、备餐台,由传菜生或收餐员收取; （2）先分类摆放换下的餐具,避免损坏; （3）瓷器、玻璃等需分类放置; （4）收拾香巾、口布时,注意避免油渍污染; （5）大小菜盘、汤煲等要整齐有序地放置在传菜窗口,由传菜生或收餐员收取,或由服务员直接放入下篮盒

Note

续表

程序	服务标准
整理餐桌区	（1）在餐中服务时，如发现顾客餐桌前有水渍，可用清洁布吸干后，铺上口布，便于顾客就餐； （2）顾客用过的餐巾纸及散落桌面的骨渣，用清理夹夹入盛污盘，倒入储渣桶。碎末类用干抹布由内向外扫入盛污盘，再倒入储渣桶； （3）在整体桌面的过程中，我们要注意，若顾客在用餐的过程中，清理工作不能影响顾客交流

视频微课

▼

席间服务

五、结账与送客服务

结账与送客服务程序及标准如表5-6所示。

表5-6　结账与送客服务程序及标准

程序	服务标准
结账前的准备工作	准备结账单，通知收银准备账单。 （1）输入核查。收银检查顾客的所有消费是否输入电脑单，再次核查台号、用餐人数、点单项目及数量是否正确； （2）核对账单。账单打印出来后，服务员再次仔细核对账单的内容，确认金额准确无误、单据干净无污渍后，将账单放到账单夹内； （3）核对账单：台号、用餐人数、点单项目（食品、酒水、茶、杂项等）、项目数量； （4）账单预备：将账单夹拿到顾客的包房或散台，放置于备餐台待用。需要注意拿账单的方法，账单夹开口方向朝上，以防内夹物品滑出； （5）注意细节：确认单据干净无渍，方便查阅；防止账单夹内物品滑出
递送账单	走到收银员的右侧，打开账单夹，递送到顾客面前，请顾客检查，并对顾客说："这是您的账单。"
线上支付方式	（1）常用的线上结账的方式是支付宝或者微信支付； （2）请顾客出示付款码； （3）用POS机扫码结算，打出小票，递送给顾客
现金结账方式	（1）顾客付现金时，服务员需在餐桌旁礼貌地当面点清钱款； （2）请顾客稍候，随后将账单及现金送至收银员处； （3）核对收银员找回的零钱及账单上联是否准确无误； （4）服务员应站在顾客右侧，将账单与零钱夹在结账夹内，递予顾客； （5）找回零钱时，清晰报出收款金额与找零数额； （6）真诚地向顾客表示感谢； （7）在顾客确认找零无误后，服务员应迅速离开餐桌，避免打扰顾客
挂房账	（1）如果是住店的顾客，服务员在结账时礼貌要求顾客出示房卡； （2）真诚感谢顾客； （3）迅速将账单送收银员，以核对房卡信息，并完成挂账流程； （4）将房卡礼貌送还顾客，并表示感谢

Note

续表

程序	服务标准
开发票	（1）询问顾客是否要开具发票； （2）如果顾客需要开具发票，主动协助其完成开票流程； （3）开发票的流程，根据每个餐厅的财务系统，有专属的流程
送客服务	（1）主动为顾客拉椅，并协助顾客脱外套； （2）提醒顾客带好随身物品，"请带好您的随身物品"，主动帮顾客拿酒水、菜品等打包物品； （3）送客至餐厅门口或电梯口； （4）礼貌向顾客送别，"谢谢您，请慢走，期待您的下次光临"； （5）待电梯门完全关闭后，服务员才可离开

教学互动——模拟情景对话

场景一：现金结账

顾客：服务员，结账。

服务员：好的，请稍等。（取来账单）这是您的账单，一共是348元，请您核对一下（顾客取出钱交给服务员）

服务员：收了您400元，请稍候。（过了一会儿）找您52元，请您点一下。（面带笑容）谢谢您的光临，希望您下次再来。

顾客：好的，谢谢。

场景二：微信结账

顾客：服务员，结账。

服务员：好的，请稍等。（递上账单）这是您的账单，一共是548元，请您核对一下。

顾客：好的，我可以用微信支付吗？

服务员：当然可以。请打开您的微信付款码，我扫一下。

（顾客打开微信）

顾客：已经支付成功。

服务员：好的，请您稍等，好的，支付成功，感谢您的支付。这是您的小票，请收好。

顾客：好的，谢谢，再见。

六、餐后收台

餐后收台程序及标准如表5-7所示。

表5-7 餐后收台程序及标准

程序	服务标准
摆正餐椅	将餐位上的椅子摆放整齐,如此在收台操作过程中,能够更迅速、更安全地进行,同时避免油渍、水渍滴落到椅子上
遗留物品的检查	(1) 拉好餐椅后,再次仔细检查是否有遗留物品; (2) 如发现有遗留物品,及时上交吧台,通知预订部联系顾客; (3) 如发现有烟头等易燃物品,要及时处理,以免造成安全隐患
可用物品的回收	不影响下次使用的可回收物品,要及时回收,以免被污染。回收时要仔细检查清楚
收布草	服务员从任意餐位开始,先收口布,如口布放餐盘底下,可右手移动餐具,左手拿口布,抽出之后,整理拿一角,左手捏住。这样可以避免口布掉落于地,或者再次污染,给清洗造成难度,也方便再收其他餐具时
收玻璃器皿	(1) 玻璃器皿是易碎物品,而且比其他小件餐具要高,所以在收台的过程中要先收走。 (2) 在收玻璃器皿时,可先在桌面清理出一个空位。随后,服务人员分别站在陪同人员两侧,双手协同操作,同时收取玻璃器皿
收大、小件餐具并及时送洗	(1) 收取小件餐具时,站在陪同人员两侧,将残渣集中于一个餐盘,双手同时收小件餐具并放于下栏餐盒; (2) 收取大件餐具时先将残渣集中到一个餐盘,然后按照餐具形状分类摆放,最后将残渣倒入残渣盒或桶中; (3) 收大小件餐具,需要先刮掉餐碟、餐碗中的残渣,然后按照餐具的大小分类摆放,特殊器皿单独摆放,以免因为挤压,或者操作的动作太大,造成餐具损失; (4) 全部餐具收完之后,及时送到洗碗间进行清洗,以免造成洗碗间某个时段送洗太多,无法及时清洗,给后续摆台造成不便
擦转盘、更换台布	(1) 将转盘擦拭干净,如转盘有残渣,需用抹布将残渣扫入杂物盘或杂物桶,再进行擦拭; (2) 换上干净的台布

Note

教学互动——零点服务流程训练

一、训练准备

（一）场地准备

模拟餐厅场景，入口区设迎宾台，散台区（4—6人桌）与包厢各1个，备餐台配备茶水区、餐具柜、收银台，同时设置"顾客等待休息区"（含座椅、茶水、菜单）。

（二）物品准备

迎宾台（含预订记录本、电子叫号器）、菜单（含纸质版与电子点单平板）、托盘、账单夹、POS机（模拟扫码支付）、发票模板、打包盒。

服务工具包括茶壶（配不同茶品）、毛巾篮（夏季40℃/冬季50℃湿毛巾）、骨碟、烟灰缸、儿童餐具套装。

二、训练方法

（一）迎宾与座位安排专项训练

（1）训练目标：掌握迎宾礼仪与灵活处理座位分配，提升顾客第一印象。

（2）训练步骤：每6—8人一组，轮流扮演服务员和顾客。学生练习标准迎宾话术（微笑、15°鞠躬）。最后分组模拟"有预订"与"无预订"场景。

（二）点菜与餐前服务专项训练

（1）训练目标：掌握餐前服务的程序，推荐菜品。

（2）训练步骤：每6—8人为一组，轮流扮演服务员和顾客。设定两拨顾客，间隔5分钟，分别到餐厅用餐。一拨是3口之家，一拨是2位附近写字楼的上班族。模拟餐前服务和点菜流程。

（三）餐中服务与应急响应专项训练

（1）训练目标：掌握餐具更换、酒水添加及突发问题处理，提升服务熟练度。

（2）训练步骤：每6—8人为一组，轮流扮演"服务员"和"顾客"。首先模拟为3位顾客更换骨碟。在设定几种突发情景进行模拟演练，例如顾客打翻汤碗或者上菜顺序错误，快速协调厨房调整。

（四）结账送客与收台综合训练

（1）训练目标：熟悉多种支付方式操作，规范送客礼仪与高效收台。

（2）训练步骤：模拟现金支付和电子支付两种结账流程的操作，然后演练送客话术和动作。最后模拟演练协助打包、提醒携带随身物品，并送客至门口或电梯，鞠躬道别。

Note

（五）综合情景模拟考核

场景设计：一家四口（含老人、儿童）用餐，顾客中有一人对辣味敏感且赶时间。

任务四　中餐宴会服务流程

任务描述

本任务旨在系统训练学生掌握中餐宴会的全流程服务技能，涵盖迎宾、餐前准备、斟酒、上菜、分菜、席间服务、送客及收尾八大核心环节。通过模拟真实宴会场景，培养学生标准化操作能力、灵活应变能力及职业化服务意识，使其能够胜任高规格中餐宴会的服务工作。

任务目标

1. 能独立完成宴会前厅布置与人员分工协作。
2. 掌握中餐宴会八大服务环节的标准化操作流程。
3. 熟练运用服务用语，实现顾客需求精准对接。

一、迎宾服务

在宴会的迎宾服务中，服务员需以专业、热情的态度迎接顾客，确保顾客从踏入餐厅的那一刻起便感受到周到的服务。这不仅包括准时到岗、参加例会、了解任务安排，还需在宴会厅门口迎候顾客，主动询问订餐情况，核对信息并引导顾客至指定地点。同时，服务员需熟练处理衣帽寄存、拉椅让座等细节，确保顾客感受到尊重与关怀，并通过与值台服务员的无缝交接，为顾客营造舒适、愉悦的用餐环境。以下是迎宾服务的具体操作步骤。

（1）服务员需按照酒店规定着装，准时到岗，参加班前例会，了解宴会的具体任务和要求，查看交接班记录，处理未尽事宜。

（2）根据宴会的入场时间，服务员应提前在宴会厅门口迎候顾客，表情自然、热情，眼睛平视前方，随时准备迎接顾客的到来。

（3）顾客到达时，主动询问顾客订餐情况，以便及时引导。这是了解顾客需求的第一步,也是建立良好第一印象的关键环节。

(4)核对顾客信息无误后,将顾客引入休息室或直接引导至指定宴会厅。在引导过程中,服务员应保持自然的步伐,与顾客保持适当的距离,同时注意使用恰当的手势指示方向。

(5)为顾客接挂衣帽时,动作应轻柔且熟练,避免触碰到顾客的身体,以体现对顾客的尊重。贵重物品请顾客自行保管,并温馨提醒顾客注意保管好个人财物。

(6)为顾客拉椅让座时,服务员应站在椅子的正后方,双手握住椅背,轻轻向后拉动,同时用眼神或语言示意顾客入座。在顾客就座的过程中,注意调整椅子的位置,确保顾客坐得舒适。随后,向顾客介绍宴会厅内值台服务员,并做好交接工作,让顾客感受到完整、顺畅的服务体验。

教学互动——服务语言训练

"晚上好,欢迎光临! 请问您参加的是张氏企业周年庆典宴会吗?"

"李女士您好,您的贵宾休息室在二楼雅韵阁,请随我来。"

"这是您的存衣牌(双手递上),贵重物品建议随身携带,我们提供保险箱寄存服务。"

"这是今晚主桌的服务员小王,有任何需求请随时吩咐。"

二、餐前服务

餐前服务是确保顾客用餐体验良好的重要环节,旨在为顾客营造一个整洁、舒适且专业的用餐环境。以下是餐前服务的具体步骤:

(1)铺餐巾,顾客入座后,服务员应从主宾开始,按照顺时针方向依次为每位顾客铺好餐巾。

(2)撤掉插花和桌号牌,服务员应及时将餐桌上的插花(花瓶)、桌号牌、席位卡撤走,放至附近的工作台。

(3)介绍菜单,服务员应向顾客介绍宴会的菜单,包括各类菜品的特色和推荐菜。

教学互动——服务语言训练

"今晚菜单包含八道主菜,首道是迎宾冷盘——锦绣八味,选用云南松茸、大连鲍鱼等时令食材……"

"这道金汤佛跳墙经文火慢炖12小时,建议先品原汤再尝食材。"

"您对海鲜过敏,主厨特别准备了素版'赛螃蟹',用鸡蛋和姜醋汁调配而成。"

三、斟酒服务

餐前酒水服务是确保宴会顺利进行的重要环节,旨在为顾客提供周到、专业的酒水体验。服务员需提前准备各类酒水,确保种类和数量符合宴会需求,并在宴会开始前完成所有准备工作。以下是酒水服务的具体步骤。

(1)准备酒水,服务员应提前准备好各类酒水,确保酒水的种类和数量符合宴会需求。

(2)斟酒,从主宾开始按顺时针方向斟酒,遵循"先主宾后主人,先女宾后男宾"的原则。

(3)如顾客有特殊需求,如不需要某种酒或需要冰块等,服务员应及时调整。

(4)在宴会过程中,服务员应随时注意顾客的酒杯,及时续酒。

教学互动——服务语言训练

> "茅台酒建议先闻香后小口品鉴,需要为您准备品鉴杯吗?"
> "您的无酒精饮品是鲜榨石榴汁,需要加冰块吗?"

四、上菜服务

上菜服务是餐饮服务中的核心环节,旨在确保顾客能够享受到高质量、有序的用餐体验。服务员需严格遵循中餐的上菜顺序,确保菜品温度适宜,同时注意上菜位置的选择,避免打扰主宾和主人。此外,服务员应通过展示菜肴和报菜名,提升顾客的用餐体验。以下是上菜服务的具体要求。

(1)严格遵循中餐上菜顺序(凉菜、主菜、热菜、汤、甜食、点心、水果)上菜,确保热菜要热,冷菜要冷。

(2)上菜位置在陪同(或副主人)右边,以不打扰顾客为宜,严禁从主人和主宾之间上菜。

(3)上菜时应展示菜肴并报出菜名,确保菜肴的观赏面及优质部位正对主位。

教学互动——服务语言训练

> "现在呈上主菜——火焰黑椒牛柳,稍后将进行点火表演,请您稍向后靠,注意安全。"
> "这道文思豆腐羹对刀工要求极高,需将一块豆腐切成万根细丝,建议用餐匙从碗底舀起品尝。"

Note

五、分菜服务

分菜服务是中餐宴会服务中的重要环节,旨在确保每位顾客能够均匀地享受到美味的菜肴,同时保持桌面整洁和宴会的流畅。服务员需遵循特定的分菜顺序,确保分菜均匀,并及时清理桌面。以下是分菜服务的具体要求。

（1）分菜顺序遵循"先主宾后主人,先女宾后男宾"的原则依次分让。

（2）确保每道菜肴的分量均匀,避免出现分量不均的情况。

（3）分菜后及时清理桌面,保持桌面整洁。

教学互动——服务语言训练

"这道官府黄焖翅按位分装,每份含50克金钩翅,请慢用。"

"需要帮您把蒙古牛排分一下吗?"

"这道汤我先拿下去帮您分一下,好吗?"

六、席间服务

席间服务贯穿用餐全程,旨在通过细致入微的照料确保顾客用餐舒适、桌面整洁、环境清新。服务员需根据顾客需求适时提供湿毛巾;随时关注酒水饮用情况,确保顾客杯中酒水充足;及时清理桌面杂物,保持整洁;在需要时提供洗手盆,方便顾客清洁双手;并勤换烟灰缸,保持环境清新。这些服务细节不仅体现了专业素养,还能让顾客感受到贴心关怀,全方位提升用餐体验。以下是席间服务的具体要求。

（1）在顾客用餐过程中,适时提供湿毛巾,确保顾客用餐舒适。

（2）根据顾客的酒水饮用情况随时斟酒,确保顾客杯中酒水充足。

（3）及时清理桌面上的空盘和杂物,保持桌面整洁。

（4）在上了需要用手剥食的菜肴(如虾、蟹等)后,应及时提供洗手盘。

（5）服务员应勤为顾客撤换有烟灰的烟灰缸,保持环境整洁。

教学互动——服务语言训练

"打扰一下,为您更换骨碟。"

"打扰一下,给您上条热毛巾"

七、送客服务

送客服务是顾客用餐体验的完美收尾,也是宴会服务的最后环节。服务员需在宴会结束时主动拉椅,协助顾客起身离座,确保顾客能够舒适地结束用餐。衣帽间服务员或引位员应凭存衣牌为顾客取递衣帽,必要时协助穿戴,确保顾客方便离场。服务员应以热情的态度欢送顾客,并欢迎顾客再次光临,表达对顾客光临的感谢。如顾客需要,服务员还应协助顾客离场,确保顾客安全离开。这些细致入微的送客服务,不仅让顾客感受到贴心关怀,也为餐厅树立了良好的口碑。以下是送客服务的具体步骤。

(1)当宴会的主办者宣布宴会结束时,服务员应主动为顾客拉椅,以便顾客起身离座。

(2)顾客离开餐厅时,衣帽间服务员或引位员应凭存衣牌为顾客取递衣帽,必要时协助穿戴。

(3)服务员应热情欢送顾客,并欢迎顾客再次光临。

(4)如顾客需要,服务员应协助顾客离场,确保顾客安全离开。

教学互动——服务语言训练

> "您慢走,欢迎您下次光临。"
> "这是您的衣服,请拿好。"
> "停车场的电梯在门口右手边。"

八、宴会结束工作

宴会结束后的收尾工作至关重要,旨在恢复餐厅的整洁与秩序,并确保所有物品妥善处理。为下次服务做好充分准备。以下是宴会结束工作的具体步骤。

(1)顾客离开后,服务员应及时检查有无尚未熄灭的烟蒂,如有应立即熄灭,并检查桌面、座椅旁等处有无顾客遗留物品。

(2)将从吧台领取的、尚未开瓶的酒水退还给吧台,并办理相应的领退手续。

(3)最后应清理宴会厅和休息室,清洁四周护墙及地面,吸地毯,如有污迹,应通知相关部门清洗。

(4)清理工作台、水池、工作柜等,确保工作区域整洁。

(5)将撤换的餐具、用具、杯具分类叠放整齐,送洗涤间清洗,并做好理银餐具、筷子、筷架清洗后的保存工作。

教学互动——情景模拟训练

场景:全程模拟宴会服务全流程

训练步骤

(1)将班级分为4组,分别扮演迎宾组、传菜组、侍酒组、服务组。

（2）设置2轮递进式情景（普通宴请—婚宴）。

（3）每组需在20分钟内完成指定环节服务，其他组扮演顾客并做好记录。

任务五　休闲西餐服务流程

任务描述

本任务聚焦休闲西餐厅的标准化服务流程，涵盖迎客、餐前准备、点餐、餐中服务、餐尾结账及送客六大核心环节。通过系统训练，学生需掌握西餐礼仪规范、酒水服务技巧、分餐操作及客户沟通能力，能够独立完成从接待到送客的全流程服务，并具备处理特殊需求（如过敏提示、菜品调整）和突发事件（如服务延迟、客户投诉）的能力。任务强调服务细节的精准执行与客户体验的深度优化，培养符合国际餐饮服务标准的专业人才。

任务目标

1. 流程标准化，能按规范完成迎宾领位、铺席巾、摆台等基础服务操作。
2. 掌握红葡萄酒开瓶、醒酒、斟倒技巧。
3. 熟练运用推荐话术为顾客点餐。

一、迎客服务

（一）迎客、拉门问候

在迎客服务中，服务人员需保持专业姿态：身体站直，挺胸收腹，面带微笑，双手背于身后。当顾客到达门外3至5米处时，应迅速反应并主动拉门迎接。拉门时，右手握住门把手轻轻拉开并保持门静止，左手自然指示方向，身体微微前倾，面带微笑向顾客打招呼。整个动作需流畅自然，确保顾客感受到热情与尊重。

教学互动——服务语言训练

"中午好/下午好/晚上好，欢迎光临××西餐厅。"

（二）规范领位，带客入座

在顾客进入餐厅后，服务人员应走在顾客前方，礼貌地说"这边请"，同时单手伸直、五指并拢示意方向。在上楼梯时，提醒顾客注意安全。与此同时，询问顾客对座位的具体要求，例如用餐人数或座位偏好。根据顾客提供的信息，将顾客引导至合适的餐桌旁，并用手势示意餐位，请顾客入座。待顾客坐下后，服务人员继续进行下一步的服务流程，确保顾客感受到专业、贴心的接待。

教学互动——服务语言训练

"请您注意脚下台阶！"
"请问您这边有几位顾客？"
"您请坐！"
"祝您进餐愉快！"

二、餐前服务

（一）倒水服务

在为顾客提供倒水服务时，应遵循先女士后男士、先顾客后主人、先老人后小孩的原则，并按照顺时针方向进行。具体操作时，站在上菜处或顾客右侧，用右手倒水，水倒至八分满，确保服务既礼貌又贴心。

教学互动——服务语言训练

"请问您需要意大利纯天然矿泉水还是气泡矿泉水？"

（二）点餐服务

在为顾客提供点餐服务时，服务人员应站在顾客右侧。双手轻轻托住菜单，将其稳稳地递至顾客手中，使用礼貌的问候语，如"您好，请问可以开始点餐了吗？"点餐时，如果顾客对菜单内容有疑问或需要推荐，服务人员应主动提供专业的建议，帮助顾客做出选择。在顾客点完餐后，服务人员应礼貌地感谢顾客，并告知预计的上菜时间，随后迅速将订单传达至厨房，确保服务的高效性和连贯性。

教学互动——服务语言训练

"先生/女士，您好，这是我们的菜单，您先看看喜欢哪些菜品"。
"您需要先来点餐前面包吗？我们的餐前面包味道很不错的！"
"我们餐厅的菜品是法国田园式风格，需要我向您介绍一下吗？"

Note

"热烹牛排是我们餐厅的特色,您是喜欢偏肥有汁水的肉眼,还是喜欢偏瘦有嚼劲的西冷呢?"

"我们餐厅的特色是热烹牛排,建议您品尝一下偏瘦有嚼劲的A5和牛,是这里的上品牛排。"

"您今天两位,点1份牛排和1份沙拉。"

"您一共点了以下四道菜,×××。"

(三)铺席巾等服务

在顾客点菜结束后,服务人员应从顾客右侧为顾客铺席巾,确保动作轻柔且到位。接着,根据菜品和顾客的需求,及时增补所需的餐具,确保每位顾客都能方便使用。最后,按照由里到外的顺序摆放餐具,并检查桌面其他物品是否齐全,包括纸巾、牙签、椒盐瓶等,确保桌面整洁、物品齐全,为顾客提供舒适的用餐环境。

教学互动——服务语言训练

"您好,给您铺席巾。"

"您好,为了方便您进餐,我先帮您摆好餐具。"

(四)餐前面包服务

将餐前面包、黄油放置于餐桌上,可根据顾客需要进行分派,右手拿面包夹从顾客右边将面包夹至顾客面包盘中。

教学互动——服务语言训练

"打扰了,这是餐前面包,请您慢用,如需添加可随时叫我们。"

三、餐中服务

(一)上菜服务

在为顾客提供上菜服务时,服务人员应确保菜品的观赏面朝向顾客,并从上菜口或顾客的右侧上菜。当顾客所点的菜品全部上齐后,服务人员需礼貌地告知顾客菜品已上齐,并请顾客慢用。

教学互动——服务语言训练

"先生/女士,您好,请问现在可以上菜吗?"

"先生/女士,您好! 这是您的×××"

> "先生/女士,不好意思打扰一下,您的×××,请慢用"
>
> "先生/女士,您的菜上齐了,请慢用!"
>
> "先生/女士,对不起,让您久等了,这是您的×××菜!"
>
> "先生/女士,真对不起,这个菜的制作工序较为复杂,耗时较长,请您再耐心等待一会儿。"

(二)分餐服务

在分餐服务中,牛排和配菜已由厨房预先切好,服务人员在上菜前需礼貌询问顾客是否需要分餐服务。分餐时,服务人员应右手持服务叉和勺,均匀地为每位顾客分派菜品,确保每份分量一致,除非顾客有特殊要求。

教学互动——服务语言训练

> "这是您点的牛排,请问是否需要分餐服务?"
>
> "请问配菜需要分餐服务吗?"
>
> "这是阿根廷酱,有一点点辣,您可以根据口味来选择。"

(三)酒水服务

顾客点酒后,把酒取出,擦拭酒瓶,确保酒瓶洁净、无损,酒瓶封口处无破损,确认酒水与顾客所点一致后,将酒水向顾客展示,双手托住酒瓶,左手托瓶底,右手轻握瓶颈,将酒水的商标对着顾客,经顾客同意认可后开酒。

(四)巡台服务

在巡台服务中,服务人员需及时为顾客添加水、酒水、酱汁和黄油,并更换烟灰缸。加水时应在上菜口或顾客右侧进行,用手示意并礼貌问候:"您好!×先生/女士,给您加水。"加水量控制在八分满,可将顾客的水杯从桌上拿下来加水。同时,检查桌面物品是否齐全,如纸巾、牙签、椒盐瓶等。及时清理桌面,使用服务夹和托盘清理使用过的纸巾和食物残渣,右手使用食物夹,左手托住托盘,将废弃物夹起放入托盘中。对于细小物品,可用桌面刷将废弃物清理到面包屑收纳盒中。

(五)撤盘服务

在撤盘服务中,服务人员应在顾客用完一道菜品后,用右手从顾客右侧撤下餐盘及餐具。随后,左手托盘,右手从顾客右侧将下一道菜所需的餐具摆上,并及时清理桌面,确保用餐环境整洁。

Note

四、餐尾服务

（一）结账服务

在结账服务中，服务人员需先打印账单明细，然后双手呈递给顾客。顾客核对账单时，若有疑问，服务人员应耐心解释。收款时，双手呈递发票给顾客。若顾客选择扫码付款，服务人员应到顾客身边协助其完成扫码付款。最后，感谢顾客并欢迎其再次光临，确保整个结账流程高效且礼貌。

教学互动——服务语言训练

"先生，您好，这是您的账单，请核对！"

"请您打开付款码，谢谢。"

（二）询问顾客满意度

在顾客用餐接近尾声时，服务人员应主动上前询问顾客对餐厅菜品及服务质量的意见，但需注意选择合适的时机。如果顾客不赶时间，服务人员可以微笑着走近顾客，保持适当的距离，礼貌地问候："您好，今天用餐还满意吗？"随后，耐心倾听顾客的反馈，对菜品的口味、摆盘以及服务的及时性等方面进行细致询问。如果顾客提出建议或意见，服务人员应表现出积极倾听的态度，并表示感谢，如有必要可以赠送顾客一份礼品作为感谢。

教学互动——服务语言训练

"您好！您对今天的用餐服务还满意吗？"

"您好！我们的×××菜品您喜欢吗？"

"××先生/女士，今天的×××菜品还合您口味吗？"

"谢谢您的好评！"

"感谢您提出的宝贵意见，我们一定好好改正！"

"先生/女士，谢谢您的提醒/帮助！"

五、送客服务

在送客服务中，当顾客用餐完毕起身时，服务人员应主动上前为其拉椅子，待顾客站稳后,双手轻轻拉开椅子,确保顾客起身顺畅。随后,服务人员需将顾客护送至餐厅门口,在此过程中,温馨提醒顾客带好随身物品,以免遗忘。到达门口时,服务人员应面带微笑,礼貌地向顾客道谢,并表达欢迎顾客再次光临的诚意,为顾客的用餐体验画上圆满的句号。

教学互动——服务语言训练

> "谢谢! 请慢走,欢迎下次光临!"
>
> "先生/女士,请慢走,欢迎下次光临,请带好随身物品!"

教学互动——服务流程训练

一、训练准备

(1)场地准备:模拟西餐厅场景,摆放4张桌子。地面标记服务动线(红色为传菜通道,绿色为顾客通道)。

(2)物品准备:服务叉匙套装、牛排刀、红葡萄酒杯、醒酒器、开瓶器、黄油刀、面包篮、电子点餐平板、账单夹、POS机模拟器。

二、训练方法

(一)迎宾与领位情景模拟

(1)训练目标:掌握3米预判拉门、领位手势规范及话术衔接。

(2)训练步骤:学生分组扮演顾客与服务员,进行角色扮演练习。顾客需设定特殊需求,如轮椅通道或婴儿椅需求,以模拟真实场景。服务员则需在10秒内完成"询问人数—推荐座位—引导入座"的任务,确保服务的高效性和准确性。

(二)全流程服务模拟

(1)训练目标:25分钟内完成"点餐—上菜—结账"闭环服务。

(2)训练步骤:首先,设定包含过敏原提示(如麸质不耐受)和酒水搭配需求的复杂订单,以模拟真实服务中的多样化需求。接着,插入干扰项,如模拟后厨延迟,要求学生安抚"顾客"情绪并及时赠送餐前小食,以考验学生在压力下的沟通能力和服务意识。此外,模拟POS机故障场景,学生需手动计算账单并清晰地口述明细,以确保在技术问题出现时仍能提供准确高效的服务。

任务六　自助餐服务流程

任务描述

本任务聚焦自助餐厅的全流程服务管理,涵盖餐前准备、摆台设计、迎宾接待、buffet台运营、动态巡台及送客结账六大核心环节。通过系统性训练,学生需掌握自助餐特有的高客流量应对策略、食品温度控制技术、动态补餐协调能力及突发问题处理技巧(如食品短缺、餐具破损)。任务强调服务效率与客户体验的平衡,培养学生在开放式用餐场景下的多任务服务能力,确保食品安全、服务流畅与顾客满意度。

任务目标

1.了解餐厅自助餐的服务形式和特点。

2.熟悉服务人员在自助餐过程中的工作任务。

3.掌握自助餐服务程序与操作标准。

一、餐前准备

餐前准备是确保自助餐顺利进行的基础,需要进行细致入微的检查和协调。因此,服务人员要做到以下几点。

(1)核对出品种类和数量,确保与当日菜单一致。

(2)检查菜牌内容,确认无错漏信息。

(3)检查buffet(自助餐)炉子温度,涵盖火源、水位、电源等相关设备状态。

(4)对照菜单,查看厨房菜品是否全部出齐,有无遗漏。

(5)确认所有菜品名称清晰可识别,且所需调料配备齐全。

(6)检查与菜品搭配使用的buffet餐具是否正确。

(7)检查厨房出菜所用的器皿是否干净。

(8)检查菜品配套的厅面餐具是否齐全。

(9)检查餐台是否按要求摆放妥当。

二、餐桌摆台

餐桌摆台是塑造餐厅形象和提升顾客用餐体验的重要环节。一般按西餐零点规格摆放餐具用品,体现实用与美观的结合。中式自助餐桌面则主要摆放公共用品和调味品,筷子和勺子通常摆放在食品展台上,方便顾客自助取用,同时保持桌面的整洁与有序。

三、迎宾服务

迎宾服务是给顾客留下第一印象的关键环节,需要热情、专业地表现。具体的迎宾环节有如下要求。

(一)迎客、拉门问候

(1)迎客服务时,身体站直,挺胸收腹,面带笑容,双手背于身后。

(2)门口站位时需反应敏捷,见到顾客已到门外3—5米处应主动拉门。

(3)拉门时用右手拉门,打开后停稳,左手指示方向,身体向前微倾,微笑向顾客打招呼。

教学互动——服务语言训练

　　"中午好/下午好/晚上好,欢迎光临×××餐厅。"

(二)规范领位,带客入座

(1)顾客进入餐厅后,服务人员走在顾客前方,并对顾客讲"这边请",同时单手伸直,五指并拢示意方向。上楼梯时,提醒顾客注意安全。

(2)为顾客带路时询问顾客对座位的要求,例如用餐人数、喜欢的座位类型等。

(3)根据顾客提供的信息,将顾客带到合适的餐桌旁。

(4)用手势示意餐位,并请顾客入座。

(5)介绍buffet台食品的布置。

教学互动——服务语言训练

　　"请您注意脚下台阶!"

　　"请问您这边一共有几位顾客?"

　　"您请坐!"

　　"这边是凉菜区,前面右手边是热菜区。"

　　"祝您用餐愉快!"

Note

四、桌边服务

桌边服务体现餐厅的人性化关怀和高品质服务。服务人员在进行桌边服务的时候，要做到如下要求。

（1）引导顾客前往取餐区，若遇到行动不便的顾客，主动上前询问并提供帮助，确保他们能够轻松取到所需食物。

（2）在服务区域巡视，随时关注顾客的需求，及时为他们添加酒水，更换烟灰缸，清理空盘、空瓶、空罐等。

（3）当顾客享用完甜点后，主动询问是否需要咖啡或茶，并及时提供相应服务，确保顾客得到周到的照顾。

教学互动——服务语言训练

"您好，请这边走，取餐区在这边。"

"取餐区在这边，我带您过去。"

"您好，我看到您可能需要一些帮助，需要我为您取餐吗？"

"让我来帮您取食物吧，您需要什么尽管告诉我。"

"您好，需要我帮您添加一些酒水吗？"

"让我帮您更换一下烟灰缸吧。"

"您的盘子需要清理吗？我来帮您收拾。"

五、buffet 台服务

buffet 台服务是自助餐的核心环节，需要专人负责，确保各项工作顺利进行。具体工作如下。

（1）菜品补充：及时补充所缺菜品，协助厨师做好菜品的更新工作。

（2）台面清洁：保持台面的清洁与卫生，及时清理顾客取食时滴落的酱汁等。

（3）更换垫碟：定期更换盛放夹子、勺子的垫碟，确保整洁卫生。

（4）整理公用餐具：整理并更换餐台上的餐夹和勺，确保餐夹、勺及时归位，方便顾客使用。

（5）检查食品温度：定期检查食品的温度，确保热菜保持适宜的热度，冷菜保持清爽。

（6）保温炉盖管理：根据用餐人数调整保温炉盖的开关，人数较少时及时关闭保温炉盖以节省能源，顾客较多时或集中用餐时段打开保温炉盖，以方便顾客取用。

（7）介绍和推荐菜肴：主动向顾客介绍和推荐特色菜肴，解答顾客的疑问。

（8）帮助取递食品：协助顾客取递食品，如分切大块烤肉或现场烹制食品等。

教学互动——服务语言训练

> "您好，欢迎光临！我们今天的特色菜肴有香煎三文鱼和黑椒牛排，非常受欢迎，您可以尝试一下。"
>
> "如果您喜欢海鲜，我们今天的蒜蓉蒸扇贝非常新鲜，值得品尝。"
>
> "我们今天有几道新推出的菜肴，口味独特，您可以了解一下。"
>
> "您好，我来帮您取一些烤肉，您喜欢几分熟的？"
>
> "这道菜比较烫，我来帮您盛到盘子里，您小心一点。"
>
> "您需要的这道菜我来帮您拿，您稍等一下。"

六、结账、送客服务

（一）结账服务

结账服务需准备详尽的账单明细，打印后双手呈递给顾客。顾客有疑问时，耐心解释，确保账单清晰无误。收款时，双手呈递账单给顾客，顾客扫码付费时，尽量到顾客身边提供扫码付款服务，体现服务的便捷性。顾客付款完成后，致谢顾客并欢迎下次光临，展现餐厅的热情与专业。

教学互动——服务语言训练

> "先生，您好，这是您的账单，请核对！"
>
> "请您出示付款码，谢谢。"

（二）询问顾客满意度

在顾客不赶时间的情况下，服务人员主动上前询问顾客对餐厅菜品及服务质量的意见，收集反馈以提升服务质量。

（三）送客服务

顾客用餐完毕起身时，应为其拉开椅子，待顾客站立起身后，再双手拉开椅子。顾客离座后应送至餐厅门口，提醒顾客带好随身物品，礼貌地向顾客道谢，欢迎顾客再次光临，让顾客感受到餐厅服务的周到与专业。

教学互动——服务语言训练

> "谢谢！请慢走，欢迎下次光临！"

"先生/女士,请慢走,欢迎下次光临,请带好随身物品!"

项目小结

　　本项目通过理论与实践相结合,系统融合专业知识与实操能力体系。学生掌握基础服务规范(如电话预订话术、铺台布标准)与复杂场景应对技能(如分菜服务、动态补餐),强化细节把控、需求预判及团队协作能力。未来从业者需紧跟行业趋势(如数字化工具、绿色餐饮),以专业素养与创新思维推动服务品质升级,助力行业高质量发展。

项目训练

知识训练
▼

项目五

一、知识训练

扫码查看具体内容。

二、能力训练

1. 中餐零点服务流程

任务要求:接待一家五口(含老人、儿童)用餐,顾客中有一人忌辣且赶时间。

2. 西餐零点服务流程

任务要求:接待两位商务顾客,其中一位对红葡萄酒有较高要求。

Note

项目六
饮食销售技巧

项目描述

本项目围绕餐饮服务中的核心销售技能展开,聚焦菜式搭配与点菜销售两大核心任务,系统讲解从菜品组合设计到精准销售服务的全流程。通过理论与实践相结合,学生将掌握菜单结构分类、味型平衡原则、顾客需求分析、动态场景适配及专业销售话术等核心内容。项目以顾客体验为中心,融合餐饮美学、营养学、消费心理学等多学科知识,培养学生在真实餐饮场景中科学搭配菜品、高效沟通推荐的能力,同时强化服务意识与文化自信,助力其成长为兼具专业素养与职业温度的餐饮服务人才。

项目目标

知识目标

1. 掌握中餐与西餐菜单结构分类标准,熟悉五大基本味型(咸鲜、酸甜、麻辣、清淡、浓郁)的搭配逻辑与适用场景。

2. 熟悉顾客类型(商务宴请、家庭聚餐、特殊人群)的差异化需求及应对策略,理解点菜服务的关键节点(时机、话术、禁忌)。

3. 了解餐饮服务中的营养学基础(蛋白质、膳食纤维、碳水化合物的配比)与可持续发展理念(减少食材浪费)。

能力目标

1. 能根据用餐场景(如季节、地域、文化)设计科学合理的菜单组合,并运用"黄金法则"实现味觉、视觉与营养的平衡。

2. 能通过观察与提问精准识别顾客需求,熟练运用"两至三种选择法"与"五点描述法"提升销售转化率。

3. 具备应对突发状况的能力(如临时换菜、特殊禁忌),灵活调整服务策略,确保顾客满意度。

素养目标

1. 树立"以顾客为中心"的理念,通过细节服务传递人文关怀(如为孕妇定制菜单、为老年人推荐易消化菜品)。
2. 在菜式搭配中传承中华饮食文化精髓(如地域特色、传统工艺),展现大国餐饮工匠的专业性与创新性。
3. 践行可持续发展观,倡导健康饮食潮流(如低GI菜品),减少食材浪费,培养绿色餐饮责任感。

知识导图

```
                              ┌─ 菜式产品类别
                   ┌─ 菜式搭配技巧 ─┼─ 菜式搭配的基本规律
                   │              └─ 不同顾客类型的菜式搭配技巧
         饮食销售技巧 ─┤
                   │                    ┌─ 做好点菜准备
                   └─ 点菜销售程序与销售技巧 ─┼─ 启动点菜服务
                                        ├─ 提供点菜建议
                                        └─ 如何描述一道菜
```

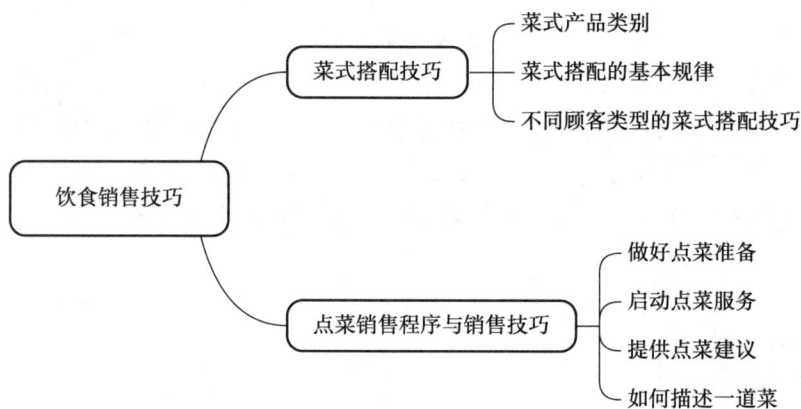

任务一　菜式搭配技巧

任务描述

　　本任务旨在系统讲解餐饮服务中菜式搭配的核心理论与实操技巧,涵盖菜式分类体系构建、搭配规律分析、顾客需求适配及美学呈现等内容。通过理论学习与案例实践,学生需掌握如何根据菜单结构、味型平衡、营养配比、器皿美学及顾客类型,科学设计符合不同场景的菜品组合,提升顾客满意度与餐厅经营效益。

Note

任务目标

1. 掌握中餐与西餐菜单的结构特点及分类标准。

2. 能根据用餐人数与场景(如商务宴请、家庭聚餐)设计科学的菜品数量与类型组合。

3. 能针对特殊人群需求(如老年人、孕妇)定制营养均衡、口感适配的菜单。

一、菜式产品类别

(一)菜单结构分类

中餐菜单、西餐休闲菜单、融合菜单和餐厅独有菜单各具特色,能满足不同餐厅定位与顾客的用餐需求,且它们的分类依据也不尽相同。

(1)中餐菜单作为中国餐饮文化的传统载体,遵循着"凉菜—热菜—汤羹—主食—甜品"的经典结构。这种结构不仅体现了中餐的饮食习惯,更注重地域特色,如粤菜的精致清淡、川菜的麻辣鲜香、淮扬菜的刀工火候等。

(2)西餐休闲菜单按"前菜—主菜—配菜—甜点—饮品"的顺序划分,强调食材的原汁原味与精美的摆盘艺术。前菜开胃,主菜丰盛,配菜点缀,甜点和饮品则为用餐画上圆满的句号。

(3)融合菜单是中西餐饮文化碰撞出的火花,将中餐的丰富多样与西餐的精致细腻相结合,适用于主题餐厅或创新餐饮场景,为顾客带来全新的味觉体验。

(4)餐厅独有菜单是餐厅根据自身的经营特色和定位,对菜品进行的个性化划分。例如,突出招牌菜、特价菜、经典融合菜等,以吸引顾客,展现餐厅的独特魅力。

(二)菜品味型分类

菜品味型丰富多样,每一种都有其独特的魅力和适用场景。

(1)咸鲜型,如清蒸鱼、白灼虾,以其清淡、鲜美的特点,保留了食材的原汁原味,适合注重健康、追求食材本味的顾客。

(2)酸甜型,如糖醋排骨、菠萝咕咾肉,酸甜适口,色泽诱人,能刺激食欲,尤其受家庭顾客和年轻群体的喜爱。

(3)麻辣型,如麻辣火锅、水煮鱼,麻辣鲜香,口感刺激,是川渝地区的特色,深受无辣不欢的食客追捧。

(4)清淡型,如清炒时蔬、蒸蛋,以少油少盐、突出食材天然风味为特点,适合老年人、儿童以及注重养生的顾客。

（5）浓郁型,如红烧肉、咖喱鸡,味道醇厚,香气浓郁,能给人带来强烈的味觉满足感,常用于冬季或受到重口味顾客的喜爱。

（三）菜品原料分类

（1）肉类:如牛肉、猪肉、鸡肉,是蛋白质和脂肪的重要来源,提供丰富的营养和独特的口感。

（2）海鲜:如鱼、虾、蟹,富含优质蛋白质和不饱和脂肪酸,具有鲜美的味道和高营养价值。

（3）蔬菜:如叶菜类、根茎类,是维生素、矿物质和膳食纤维的主要来源,有助于维持身体健康和肠道功能正常。

（4）豆制品:如豆腐、豆皮,由大豆加工而成,富含植物蛋白,是素食者和追求健康饮食者的理想选择。

（5）主食:如米饭、面条、馒头,主要提供碳水化合物,是人体能量的主要来源,种类多样,满足不同口味需求。

（四）食材营养学分类

（1）蛋白质类:如肉类、海鲜,是人体必需的营养素之一,对于身体的生长、修复和维持正常生理功能至关重要。在搭配时,注重高蛋白低脂肪组合,以满足营养需求,同时避免过多脂肪摄入。

（2）膳食纤维类:如蔬菜、豆制品,能促进肠道蠕动,帮助消化,预防便秘等肠道问题,对维持身体健康具有重要意义。

（3）碳水化合物类:如主食,是人体最主要的能量来源。提倡粗细粮结合,如搭配燕麦、玉米等粗粮,既能保证能量供应,又能提供更多的膳食纤维和B族维生素。

（五）菜品烹饪方法分类

（1）蒸煮类:保留营养,适合清淡型菜品。如清蒸鱼、白灼西兰花等,能最大限度地保留食材的营养成分和天然风味,适合注重健康、追求清淡饮食的顾客。

（2）煎炸类:提升香气,但需控制比例(不超过总菜量20%)。如炸鸡腿、煎牛排等,通过高温烹饪使食材表面形成独特的香味和口感,但过多摄入煎炸食品不利于健康,故需合理控制其在整桌菜品中的比例。

（3）炖焖类:适合秋冬季节,增强饱腹感。如红烧肉、炖牛肉等,通过长时间的炖焖使食材软烂入味,营养丰富,特别适合在寒冷的秋冬季节食用,能给人带来温暖和满足感。

二、菜式搭配的基本规律

（一）核心原则:平衡与互补

平衡与互补,是菜式搭配的核心原则,它贯穿于味觉、营养、视觉等多个方面。

（1）味觉平衡：以"主味型＋辅助味型"为框架，如麻辣火锅配清炒时蔬。麻辣的主味型菜品能刺激味蕾，带来强烈的味觉冲击，而清炒时蔬则起到中和作用，缓解辣味，使整桌菜品的味觉体验更加丰富和谐。

（2）营养均衡：参照《中国居民膳食指南》，确保蛋白质、维生素、碳水化合物的科学配比。不同食材提供不同的营养素，通过合理搭配，满足人体对各类营养的需求，促进健康。

（3）视觉美学：运用"对比色搭配"（如绿叶菜配胡萝卜）增强食欲。色彩鲜艳、搭配合理的菜品能给人带来视觉上的享受，刺激食欲，提升用餐体验。

（二）特色主菜搭配

菜品搭配，首先要确定主打菜，主打菜可以是整桌菜品中价格最高的，也可以是独具特色、造型大气、口味诱人的。它往往是整桌菜的亮点，吸引顾客的目光，提升用餐的档次。

（三）点菜数量搭配

根据进餐人数，凉菜1—4个，热菜（不含青菜）数量应该比人数多1个，主食点1份。人数较多时可酌情增加。这样的搭配既能保证菜品的丰富度，又避免了浪费，让顾客在用餐过程中有更多选择。

（四）原料荤素搭配

正常情况下，一桌菜品，食材的荤素搭配比例可以为6∶4，具体可根据顾客的需要与喜好调整。例如10道菜里面，可安排6道荤菜或含荤食材的菜品。

（五）菜肴种类搭配

菜式种类可涉及凉菜、主菜、特色菜、荤菜、锅仔菜、素菜、羹汤甜品、主食等多个种类。合理的菜肴种类搭配使菜品丰富多样，满足不同顾客的口味需求，让用餐体验更加丰富多彩。

（六）口味偏向搭配

顾客的口味偏向一般分为三类，即清淡型、浓郁型和辛辣型。点菜时要询问顾客的口味喜好，通常以一类口味为主体，搭配10%—15%的其他1—2种口味，一般清淡口味搭配浓郁口味、辛辣口味搭配清淡口味、浓郁口味则皆可配。通过合理的口味搭配，整桌菜品的口味更加协调，满足不同顾客的味觉需求。

（七）器皿形象搭配

菜肴装盘的盛器有圆盘、长盘、铁板、锅仔、盆、锅、象形盘等，要尽量搭配不同形状器皿的菜品。要特别注意的是，除常规的菜盘外，其他器皿不要重复，如搭配2个铁板菜就不合适。还要注意菜肴出品的整体色彩搭配效果,色彩要清爽诱人,或协调美观。精美的器皿不仅能提升菜品的视觉效果,还能为顾客带来独特的用餐体验。

(八)出品档口搭配

不同菜品由不同档口制作,各档口有其专业领域和烹饪方式。通过合理搭配,既能充分发挥各档口的优势,保证菜品的质量与口味,又能确保上菜速度。

三、不同顾客类型的菜式搭配技巧

(一)用餐类型与菜品推荐搭配技巧

1. 商务宴请

在商务宴请中,菜品的选择与搭配需精心设计,以彰显档次与专业性。整体搭配应精致、美观且上档次,优先推荐分量适中的位上汤和位上菜,避免同种或同类主要食材的菜品重复出现,每种主要食材的菜品仅推荐1个。此外,同形状器皿装盘的菜品不应超过2个,以保持视觉多样性。尽量避免推荐残渣过多的菜品,时令大闸蟹和龙虾仔等特殊情况除外。主食方面,可推荐2种,一种为精致面点,另一种为面、粉、粥、饭或汤包类,以满足不同顾客的口味需求。通过这些细致的搭配原则,能够为商务宴请营造出高端、专业的用餐氛围。

2. 家庭聚餐

在家庭聚餐中,菜品推荐应注重经济实惠,以高性价比为优先考虑。汤品建议选择原料丰富或分量充足的类型,满足家庭用餐的需求。通常不推荐位上菜,而是选择适合共享的菜品。热菜的食材应偏向大众化、家常化的选项,如茄子、鸡肉、猪肉、土豆、豆腐等,以确保大多数家庭成员都能接受。热菜的数量可以比正常标准多一个,如果有老人或小孩,可以按照正常标准推荐。人均消费应控制在门店的消费定位价格区间内,特殊情况(如高档宴请)除外。这样的搭配既能满足家庭聚餐的经济实惠需求,又能照顾到不同家庭成员的口味和饮食习惯。

3. 情侣用餐

在情侣用餐场景中,菜品推荐应注重特色与精致,以满足情侣对浪漫和品质的追求。主推特色菜、时尚菜,尤其注重菜品的摆盘精致度和视觉效果,例如烤鸭、刺身三文鱼等,这些菜品能够增添用餐的浪漫氛围。汤品方面,推荐清淡雅致的位上汤,既满足口感又不失优雅。同时,应避免推荐骨刺残渣较多的菜品,以免影响用餐体验。主食则以精致面点为主,搭配推荐酒水果汁饮料等饮品,为情侣打造一个精致、愉悦的用餐体验。

4. 朋友聚会

在朋友聚会的用餐场景中,菜品推荐应注重多样性和受欢迎程度。主推点击率较高的菜品,以满足大多数人的口味偏好。若顾客没有特殊要求,菜品口味应尽量多样化,以适应不同人的口味。多推荐中等价位的菜品,确保菜式品种齐全,既能满足口味需求又不会超出预算。主食方面,可推荐两种选择,一种为精致面点,另一种为饭面类,以提供丰富的用餐体验。

(二)特殊人群与菜品推荐搭配技巧

1. 老年人

老年人的饮食需要特别关注营养和易消化性。主要搭配口味清淡、易咀嚼、易消化、无骨刺残渣的菜品,如软烂的炖菜、蒸蛋、清蒸鱼等,有助于老年人的健康和用餐便利。

2. 孕妇

孕妇的饮食关系到母婴健康,需谨慎选择。尽量不要推荐辣菜,能免辣的尽量免辣,避免刺激孕妇的肠胃。肉类菜品可适当推荐虾类、鸡类、鸭类、牛肉,这些肉类富含优质蛋白,有利于胎儿发育。忌推山楂、杏、甲鱼、螃蟹、木瓜系列菜品,以免影响孕妇和胎儿的健康。主食可推荐面、粉、粥、饭类,保证能量供应。

3. 儿童

儿童的饮食要注重营养、易消化和趣味性。搭配口味清淡、易消化、营养丰富的菜肴,如蒸蛋羹、清炒时蔬等。可多推荐外形美观、造型新奇、颜色鲜亮的菜品,如松鼠鳜鱼、卡通造型的点心等,吸引孩子的注意力,增加用餐的乐趣。主动推荐果汁、酸奶等饮品,补充维生素和钙质。主食可推荐精致面点,如小馒头、花卷等,方便孩子食用。

4. 其他

在接待慕名而来的顾客时,应推荐餐厅的特色菜、风味菜和品牌菜,让他们品尝到招牌美味并留下深刻印象。对于常客,则需在保持他们口味偏好的同时,推荐新菜肴以增添新鲜感。中年顾客通常偏好高档次、味道浓郁的菜品,符合其品位;年轻人则追求刺激和新奇口感的菜肴。对于赶时间的顾客,推荐制作时间短的简餐或提前准备好的菜品,以节省他们的时间。对于节食的顾客,高营养、低脂肪的菜品如沙拉和清蒸鱼是理想的选择,既能帮助控制热量摄入,又能保证营养均衡。通过这些细致的菜品推荐,餐厅能够满足不同顾客群体的需求,提升顾客满意度。

教学互动——菜单分析

(1)选取一家知名餐厅的菜单,分析其菜式分类逻辑、味型搭配比例。

(2)分小组进行讨论,完成以下内容的分析。

①菜单结构是否符合目标客群需求(如商务宴请的精致性、家庭聚餐的性价比)。

②针对不同的场景任务卡,设计出不同的菜式搭配组合,例如2人情侣用餐、3—4人家庭聚餐、10人商务宴请。

任务二　点菜销售程序与销售技巧

任务描述

　　本任务聚焦餐饮服务中点菜销售的全流程管理,涵盖点菜前的信息准备、服务启动技巧、精准推荐策略及菜品描述方法。通过理论与实践相结合,学生需掌握如何通过有效沟通、需求洞察与专业话术,提升点菜效率与顾客满意度,同时实现餐厅销售目标。

任务目标

　　1.熟悉点菜时机的四个关键节点(落座斟水后、翻看菜牌时、犹豫提问时、餐中加菜时)。
　　2.能通过观察与提问精准识别顾客类型(如商务宴请、家庭聚餐),并制定适配推荐方案。
　　3.熟练运用"两至三种选择法"引导顾客决策(如跨类别、跨价格、跨口味选择)。
　　4.能够结合"五点描述法"(原料、工艺、色泽、口感、附加价值)生动介绍菜品,提升顾客兴趣。

一、做好点菜准备

(一)掌握顾客信息,区别熟客与生客

　　了解顾客信息是提供优质点菜服务的基础,不同类型的顾客有着不同的需求和偏好,需要我们采取相应的服务策略。

　　熟客对本店产品较为熟悉,通常有自己喜欢的菜品,不易接受推荐。对熟客,我们要了解其请客性质、人数、上次消费的产品、反馈的好产品以及禁忌,以便更好地满足

其个性化需求。

生客对酒店产品不熟悉,虽然易于推销,但对酒店的信心不足。对生客,我们要了解其请客性质、人数、口味偏好、消费能力,从而更有针对性地进行推荐,增强其对酒店的信任。

（二）知晓当日供应（沽清单）

熟悉当日供应情况是精准推荐菜品的前提,具体包括酒店特色菜、近期新菜、时令菜、当日沽清菜及长期沽清菜、限量菜、厨部要求重点推销的菜、当日特价菜以及厨房备料情况。通过掌握这些信息,服务员能够根据实际情况,合理推荐菜品,既满足顾客需求,又实现餐厅销售目标。

（三）把握点菜时机

精准把握点菜时机能够提升服务效率与顾客体验,点菜时机分为四个关键节点。

（1）第一个好时机是顾客落座斟水后。顾客坐下,茶水斟好,服务员递上菜单,并稍作停留,观察顾客需求。若顾客暂不需要点菜,给予适当空间让其浏览菜单,大约五分钟后再次关注。

（2）第二个好时机是顾客翻看菜单时。服务员留意顾客翻看菜单的行为,一旦发现顾客出现目光停留、直起腰、变换坐姿、抬头等微变化,立即做好推荐准备,把握时机进行点菜服务。

（3）第三个好时机是顾客犹豫或提问。当顾客对菜品选择犹豫不决或询问菜品相关问题时,服务员应充分发挥专业优势,详细解答并推荐适合的菜品,帮助顾客做出决策。

（4）第四个好时机是餐中菜不够吃时。服务员在餐中勤巡台,观察顾客用餐进度。若发现菜品可能不够,提前想好推荐的菜品,轻声询问主人是否需要加菜,以满足顾客需求,提升用餐满意度。

二、启动点菜服务

（一）显示你的积极态度

1.积极态度的意义

积极态度是点菜服务的核心驱动力,直接影响顾客体验与餐厅经营效益,具体体现在以下方面。

（1）提升顾客信任感。顾客更倾向于信赖态度热情、主动的服务员。研究表明,80％的顾客认为服务员的积极态度是其二次消费的关键因素。

（2）增强服务效率。积极的态度能快速拉近与顾客的距离,减少沟通障碍,缩短点菜时间,提升翻台率。

（3）塑造品牌形象。服务人员的专业态度是餐厅软实力的体现，直接影响顾客对餐厅整体品质的感知。例如，海底捞以"极致服务"闻名，其核心正是员工积极的服务态度。

（4）促进销售转化。心理学中的"亲和效应"表明，积极态度能降低顾客的防御心理，更易接受推荐菜品，从而提升客单价。

2. 通过哪些方面展示积极态度

积极态度可以通过多个方面展现。仪表规范传递专业形象，仪态礼仪是非语言沟通的艺术，而语言、表情则精准传递热情。通过这些细节，服务员能够给顾客留下良好的第一印象，为后续的点菜服务奠定基础。

（二）自我介绍

自我介绍是建立顾客信任的关键一步。服务员向顾客销售菜品之前，先要成功销售自己。顾客相信服务员，才会相信其推荐的菜品。自我介绍应突出自信与稳健，让顾客感到可信赖。

自我介绍模式遵循"我是谁＋跟你有什么关系＋对你有什么用"的原则。通过简洁明了的介绍，让顾客了解服务员的身份和价值，从而更愿意接受其服务。

教学互动——服务语言训练

"您好，女士！我是为您服务的金东东。这是iPad菜单，上面有我们酒店的菜品介绍和图片，您先看看。一会儿我就过来帮您点菜。"

"您好，女士！我是为您服务的金东东。这是iPad菜单（递送，稍停顿），我们××（餐厅名）有几道口味清淡的经典菜，需要给您推荐一下吗？"

"您好！我是金东东，是这里的服务员，我现在可以帮您点菜。"

"您好！我是为您服务的金东东，我擅长帮顾客搭配菜品，需要我给您介绍一下吗？"

"您好，张总！我是服务员金东东，曾服务过您。我还记得您喜欢吃东坡肉，您今天可以品尝一下我们的新菜，我为您介绍一下好吗？"

"您好！我是服务员金东东，您需要点菜吗？我来餐厅有一年了，熟悉这里的菜式，我来为您介绍一下好吗？"

"您好！我是××（餐厅名）的服务员，昨天我们厨师长推出了一道特色菜，需要我为您介绍一下吗？"

三、提供点菜建议

点菜销售的核心是向顾客推荐其喜欢的、恰当的、符合用餐需求的菜品。大多数顾客在点菜时都会遇到选择困难,需要服务人员给予明确的建议,即"建议性销售"。

（一）判断顾客类别,给予明确的建议

在为顾客点菜时,服务员要提前观察并判断顾客的类别,再根据不同类别顾客的需求,给予明确的点菜建议。

对于新顾客,可以推荐餐厅的主打菜品、热销菜品等,帮助其快速了解餐厅的特色。例如,"您好！我为您介绍一下餐厅的招牌菜——红茶东坡肉,这是我们店里顾客点得最多的菜品,您需要点一份品尝一下吗?"

对于熟客,可以根据其过往消费习惯,推荐新产品,让顾客感受"新鲜"的用餐体验。例如,"这款巧克力火锅是我们近期的新产品,它是由新鲜的水果搭配香浓顺滑的巧克力酱制作而成,口感独特,您要不要也尝试一下?"

教学互动——服务语言训练

"先生您好,本店是做创新湖北菜的,这里的菜肴在别的地方都吃不到,需要我为您推荐几道吗?"

"先生您好,我看您今天是家宴,建议您点一份荔湾大排,这道菜位居店内菜品人气榜首,老人、小孩都喜欢吃。"

"先生您好,您看到的菜单首页就是我们餐厅的特色菜肴,这些菜肴都是我们厨师长亲自掌勺的,需要我给您介绍一下吗?"

（二）给出"两至三种选择"

如果单纯地推荐某个产品,不能打动顾客。可以使用选择性的话术"您是比较喜欢杨枝甘露还是多芒小丸子",通过让顾客在推荐范围内做选择的方式引导其进行选择。一般会给顾客推荐两至三种菜品,划定选择范围后,顾客会更容易做出决定。

我们需要将菜单聚焦到两至三个产品上,以此判断顾客的消费方向。那么,如何有策略地选择推荐产品,达成销售目的呢? 可从以下维度入手:跨两大类别的选择、跨价格层次的选择、有重点的选择。

（1）跨两大类别的选择,锁定顾客的点菜方向。不要让顾客在同一类别中做选择,除非顾客非常明确地问你"有什么好吃的凉菜"。例如:"我们这里的特色菜有辣酒肥牛,还有销量最多的主打菜铁板鳜鱼,您考虑哪一道?"

（2）跨价格层次的选择,以判断顾客的消费能力。

（3）有重点的选择,将重点要推荐的菜品放到后面说,或做进一步描述。例如,"我们还有×××,不过我个人觉得×××的味道更好一点"。

教学互动——服务语言训练

"女士您好,现在正是吃羊肉的季节,我们有羊肉片鲜汤和羊肉火锅,您看喜欢哪一个?"

"先生您好,我们这里有湖北菜和海鲜,您比较喜欢什么口味的呢,让我为您介绍一下。"

"您是选择白云边还是王朝干红呢?"

"我们这里的特色有×××,当然也有我们的主打×××。"

"我们有×××,还有×××和×××,不知道您更喜欢哪一种?"

"我们有×××,还有×××和×××,不知道哪一种更适合您?"

"我们有×××,还有×××,不过我个人觉得×××的味道更好一点。"

"我们有×××,还有×××,不过我想×××您可能会更喜欢一些。"

教学互动——模拟情景对话1

服务员:先生,您好! 我是××餐厅的服务员,现在可以为您点菜吗?

顾客:可以。

服务员:好的。看您今天是请朋友聚餐吧,我们的红烧鲴鱼和泡蒸鳝片都特别适合朋友聚餐,您选哪一道?

顾客:就选红烧鲴鱼。

教学互动——模拟情景对话2

服务员:先生,您好! 我是为您服务的小慧,现在可以为您点菜吗?

顾客:可以。

服务员:好的。我们有几道特别适合春天的时令菜——×××和×××,您看选哪一道?

顾客:我看×××不错。

服务员:好的,×××,我记下了。

教学互动——模拟情景对话3

服务员:我们这里有湖北菜和湘菜,您比较喜欢什么口味呢? 让我为您介绍一下。

顾客:湖北菜。

服务员:好的,湖北菜有香辣味浓的×××,还有原汁原味的×××,您喜欢哪一道呢?

教学互动——模拟情景对话4

服务员:我们店最擅长做鮰鱼,有红烧鮰鱼和鮰鱼炖汤,您看喜欢哪一个呢?

顾客:鮰鱼炖汤吧。

服务员:好的,鮰鱼炖汤特别鲜美。

教学互动——模拟情景对话5

服务员:您点什么酒水呢,是白云边还是王朝干红?

顾客:我们不喝酒。

服务员:好的,那您可以品尝一下我们店的鲜榨饮品(或鲜榨果汁等),有橙汁、西瓜汁,还有蜜瓜汁,顾客一般点橙汁要多些,您也一定会喜欢的。

顾客:那好,就来一扎橙汁。

(三)推荐自己认可的菜品

将自己喜欢或者满意的菜肴推荐给合适的顾客,可以提升可信度。推荐的菜品可以是自己吃过的、觉得好吃的,或者是顾客可能喜欢的、点击率高的。要尽快帮助顾客点到适合的菜肴,节省点菜时间,提高服务效率,同时向顾客展示专业形象,引导顾客适度消费,提高回头率。

四、如何描述一道菜

服务员在点菜时,为了使顾客对菜品有更直观的感受,或当顾客对餐厅的菜式不了解、有疑问时,需要对菜品进行具体描述介绍。作为顾客的美食顾问,服务员要将餐厅好吃的菜品介绍给顾客,通过生动的描述激发顾客的兴趣,以促成销售。

1.向顾客描述菜品的必要性

餐厅菜单上的菜品介绍可能不够全面,或顾客未能仔细阅读,对菜品产生疑问,此时服务员的描述就显得非常重要。服务员有针对性地介绍是一种专业的服务技巧,既能让顾客感受到服务员的用心,又能增加其对菜品的兴趣。

Note

2. 菜品介绍的"五点描述法"

"五点描述法"包括介绍菜品的原料、制作工艺、色泽、口感以及其他补充信息。

（1）用什么做的——说明菜品的原材料，必要时介绍原料的独特之处或制作过程。

（2）怎么做的——进一步介绍制作特色，引发顾客对菜品的兴趣。

（3）做出来的颜色怎样——形容菜品的颜色、形状、装盘。

（4）吃到嘴里口感如何——向顾客描述菜品的口感和味道。

（5）其他方面补充——菜品的典故、独特之处等。

以酥不腻烤鸭为例："我们的酥不腻烤鸭是精选北京填鸭，挂炉现烤，皮色红亮，口感酥而不腻。在餐厅每月销售前三名，从未被超越！""五点描述法"如下：

（1）用什么做的——精选北京填鸭。

（2）怎么做的——挂炉现烤。

（3）做出来的颜色怎样——皮色红亮。

（4）吃到嘴里口感如何——口感酥而不腻。

（5）其他补充——每月销量前三名，从未被超越！

3. 需要菜品描述的情况

当顾客面露疑惑、主动要求描述菜品、对菜品感兴趣时，或遇到酒店特有的菜品，服务员应主动进行详细介绍。如果顾客对普通菜品不感兴趣或已选定菜品，则无需过多描述，以免浪费时间，影响服务效率。

4. 介绍菜品未必都需用"五点描述法"

"五点描述法"是为了让服务员有足够的语言支持向顾客推荐菜品，通过层层推进增强菜品吸引力。实际应用中不必局限于"五点"，可根据情况组合描述内容，或单说最具吸引力的要点。例如，凉拌丝瓜尖特选云南丝瓜尖，千里空运确保新鲜品质，地道云南美味，吃起来爽口、爽心；香甜八宝菠萝饭采用香糯可口的香米和紫米，搭配新鲜的热带水果，融入菠萝的天然香甜，呈现浓郁的热带果香。

当顾客对菜品明显不感兴趣，菜品为常见普通菜式，顾客明确表示曾品尝过菜品时，无需再为顾客介绍菜品。

菜品描述的核心是帮助顾客了解菜品以促成销售。若顾客已选定菜品，应避免过度介绍，以节省时间，提升服务效率。

教学互动——菜肴描述

1. 高汤鮰鱼

本店鮰鱼选自久负盛名的"鮰鱼之乡"——湖北石首，以纯天然矿泉水为汤底烹饪，仅用盐、胡椒调味，最大程度保留鮰鱼的本味。成品汤色奶白，鱼肉软糯肥美、鲜香入魂，石首鮰鱼特有的肉质久煮不糊汤，汤汁拌饭更添独特风味。

　　2.玻璃脆皮蒜香鸡

　　严选散养三黄母鸡,经腌制入味、风干后烤制而成。成品表皮光亮如玻璃,口感外酥里嫩,蒜香浓郁扑鼻,每一口都散发着传统工艺的匠心滋味。

5.菜品描述常用词

(1)颜色:白绿相间,洁白如奶,白云翠绿色相间,黑白分明,色彩亮丽等。

(2)口感:脆爽清淡,滑嫩爽口,咸鲜味醇,软糯、Q弹、鲜嫩,鲜美多汁等。

(3)功效:养胃健脾;美容养颜,养血补气;降糖降脂等。

教学互动——点菜销售训练

一、训练准备

(一)场地准备

(1)设置4类餐桌:商务宴请圆桌(配转盘)、家庭聚餐长桌、情侣卡座、朋友聚会方桌。

(2)备餐台配置:分菜工具柜、沽清单展示板(标注当日特价菜、限量菜)。

(3)情景标识牌:如商务宴请区、家庭聚餐区,增强场景代入感。

(二)物品准备

服务工具类,如服务叉匙、点菜夹、骨碟、汤碗、托盘。点菜设备类,如iPad菜单(含模拟点菜系统)、纸质菜单(中英文对照)。

二、训练方法

(一)话术专项训练:选择法与描述法

(1)训练目标:熟练运用"两至三种选择法"与"五点描述法",提升销售转化率。

(2)训练步骤:学生两两配对,根据以下场景快速设计一段点菜的场景对话,并进行角色模拟。

场景一:跨类别选择法,"您更想尝试湖北菜还是海鲜?"

场景二:跨价格选择法,"红烧鲴鱼(128元)和清蒸鲈鱼(98元),您选哪道?"

场景三:跨口味选择法,"麻辣香锅和番茄牛腩,您更喜欢哪款?"

场景四:抽取菜品卡(如酥不腻烤鸭、清炒时蔬),限时1分钟完成"五点描述法"。

场景五:老师扮演"挑剔顾客",学生需用话术化解质疑(如表示菜的价格太贵)。

Note

（二）角色扮演：点菜全流程模拟

（1）训练目标：掌握从接待到结单的点菜全流程，强化积极态度与沟通技巧。

（2）训练步骤：学生分为服务员组（2人）与顾客组（3—4人），抽取场景卡（如"商务宴请预算2000元""孕妇家庭聚餐"）。

项目小结

本项目系统构建餐饮销售核心能力，聚焦菜式搭配与点菜服务两大模块。学生通过菜单结构（中餐/西餐/融合）、味型平衡（咸鲜、酸甜等）与顾客需求适配（商务、家庭、特殊人群）的实操训练，掌握"两至三种选择法"与"五点描述法"（原料、工艺、色泽、口感、附加值）的精准推荐技巧。强化"以顾客为中心"的服务理念，灵活应对特殊需求（如孕妇免辣、老年人易消化），融入绿色餐饮理念（减少浪费、健康搭配）。通过案例模拟与话术演练，提升销售转化率与客户体验，为行业输送兼具专业素养与创新思维的餐饮服务人才。

项目训练

知识训练
▼

项目六

一、知识训练

扫码查看具体内容。

二、能力训练

（一）情景模拟：点菜服务全流程

场景：模拟一场商务宴请（6人，预算3000元，顾客要求菜品精致、无辣）。

任务：

（1）完成自我介绍并向顾客递送菜单。

（2）询问顾客需求（禁忌、口味偏好）。

（3）运用"两至三种选择法"为顾客推荐3道主菜。

（4）使用"五点描述法"介绍一道特色菜。

（5）结单前确认菜单并推荐饮品。

（二）情景模拟：特殊需求应对

案例：一位孕妇携家人就餐，要求菜品免辣、高钙、易消化。

任务：

（1）设计包含凉菜、热菜、汤羹、主食的完整菜单（6道菜）。

（2）针对每道菜说明推荐理由（如营养、口感、禁忌）。

（三）评分标准

点菜销售技巧考核评分表如表6-1所示。

表6-1　点菜销售技巧考核评分表

评分项目	评分细则	分值
服务态度	微笑自然，眼神交流充分	10分
	语言亲和，非机械式背诵	10分
	仪态规范（站姿挺拔、手势得体）	10分
需求匹配	菜品符合预算要求	10分
	规避顾客禁忌（如无辣）	10分
	荤素比例合理（6:4）	10分
	口味适配（清淡为主）	10分
话术专业度	使用"两至三种选择法"推荐菜品	10分
	"五点描述法"完整清晰	10分
	结单前复述菜单并推荐饮品	10分

项目七
打动人心的服务体验设计

项目描述

在餐饮行业中,顾客体验是决定品牌竞争力和顾客忠诚度的核心要素。本项目围绕顾客体验服务设计,通过分析顾客消费行为全流程、识别服务关键节点、设计创新服务方案以及制定执行策略,系统化提升餐饮企业的服务品质与顾客满意度。学生将学习如何绘制顾客体验旅程图、洞察服务关键时刻(MOT)、设计仪式化与个性化服务方案,并掌握顾客体验管理的落地方法,最终形成以顾客为中心的精细化服务思维。

项目目标

知识目标

1.掌握顾客体验旅程图的绘制方法与分析工具。
2.理解服务关键时刻(MOT)的定义、分类及作用机制。
3.熟悉上菜仪式、惊喜服务等创新服务方案的设计逻辑。

能力目标

1.能够独立梳理餐饮消费全流程并绘制顾客体验旅程图。
2.具备识别服务关键时刻并提出优化建议的能力。
3.能够结合菜品特色设计具有文化内涵的上菜仪式。

素养目标

1.培养以顾客需求为导向的服务意识。
2.提升服务创新与细节设计的人文关怀能力。

知识导图

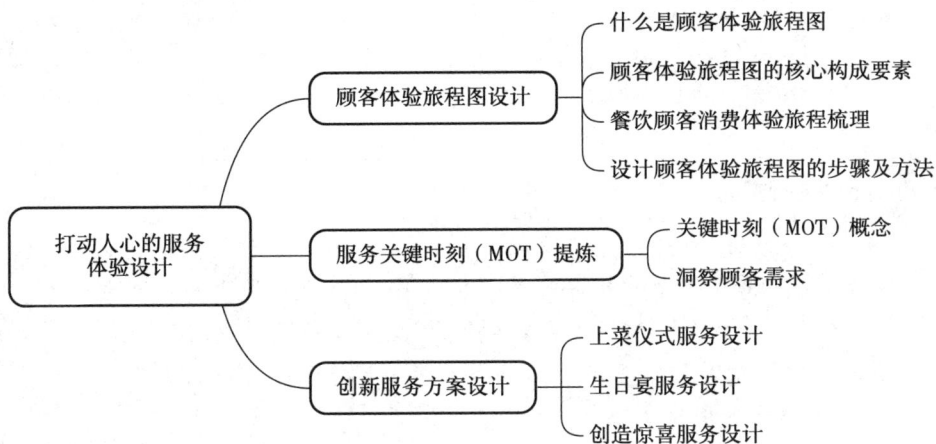

项目引入

案例情境:一家网红餐厅的困境

一家主打"国风创意菜"的网红餐厅在开业初期凭借独特的装修和菜品造型迅速走红,但开业半年后差评率飙升。顾客反馈主要集中在"服务流程混乱""上菜慢""员工态度冷淡"等问题。餐厅经理意识到,单纯依靠环境与菜品已无法留住顾客,必须系统性优化服务体验。

思考问题

1.如何通过顾客体验旅程图分析该餐厅的服务痛点?

2.哪些服务环节是提升顾客满意度的关键节点?

3.如何设计差异化的服务方案来解决现存问题?

项目任务

以该案例为背景,通过三个任务模块的实训,完成从顾客体验分析到服务方案落地的全流程设计,帮助餐厅重塑品牌竞争力。

任务一　顾客体验旅程图设计

任务描述

以小芳的生日聚餐案例为导入,帮助学生了解顾客体验旅程图的定义、

Note

作用与核心构成要素,学习梳理餐饮顾客消费体验旅程,掌握设计顾客体验旅程图的步骤及方法,包括定义顾客角色、确定旅程阶段、识别接触点、描述顾客期望与实际体验、绘制情感曲线、识别痛点与机会点。学生通过教学互动与实训,提升对顾客体验旅程图的理解与应用能力。

任务目标

1.能够理解顾客体验旅程图的概念与价值,掌握其设计步骤及方法。
2.能够识别餐饮服务中各阶段的顾客角色、接触点及情感变化。
3.具备分析顾客期望与实际体验差距的能力,为餐饮企业优化服务流程、提升顾客满意度提供支持。

案例导入:小芳的生日聚餐"历险记"

案例背景:

小芳是某旅游学院大三学生,本周五她将迎来21岁生日。为此,她计划邀请5位好友一起去本地一家热门餐厅举办生日聚餐。由于该餐厅平时客流量较大,小芳打算提前预订包厢,并希望整个聚餐过程能够顺利且充满惊喜。

案例情境:

预订阶段:小芳首先通过大众点评、美团等线上平台查找餐厅信息,发现这家热门餐厅评价不错,但常常需要排队,她在周三打电话确认是否有包厢并说明用餐需求。

抵达阶段:周五傍晚,小芳与好友驾车前往餐厅。由于餐厅附近停车位紧张,他们在周边绕了几圈才找到停车场,其间还担心会错过预订时间。

入店阶段:小芳一行人进入餐厅后,发现迎宾人员正在忙碌,等了一会才有人前来接待并核对预订信息。

餐前阶段:服务员带领他们入座后,小芳查看菜单并请服务员推荐招牌菜,但对方介绍并不详尽,导致小芳对菜品风味有些疑问。

餐中阶段:聚餐正式开始,菜品陆续上桌,但有道热菜温度不够,另一道点的主菜迟迟未上。小芳与好友向服务员反映后,对方虽及时道歉,但上菜顺序依旧有些混乱。

餐尾阶段:用餐结束后,小芳要求打包剩余菜品,并让服务员准备生日蛋糕的切分和上桌服务。结账时,将未开瓶的2瓶啤酒也计入了账单,使小芳对餐厅的信任存疑。

送客阶段：临走时，服务员简单道别，没有进一步表达感谢，也未提示可以领取停车券或折扣券。

感谢阶段：第二天，小芳收到餐厅发送的感谢短信，但仅是一条通用模板，未提及生日或再次消费优惠。

案例思考：

从小芳的就餐过程可见，顾客在餐厅消费时，从到店前的搜索预订，到店时的迎接安排，用餐中的服务互动，再到离店后的反馈与回忆，每个阶段都可能产生满意或不满意的体验，也会遇到痛点或高峰体验。这些体验点正是餐饮服务从业者需重点分析和识别的内容。

将小芳的生日聚餐全过程用图表呈现，展示她在每个消费环节的感受（如开心、生气、满意等）、期望获得的服务，以及实际服务与期望之间的差距，这便是顾客小芳的"生日聚餐体验旅程图"。通过这张图，餐厅管理者可从顾客视角还原消费全过程，清晰了解顾客经历了什么、餐厅服务的哪些环节表现出色、哪些地方有待改进。

一、什么是顾客体验旅程图

（一）定义

顾客体验旅程图（Customer Experience Journey Map，CEJ Map）（见图7-1）是一种可视化工具，用于系统地梳理和呈现顾客在与企业或品牌互动过程中所经历的各个阶段、接触点、情感变化以及期望与实际体验之间的对比。

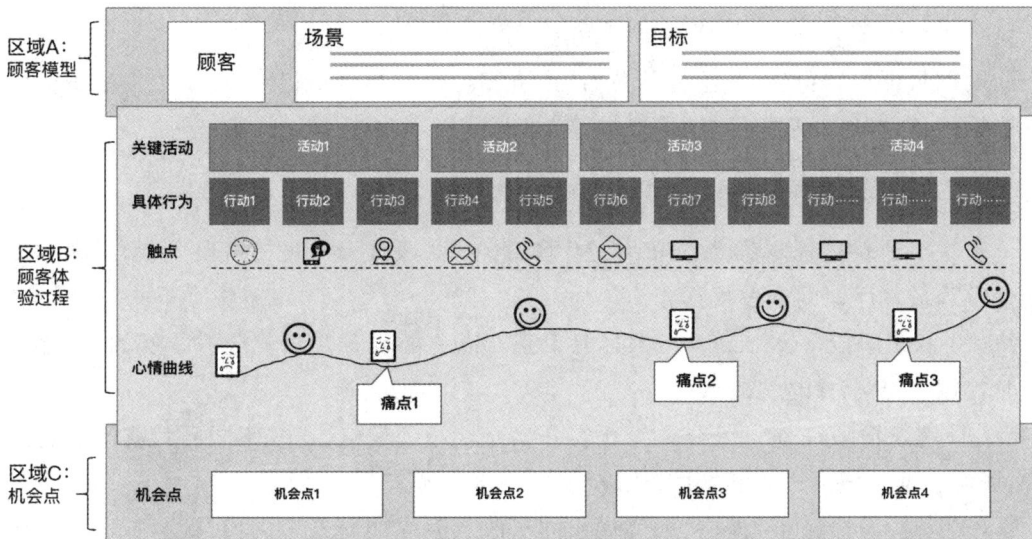

图7-1　顾客体验旅程图

它以故事化的形式呈现顾客的完整消费过程,通过观察顾客在各环节的感受,识别服务中的优点与不足。对于酒店餐饮行业而言,借助这一工具,酒店能够更精准地把握顾客需求、优化服务质量,提升顾客满意度与复购率。作为一种以顾客为中心的分析方法,它助力企业和组织从顾客视角出发,全面洞察消费过程中的整体体验。

(二)作用与价值

顾客消费体验旅程图被广泛应用于各个行业,包括餐饮、零售、旅游、金融、医疗等。在餐饮行业,它可以用于分析顾客从预订到用餐结束的整个过程,帮助企业优化服务流程、提升菜品质量、改进员工培训等,从而为顾客打造更优质的用餐体验。

(1)全面理解顾客体验:帮助企业从顾客的角度出发,全面了解顾客在消费过程中的需求、期望和感受。

(2)发现改进机会:通过对比期望与实际体验,发现服务或产品中的差距和痛点,为企业提供改进的方向。

(3)优化服务流程:通过分析接触点和情感曲线,企业可以优化服务流程,提升顾客满意度。

(4)提升顾客忠诚度:通过改善顾客体验,增强顾客对品牌的信任和忠诚度,促进复购和口碑传播。

(5)促进团队协作:旅程图可以作为跨部门协作的工具,帮助各部门更好地理解顾客需求,协同改进服务。

图7-2所示为星巴克顾客体验旅程图。

二、顾客体验旅程图的核心构成要素

(一)顾客角色(Customer Persona)

明确目标顾客群体,如家庭聚餐者、商务宴请者或年轻情侣等,基于市场调研构建代表性角色,描述其基本信息、需求与行为模式。

(二)时间轴(Timeline)

将顾客消费过程划分为意识、考虑、购买、使用、反馈及忠诚等阶段,展示顾客从产生需求到最终反馈的全过程。

(1)意识阶段(Awareness):顾客意识到自己需要某种产品或服务。例如,顾客突然觉得饿了,想找个地方吃饭。

(2)考虑阶段(Consideration):顾客开始寻找相关信息,比较不同品牌或产品。例如,顾客在网上搜索酒店和餐厅,比较评价,决定去哪家。

(3)购买阶段(Purchase):顾客做出购买决策并完成交易。例如,顾客打电话给餐厅或直接通过线上平台预订座位。

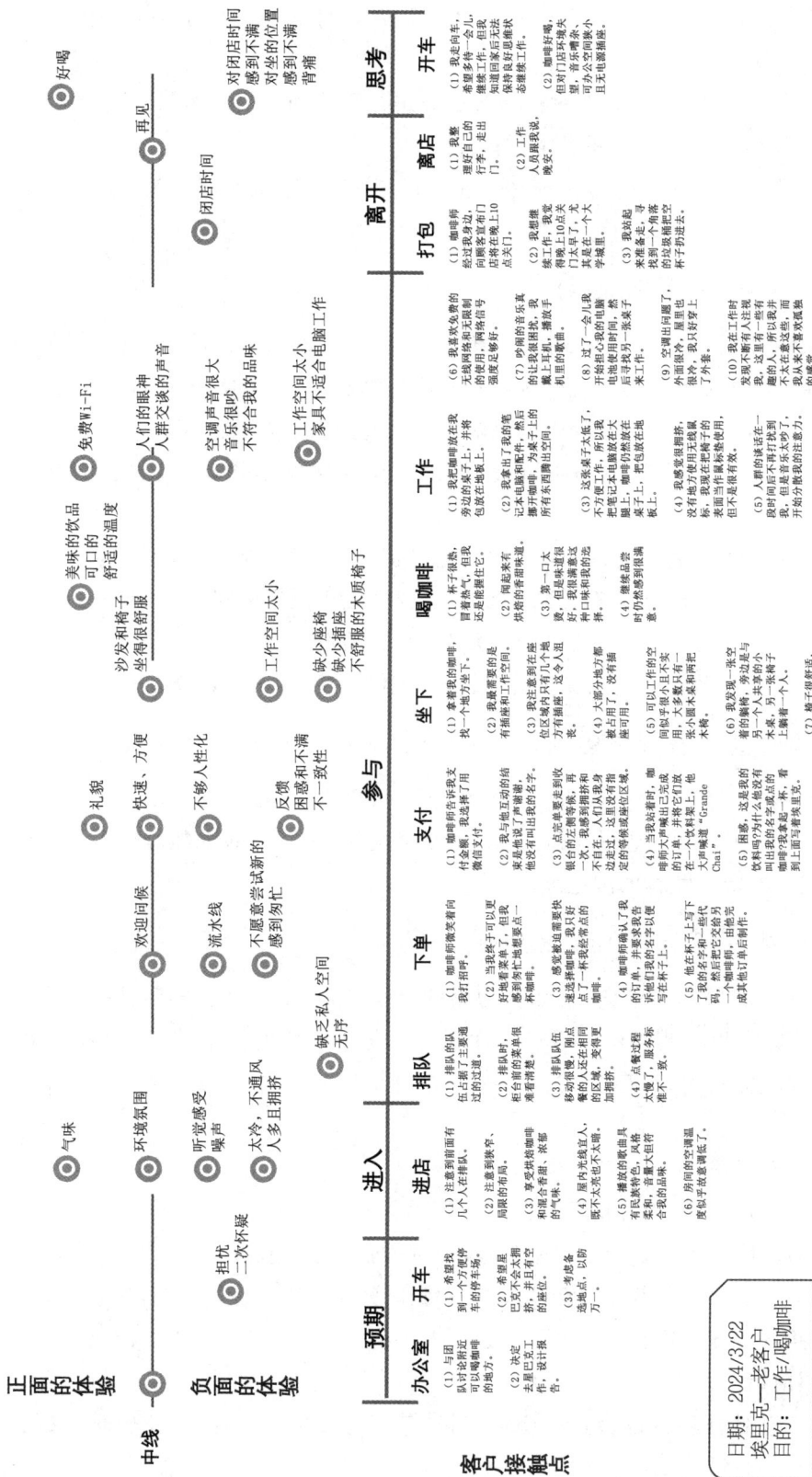

图 7-2　星巴克顾客体验旅程图

日期：2024/3/22
埃里克——一名客户
目的：工作、喝咖啡

客户接触点	预期		进入		参与					离开		思考
	办公室	开车	进店	排队	下单	支付	坐下	喝咖啡	工作	打包	离店	开车

正面的体验（触点）： 气味、礼貌、欢迎问候、快速·方便、美味的饮品·可口的、沙发和椅子坐得很舒服、免费Wi-Fi、人们的眼神、舒适的温度、再见、好喝。

负面的体验（触点）： 担忧·二次怀疑、环境氛围、听觉感受·噪声、流水线、不够人性化、太冷·不通风·人多且拥挤、人群的声音、不愿意尝试新的、感到匆忙、空调声音很大·音乐很吵·不符合我的品味、工作空间太小·家具不适合电脑工作、缺少座椅·缺少插座·不舒服的木质椅子、反馈·困惑和不满·不一致性、工作空间太小·缺乏私人空间·无序、闭店时间、对闭店时间的不满、对坐的位置感到不满的情绪。

客户接触点细节

办公室
（1）与团队讨论附近有可以喝咖啡的地方。
（2）决定去星巴克工作，并且是有空位的座位。
（3）考虑地点，以防选址方面。

开车
（1）希望找到一个方便的停车的地方。
（2）注意到快车流。
（3）希望星巴克不会太拥挤，并且有空位的座位。

进店
（1）注意到里面有几个人在排队。
（2）注意到很不错的局部布局。
（3）享受环境氛围和温度合适的气味。
（4）屋内光线较好不太亮不太暗。
（5）播放的歌曲有很好听的音色、风格柔和、音量大但符合我的品味。

排队
（1）排队人的队伍占据了主要通过的过道。
（2）排队时，后面走来了两人很难看清楚。
（3）排队人在移动缓慢，阻占餐的区域更加拥挤。
（4）点餐过程太慢了。服务标准不一致。

下单
（1）咖啡师前面的队伍我打招呼。
（2）当我要求了，但是好像菜单很难看清楚点一杯咖啡。
（3）感觉我需要快速地选择咖啡，点了一杯咖啡。
（4）咖啡师确认了我的订单，并把它们写在杯子上。
（5）他在杯子上写下了我的一些代码，然后把它交给后面一个咖啡师。

支付
（1）咖啡师告诉我付款方式我选择了微信支付。
（2）我与当地瓦匠给咖啡说单名，他没有叫出我的名字。
（3）点完整款我要收银员的左侧倒咖啡，再一次我感到拥挤和不方便，边走边区域。
（4）当我拿着咖啡向出口往代码大声喊出"Grande Chai"。
（5）困惑。这是我的饮料吗？我站着看着我的饮料，一个咖啡师走过来，看到我正在写后的动作。

坐下
（1）拿着我的咖啡，找一个地方坐下。
（2）我最需要的工作空间。
（3）我注意到有些位置被占用，这会令人非方便很有人入座。
（4）大部分方便都被占用了，没有椅。
（5）可以工作的空间又且平实木制作有一张小圆桌和两把木椅。

喝咖啡
（1）杯子很热，冒着热气，但是还是能握住它。
（2）我最需要的工作空间。
（3）闻起来好，烘焙的香味很道。
（4）第一口太好，但味道进了口味好，这种口味我的饮。
（4）继续品尝时我然感到饱满意。

工作
（1）我把咖啡放在我劳动的桌子上，并包放在地上。
（2）我拿出了我的笔记本电脑和鼠标，把它们放在桌子上。
（3）这张桌子太低了，不方便工作，我把记本放在腿上，把鼠标放在桌子上。
（4）我换坐到另一张桌子旁，没有插座可用，表面很脏粗糙，但不是很好用。
（6）我发现免费的无线网络和无线密码使用方便，网络信号强度足够好。
（7）我闻到音乐我戴上耳机，播放音乐机里的歌曲。
（8）过了一会儿电脑电池使用时间，后电量另一张桌子来工作。
（9）空调出问题了，外边温度很冷，我只好穿了下外套。
（10）我在工作时发现不断有人往我，这是有一些糖的人，但是音乐太吵了，我从来不喜欢这种画面的感觉。

打包
（1）咖啡师经过我身边，向顾客宣布在10点半关门。
（2）我整理好自己的行李，进出门口。
（3）工作人员向我说晚安。

离店
（1）我走向车，希望继续工作，但我知道门已经关上了，保持好思维状态继续工作。

思考（开车）
（1）我在回家的路上，可办公室继续工作，而且无电脑插座。

（4）使用阶段（Usage）：顾客实际使用产品或服务。例如，顾客达到餐厅，坐下、点菜、吃饭。

（5）反馈阶段（Feedback）：顾客对产品或服务进行评价和反馈。例如，顾客吃完饭后，觉得满意或不满意，可能会在平台上进行评价。

（6）忠诚阶段（Loyalty）：顾客对消费体验的综合感受。例如，顾客决定是否再次购买或推荐给他人。

（三）接触点（Touch Points）

标注顾客在各阶段与企业互动的具体环节，如网上搜索、预订、前台接待、用餐服务、结账及送客等。接触点就是这些顾客与企业或品牌发生互动的具体环节或渠道。

以餐饮行业为例，顾客消费过程中的接触点主要包括以下方面：

（1）线上渠道。顾客通过网络搜索餐厅信息、在餐饮预订平台浏览或操作预订系统。

（2）餐厅前台。到店后与前台工作人员沟通交流、确认预订或等待座位。

（3）服务人员。点餐时与服务员沟通需求、上菜过程中的服务互动。

（4）菜品体验。实际品尝的食物口味、摆盘及食材质量。

（5）结账环节。在收银台完成买单流程，包括支付方式、发票开具等服务。

（四）顾客期望与实际体验（Expectations vs. Actual Experience）

分别记录顾客在每个接触点的期望和实际体验，找出两者之间的差距，为改进措施提供依据。例如，顾客可能期望餐厅的上菜速度快，但实际体验中却等待了很长时间，这种差距就可能影响顾客的满意度。

（五）情感曲线（Emotional Journey）

描绘顾客在各阶段的情绪变化，如从初始的兴奋到中途的失望，再到最终的满意或遗憾，直观反映体验高低起伏。通过标注顾客在每个阶段的情绪状态（如满意、失望、兴奋、焦虑等），企业可以直观地看到哪些环节让顾客感到愉悦，哪些环节可能需要改进。例如：

想吃饭时 有点饿，伴随对美食的期待。

找餐厅时 有点焦虑，担心找不到合适的餐厅。

预订成功后 因解决用餐问题而感到轻松，对体验产生初步好感。

到餐厅后 前台服务高效热情会让人开心，长时间等待则容易不耐烦。

用餐时 菜品美味、服务员态度亲切会让人感到满意；若菜品口味不佳或服务不周，会产生失望情绪。

用餐结束 整体体验良好会让人心情愉悦，甚至主动推荐给他人；体验不佳则会感到沮丧，影响复购意愿。

（六）痛点与机会点（Pain Points & Opportunities）

识别顾客在体验过程中遇到的问题和不满，发现可以改进或创新的服务环节，为企业制定改进策略提供参考。如针对顾客感到服务不周到、产品缺陷、流程烦琐等问题，企业可以找到改进或创新的机会点，如提供个性化服务、优化流程、提升效率等。这些痛点和机会点是企业制定改进策略的重要依据。

三、餐饮顾客消费体验旅程梳理

以中餐零点顾客的进餐过程为例，按照典型就餐流程对顾客体验旅程进行阶段性说明，同时分析顾客在各阶段的期望、触点与痛点。图7-3为A餐饮店顾客体验图。

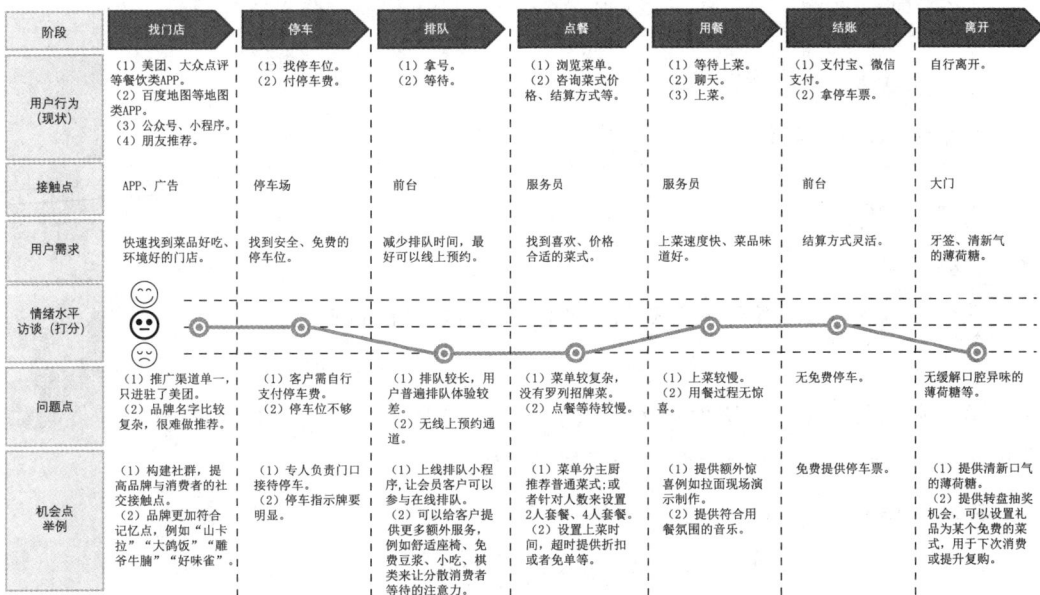

阶段	找门店	停车	排队	点餐	用餐	结账	离开
用户行为（现状）	(1) 美团、大众点评等餐饮类APP。(2) 百度地图等地图类APP。(3) 公众号、小程序。(4) 朋友推荐。	(1) 找停车位。(2) 付停车费。	(1) 拿号。(2) 等待。	(1) 浏览菜单。(2) 咨询菜式价格、结算方式等。	(1) 等待上菜。(2) 聊天。(3) 上菜。	(1) 支付宝、微信支付。(2) 拿停车票。	自行离开。
接触点	APP、广告	停车场	前台	服务员	服务员	前台	大门
用户需求	快速找到菜品好吃、环境好的门店。	找到安全、免费的停车位。	减少排队时间，最好可以线上预约。	找到喜欢、价格合适的菜式。	上菜速度快、菜品味道好。	结算方式灵活。	牙签、清新气的薄荷糖。
情绪水平访谈（打分）							
问题点	(1) 推广渠道单一，只进驻了美团。(2) 品牌名字比较复杂，很难做推荐。	(1) 客户需自行支付停车费。(2) 停车位不够。	(1) 排队较长，用户普遍排队体验较差。(2) 无线上预约通道。	(1) 菜单较复杂，没有罗列招牌菜。(2) 点餐等待较慢。	(1) 上菜较慢。(2) 用餐过程无惊喜。	无免费停车。	无缓解口腔异味的薄荷糖等。
机会点举例	(1) 构建社群，提高品牌与消费者的社交接触点。(2) 品牌更加符合记忆点，例如"山卡拉""大鸽饭""雕爷牛腩""好味雀"。	(1) 专人负责门口接待停车。(2) 停车指示牌要明显。	(1) 上线排队小程序，让会员客户可以参与在线排队。(2) 可以给客户提供更多额外服务，例如舒适座椅、免费豆浆、小吃、棋类来让分散消费者等待的注意力。	(1) 菜单分主厨推荐普通菜式；或者针对人数设置2人套餐、4人套餐等。(2) 设置上菜时间，超时提供折扣或者免单等。	(1) 提供额外惊喜例如拉面现场演示制作。(2) 提供符合用餐氛围的音乐。	免费提供停车票。	(1) 提供清新口气的薄荷糖。(2) 提供转盘抽奖机会，可以设置礼品为某个免费的菜式，用于下次消费或提升复购。

图7-3　A餐饮店顾客体验图

（一）预订

1. 顾客行为

多数顾客在明确主题或特殊需求（商务宴请、生日聚餐、朋友聚会等）时会提前预订；在热门餐厅或节假日高峰时段，为避免长时间等候，顾客也倾向于提前预订。

2. 期望

顾客期望便捷的预订渠道，一键触达快速完成；专业的预订服务，能理解并满足顾客需求；准确的预订信息反馈，如餐厅名称、时间、房号、地址导航等。

3. 服务触点

预订电话、线上平台（大众点评、美团）、销售客服、第三方代订服务。

4. 常见痛点

预订信息不透明(如座位类型不明)、响应速度慢、未确认订单导致纠纷。

(二)抵达

1. 顾客行为

顾客到达餐厅时通常先关注停车及位置指引。

2. 期望

顾客期望便捷抵达:停车场标识清晰且容量充足;动线明确,通过电子导航或物理标识快速定位门店;即时响应,迎宾人员在3秒内给予到店指引。

3. 服务触点

停车场、门店标识、迎宾引导。

4. 常见痛点

停车位不足、门店位置隐蔽、无人引导导致顾客迷茫。

(三)入店

1. 顾客行为

顾客进入餐厅后,首先关注候位区的舒适度和环境氛围。

2. 期望

顾客期望能迅速、愉快地进入用餐状态;候位时间 $\leqslant$ 15 分钟,若需较长等待则提供相应服务(茶水、零食、座椅等);环境舒适,噪声值 $\leqslant$ 65 分贝。

3. 服务触点

候位区、环境氛围、服务员接待。

4. 常见痛点

候位区座位不足、候位时间过长、环境嘈杂、服务员态度冷漠。

(四)餐前

1. 顾客行为

用餐前,顾客会浏览菜单,听取服务员的菜品推荐,检查餐具卫生。

2. 期望

顾客期望接待及时,迅速带顾客到预订房间或安排餐位,送上茶水并询问需求;餐具安全、餐桌整洁;菜单设计清晰明了,有专业的菜品介绍;推荐精准,服务人员熟悉菜品,并根据顾客需求和预算进行匹配;态度友好,尊重顾客选择,无强行推销。

3. 服务触点

餐桌布置、餐具摆放、餐前茶点、点菜推荐、菜单内容。

4. 常见痛点

无人理会、餐具清洁度存疑、菜单信息混乱、服务人员一问三不知、推荐菜品与需求不符、强行销售。

（五）餐中

1. 顾客行为

正式用餐过程中,顾客关注菜品的口味、上菜速度和温度,以及服务员的响应。

2. 期望

顾客期望上菜顺序合理且速度适中;菜品温度、口感符合预期;服务员能及时关注顾客需求,快速响应。

3. 服务触点

菜品质量、上菜服务、斟酒服务、席间服务、服务响应。

4. 常见痛点

上菜慢、上菜顺序错乱、菜品温度不足、服务响应滞后。

（六）餐尾

1. 顾客行为

用餐接近尾声时,顾客通常会考虑结账与打包剩余菜品。

2. 期望

顾客期望账单优惠或至少结账流程准确、迅速;便捷多样的支付方式;剩菜打包服务完善,避免浪费;能主动征询顾客意见反馈。

3. 服务触点

结账流程、打包处理、意见征询。

4. 常见痛点

结账等待过长、账单核算错误、打包服务收费争议、收集意见反馈生硬或形式化。

（七）送客

1. 顾客行为

顾客离店时,通常期待礼貌的送别与感谢。

2. 期望

顾客期望离店关怀,送别话术、温馨提示;附加价值,如赠送停车券或小礼品;记忆强化,赠送品牌文创伴手礼等。

3. 服务触点

送客服务、智能寻车系统、雨具租借、附加服务。

4. 常见痛点

送客流程敷衍、停车券发放系统故障等。

（八）感谢

1. 顾客行为

离店后,餐厅若能通过短信、微信等方式发送个性化感谢或优惠信息,可有效增强顾客忠诚度。

2. 期望

顾客期望情感延续,在离店后24小时内收到个性化的感谢;会员关怀,积分兑换路径清晰,优惠券赠送、复购提醒等。

3. 服务触点

信息推送、企业微信专属管家、短信模板库、会员管理系统、沉睡顾客唤醒计划、场景化优惠券推送等。

4. 常见痛点

信息推送频次失控、积分规则复杂、优惠券同质化严重。

四、设计顾客体验旅程图的步骤及方法

设计顾客体验旅程图是一个系统性的过程,以下是设计顾客体验旅程图的步骤及方法,并结合酒店餐饮行业的具体案例进行详细说明。

（一）定义顾客角色

通过市场调研、顾客访谈和数据分析,构建代表性顾客角色(Persona),描述其基本信息、需求、期望及行为模式。

顾客角色:小李,28岁上班族,热衷尝试新餐厅,注重菜品质量和用餐环境。他的期望:预订便捷、环境舒适、菜品美味、服务周到。他的行为:通常通过网络平台预订,用餐时拍照分享到社交媒体。

（二）确定旅程阶段

根据顾客角色行为路径,将整个用餐过程划分为意识、考虑、购买、使用、反馈、忠诚六个阶段。

例如:小李突然觉得饿,决定外出用餐(意识阶段);上网搜索餐厅并查看评论(考虑阶段);通过预订平台预订座位(购买阶段);到店用餐(使用阶段);用餐后在平台上评价(反馈阶段);以后小李外出用餐首选该餐厅(忠诚阶段)。

（三）识别接触点

从顾客视角出发,梳理在各阶段可能接触的所有环节,具体包括以下内容。

（1）意识阶段:通过社交媒体广告、朋友推荐等渠道知晓餐厅。

（2）考虑阶段:访问餐厅官网、查看评价平台（如大众点评、美团等）了解详情。

（3）购买阶段:使用在线预订系统完成预订,或通过客服电话咨询并确认订单。

（4）使用阶段:到店后接触前台接待、服务员服务、用餐环境及菜品体验。

（5）反馈阶段:通过在线评价平台发表消费感受,或填写餐厅反馈问卷提供建议。

（6）忠诚阶段:可以通过顾客的语言和行为判断,如顾客说"我是你们餐厅的老顾客""喜欢你们的×××菜"等。

（四）描述顾客期望与实际体验

通过顾客访谈、问卷调查收集信息,记录顾客在各接触点的期望与实际感受。例如顾客的期望有预订便捷、环境安静、菜品美味、服务周到。实际的体验是预订系统操作复杂但客服电话响应快;餐厅环境嘈杂;菜品口味好但上菜较慢;服务员态度友好但介绍不详细。

（五）绘制情感曲线

根据顾客反馈和体验数据,将顾客在每个阶段的情绪状态（如兴奋、焦虑、满意、失望）绘制成曲线图,直观反映情感波动。

（六）识别痛点与机会点

对比顾客期望与实际体验,结合情感曲线,找出关键痛点并挖掘改进机会。例如,顾客的痛点是预订系统复杂、餐厅环境嘈杂、上菜慢、服务介绍不清晰;机会点就是优化预订系统、改善环境隔音、提升厨房出菜效率、加强服务培训。

企业通过设计顾客体验旅程图,能够全面掌握顾客在消费过程中的体验及情感变化,识别出服务流程中的不足,并据此制定改进措施,持续提升服务品质和顾客满意度。

教学互动——顾客体验触点分析

要求学生结合自己最近一次外出用餐的经历,列举各阶段的体验触点,并分析哪些环节表现良好,哪些环节存在不足。

Note

任务二　服务关键时刻（MOT）提炼

任务描述

　　本任务帮助学生理解服务关键时刻（MOT）的概念及其在餐饮服务中的重要性，学习如何洞察顾客需求、收集顾客反馈、识别并筛选关键MOT，掌握从多渠道收集顾客声音、罗列并排序顾客需求清单的方法，能够结合实际用餐经历识别关键MOT，并绘制顾客体验旅程图，标注期望与实际体验及情感曲线，以提升服务优化能力。

任务目标

　　1. 学生能够理解MOT的概念与作用，掌握洞察顾客需求的方法。
　　2. 能够从多渠道收集顾客反馈，准确识别并排序顾客需求。
　　3. 能够结合实际用餐经历，识别关键MOT并绘制顾客体验旅程图。

一、关键时刻（MOT）概念

（一）定义MOT

　　关键时刻（Moment of Truth，MOT）指的是顾客在与企业接触过程中形成服务质量认知的决定性节点。每一个MOT都可能直接影响顾客的满意度、忠诚度以及口碑传播。这一概念最早由北欧航空公司前CEO扬·卡尔松提出，他曾指出："北欧航空每年载客1000万人，每位乘客平均接触5位员工，每次接触仅15秒，而这5000万次15秒的'关键时刻'决定了公司的未来成败。"这段话生动地阐释了MOT的由来与重要性。

（二）MOT的作用

　　对于顾客来说，他们往往只记住那些决定性瞬间——正是这些MOT影响了他们对企业的整体评价。对于企业而言，全面提升整体服务水平往往难以落实且顾客不会全部记住。因此，精准定位并优化真正影响消费者决策的关键时刻，打造"巅峰体验"，才是服务设计的核心所在。

二、洞察顾客需求

（一）多渠道收集顾客声音

为了准确识别MOT,必须从多个渠道收集顾客反馈,具体方法包括以下内容。

1.顾客访谈

采用面对面、电话或视频访谈的方式,深入了解顾客在各个接触点的真实感受。在访谈中,确保记录"三要素":

（1）"是谁":描述目标消费者的基本特征。

（2）"在什么状况下":详细描述顾客所经历的具体情境,这是关键所在。

（3）"感受到什么":明确顾客在该时刻的情绪与体验,这将成为企业传递品牌信息的核心。

2.线上数据分析

利用大众点评、美团等平台的评论,以及微信、小程序、企业自有APP的用户反馈,收集和分析顾客的消费数据,了解顾客的消费习惯和偏好。例如,通过分析顾客的预订数据,餐厅可以了解顾客的用餐时间、人数等信息,合理安排座位和服务人员。

3.问卷调查

设计针对性问卷,量化顾客对各服务环节的满意度,为MOT的分析提供客观数据。

（二）罗列顾客需求清单

将收集到的顾客声音转化为实际需求,通常可分为三个层次:

（1）功能性需求:如菜品口味、上菜速度、价格等的需求。

（2）情感性需求:如尊重、关怀、个性化推荐和氛围营造的需求。

（3）社交性需求:如在生日、商务或朋友聚会等场景下,对仪式感、私密性或互动性的需求。

进餐顾客需求清单如表7-1所示。

表7-1　进餐顾客需求清单

消费过程	情景	顾客需求描述
预订	电话预订	（1）电话沟通顺畅,预订信息清晰明确; （2）及时向顾客发送预订确认信息(餐厅名称、用餐时间、房号等)
到达	车辆和人行通道	（1）清晰的交通和停车指引; （2）明确的人行及车辆进入标识; （3）专人指引,确保顾客顺利抵达

续表

消费过程	情景	顾客需求描述
入店	迎客服务	（1）热情迎接； （2）快速带位； （3）协助搬运行李或其他物品
餐前	落座、点菜	（1）入座舒适； （2）餐前茶点及菜单介绍； （3）菜品精准推荐,避免强行推销
餐中	上菜服务	（1）菜品上桌速度合理、顺序得当； （2）菜品温度和口感符合预期； （3）服务员及时回应需求
餐尾	结账打包	（1）结账准确快捷； （2）提供多种支付方式； （3）主动征询顾客反馈
送客	离店送别	（1）礼貌送别； （2）附加服务（如赠送停车券、小礼品）； （3）明确提示物品遗留
感谢	离店后反馈	（1）个性化感谢信息； （2）会员优惠、复购提醒； （3）信息推送频次适中,避免造成骚扰

（三）需求排序

将顾客需求根据"重要性"和"满意度"这两个指标进行排序。

1. 重要性指标

从最重要到最不重要对需求进行排序,以确定哪些需求对顾客决策影响最大,即判断各因素在消费者选择餐厅时的重要程度,按优先级从第 1 名排至第 n 名,最重要的项列于上方,最不重要的项列于下方（见表7-2）。

表7-2　顾客需求的"重要性"排序

排序	最重要的需求
1	预订信息准确
2	菜品口味
3	上菜速度
4	服务态度
5	餐厅环境

续表

排序	最重要的需求
6	
7	
8	
9	
10	
⋮	
n	最不重要的需求

2. 满意度指标

按照从最不满意到最满意的顺序进行排序,能够精准找出顾客认为最需要改进的服务环节。这一分析聚焦于消费者对各服务环节的满意度评价,与常规排序不同,此处需采用由低到高的排列方式——将满意度最低的环节置于顶端,满意度最高的环节置于底部(见表7-3)。

表7-3　顾客需求的"满意度"排序

排序	最不满意的方面
1	上菜速度
2	环境嘈杂
3	服务人员形象
4	菜单价格
5	点菜推荐
6	
7	
8	
9	
10	
⋮	
n	最满意的方面

(四)识别关键MOT

1. 整合指标

将"重要性"和"满意度"的两个指标排序组合到一起(见图7-1)。

Note

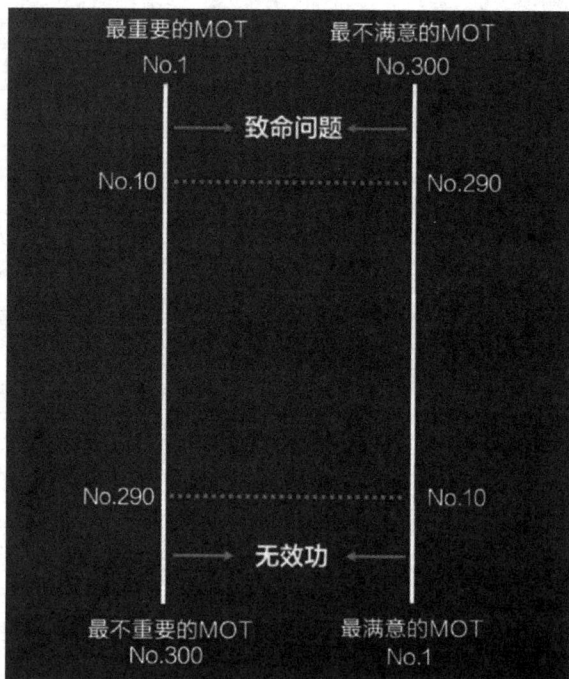

图7-1　顾客需求的"重要性"和"满意度"并列排序

2. 筛选关键MOT

假设你梳理了100个MOT,可在排序第十位处画一条线,筛选出顾客认为最重要的前十项MOT;同时,找出排序倒数十位的MOT(即顾客最不满意的环节)。如果"最重要的前十项"和"最不满意的后十项"存在重复,说明顾客认为最关键的环节,恰恰是企业做得最差的部分,这是极其致命的问题,若不尽快改进,可能对企业造成严重影响。

同理,在排序第九十位处画一条线,若顾客认为"最不重要的后十项MOT"与"最满意的前十项MOT"存在重复,则意味着企业在这些对顾客而言无关紧要的环节上投入了过多精力,属于无效工作。

这便是从100个MOT中筛选关键项的基本方法之一。通过这一对照分析,可清晰判断是否存在以下情况:顾客认为最重要的环节,企业表现却最差;顾客认为最不重要的环节,企业却过度优化。需针对性地审视并调整资源投入,以提升顾客体验的有效性与满意度。

3. 关键MOT选择原则

(1)找重点的顾客群:重点关注那些忠实客户的反馈,因为他们的需求最能反映企业核心价值。

(2)聚焦企业重点提升领域:依据进店、转化、复购和推荐四个环节,选择问题突出的节点。

（3）关注黄金时刻：选择处于"最初、最高、最终"阶段的MOT，确保服务能在关键时刻打动顾客。

（4）确保品牌信息落地：选出的MOT应能体现企业核心品牌信息，避免多样化导致顾客认知模糊。

（5）找到自身优势并放大：理想的MOT应满足"我可以做得更好、顾客认为重要、竞争对手未做好"的条件。

通过不断剥离、对比和筛选，最终确定出一组关键MOT，并针对这些节点制定具体的优化方案。

教学互动——顾客体验旅程图绘制

一、识别关键MOT

结合你最近一次在餐厅就餐的经历，说说你当时有哪些重要的需求？最不满意的地方是什么？列举你认为最影响体验的三个关键时刻，并分析为什么这些时刻对你而言如此重要。

二、顾客体验旅程图绘制

学生选择合适工具（如PPT或在线协作平台），绘制自己用餐经历的简易"顾客体验旅程图"，标注各阶段的期望与实际体验，并绘制情感曲线。

任务三 创新服务方案设计

任务描述

本任务通过华航商务舱服务体验设计案例，帮助学生理解创新服务方案设计的重要性，学习如何从餐饮服务领域实际需求出发，设计上菜仪式、生日宴服务及创造惊喜服务等创新方案，以提升顾客体验和品牌竞争力。学生将掌握体验流程设计方法，进行方案设计、演示与优化。

任务目标

1.学生能够理解创新服务方案设计的重要性，掌握其设计方法。

2.能够结合实际需求，设计出具有特色的上菜仪式、生日宴服务及创造

Note

惊喜服务方案。

　　3.能够通过模拟演示与角色扮演展示方案效果,并根据反馈进行优化。

案例导入:华航商务舱服务体验设计

　　中华航空曾面临这样一大困境:低毛利的经济舱每班都座无虚席,而高毛利的商务舱却门可罗雀。为改变这一现状,华航管理层开始思考:商务舱与经济舱在客群构成上究竟有何不同?消费者在选择舱位时,是更看重餐食、服务、整体体验还是座椅舒适度?所有这些因素都会对消费者的决策产生影响,但究竟哪一"关键时刻"才是决定性因素呢?

　　为此,香港大学汪志谦副教授携手华航的精英团队展开深入研究。经过初步筛选300个关键时刻、不断研讨缩减至84个、随后通过大量焦点团体座谈(FGD)及对3000份面向华航及其竞争对手高端客户的量化问卷调查,最终确认能显著影响消费者决策的关键时刻不足10个。这一结果表明,企业盲目地在所有环节上大幅提升服务质量,往往事倍功半,因为消费者往往只记得那几个决定性时刻。

　　在这不到10个关键时刻中,排名第一的竟然是"睡觉"这一时刻。为什么?在长途飞行中,乘客花费最多时间的正是休息睡眠。对于商务舱的消费者而言,他们工作繁忙,一到目的地便需迅速投入工作,若在飞机上睡眠体验不佳,便会立刻影响接下来的状态。基于这一洞察,华航在"睡觉"这一关键时刻开展了专属体验设计,力图让消费者在休息时感受到"哇,不一样,华航好厉害"的惊喜体验。

　　情景再现:

　　假设您正乘坐华航商务舱,一位空姐走至您的座位前微笑问道:"请问您现在是不是准备休息了呢?"

　　您回答:"是的。"

　　空姐随即说明:"好的,请允许我为您介绍,我们华航提供一项专属的铺床服务。此座椅可实现180度平躺,您可以先在旁边休息片刻,我来为您铺床。"

　　您站起,空姐便开始动作娴熟地为您更换全新的床单,铺上柔软的被子和枕头——均采用优质白鹅绒制成,以确保您在机舱内不受寒冷困扰。同时,她还将一款与知名厂商联合推出的限量版梳洗包赠送给您,方便您在起床后整理仪容。服务结束时,空姐满怀诚意地道:"您的铺床服务已为您准备妥当,感谢您选择华航,祝您一路安睡,愉快抵达纽约!"

　　回访显示,绝大多数消费者在此时刻不仅体验到了尊贵服务,还纷纷拍照留念,并分享到朋友圈,形成口碑裂变效应。当旁边的乘客看到这一幕时,往往也会期待享受同样的尊贵体验,从而带动整体商务舱销量的提升。

这一案例充分说明:在激烈竞争中,只有精准抓住消费者决策中最关键的时刻,并在这些时刻进行差异化设计,才能真正打动顾客心智,实现产品的持续复购与口碑传播。

现今,餐饮消费者越来越注重个性化服务和情绪价值,传统的标准服务技能和流程规范已难以满足顾客需求。餐厅经营者纷纷重新调研顾客需求,挖掘出体验中的关键时刻,并据此设计出诸如上菜仪式服务设计、生日宴服务设计、创造惊喜服务设计等全新体验流程服务方案。

一、上菜仪式服务设计

在餐饮体验设计中,上菜仪式不仅仅是菜品的送达过程,更是一种增强菜品特色、提升顾客体验及传播品牌形象的重要服务环节。精心设计的上菜仪式能使顾客在用餐过程中体验到独特的情绪价值和文化内涵,从而对餐厅产生深刻印象。

(一)设计上菜仪式的目的

1. 增强菜品特色

通过仪式化的上菜方式,将菜品的背景、食材的独特性以及制作工艺呈现给顾客,提升菜品的附加价值与记忆点。

2. 提升顾客体验

将上菜环节由单纯的功能性动作转变为一场小型表演,通过视觉、听觉,甚至嗅觉等多重感官刺激,使顾客在就餐过程中获得惊喜与满足,增强整体用餐体验。

3. 传播品牌形象

精心设计的上菜仪式往往能成为顾客拍照、分享的热点,借助社交媒体传播,形成良好的口碑效应,进而提高品牌知名度与美誉度。

(二)上菜仪式的设计步骤

1. 了解菜肴背景与特点

需要了解的内容有:菜肴来源与历史故事,探索菜品的起源、传承与文化内涵,挖掘故事性元素;食材特色,重点了解所用食材的特殊之处,如产地、季节性、营养价值等;菜品制作工艺,独特的烹饪技艺或传统手工制作方法,让顾客对菜品产生期待;菜品的味道与口感,明确菜品风味,帮助顾客形成味觉预期。

2. 设计上菜仪式流程

上菜仪式流程设计包括:服务流程,规定上菜的顺序与时间节点,确保流程标准化与高效运转;视觉效果,重视创意摆盘、餐具选择及装饰元素,如精致的餐盘、独特的灯光布置等;动作设计,设计服务员上菜时的动作与互动环节,如现场演示、与顾客的亲切问候等,形成动态仪式感;声音效果,合理运用背景音乐和空中口语解说,配合上菜环节营造气氛,使整个仪式更具仪式感和吸引力。

3. 设计讲菜话术

设计讲菜话术的要求包括:简明扼要,话术要清晰、简练,突出菜品亮点;生动形象,用形象生动的语言描述菜品,让顾客能够在脑海中形成画面感;文化衬托,融入菜品背后的文化故事,提升顾客对菜品的认同感和情感共鸣。

教学互动——案例分析

案例一:"大湖有机鱼头"上菜仪式流程

1.上菜环节

服务员通过用餐车将"大湖有机鱼头"菜品送至餐桌,同时播放轻快的背景音乐以吸引顾客注意。

2.讲菜环节

当音乐缓缓停止后,服务员向在座贵宾介绍:"尊敬的贵宾,大家中午好,今天我们为您奉上店内招牌菜——'大湖有机鱼头'。这道菜选用大湖中优质的胖头鱼,每条鱼重量均在五斤半以上,气势非凡;配以湖南秘制的辣椒酱调制,风味独特。在上菜前,我们还有一个淋油环节,以充分激发蒜蓉、葱花和辣椒的香气。"

3.淋油操作

服务员现场进行淋油操作,锅中传出"滋滋"声响,香气四溢。操作过程中,服务员热情道:"贵宾到家,锦上添花!鱼头一来,升官发财!"并宣布稍后还将奉上一份陕西风味的裤带面作为赠送菜品。

4.祝福环节

最后,服务员代表餐厅向在座各位送上祝福:"祝愿各位贵宾生活红火、事业顺遂,祝您用餐愉快!"

案例二:"北京烤鸭"上菜设计

1.上菜流程

服务员推来一辆装饰有京剧脸谱和宫灯元素的小车,车内摆放着精心制作、色泽金黄的北京烤鸭,并随车展示小炉子以凸显传统工艺。

随后,服务员用专业刀法将烤鸭片成薄片,整齐地摆放在精美瓷盘中,同时配以葱丝、黄瓜条及甜面酱。

2.介绍话术

服务员向顾客介绍:"尊贵的顾客,您现在品尝的是中国传统名菜——北京烤鸭。这道菜不仅历史悠久,文化底蕴深厚,更是中华美食的瑰宝。我们的烤鸭选用优质填鸭,采用果木炭火慢烤,外皮酥脆、内里鲜嫩。请您品尝时搭配葱丝、黄瓜条和甜面酱,体会这份京城独特的风味。"

案例三:"炭烤海鲈鱼"上菜设计

1.上菜呈现

视觉效果:整条海鲈鱼在木质托盘上呈现,搭配新鲜柠檬和香草点缀,色泽诱人。

动作设计:服务员在顾客面前用火焰喷枪轻炙鱼皮,使其更酥脆,并现场挤上柠檬汁。

声音效果:伴随着火焰轻响和背景播放的海浪声,进一步营造出鲜活海味的体验氛围。

2.介绍话术

服务员向顾客介绍:"各位贵宾,这道炭烤海鲈鱼选用每日新鲜捕捞的海鱼,经过精心炭火慢烤,外皮酥脆、鱼肉鲜嫩多汁。配合火焰炙烤的独特香气和柠檬的清新点缀,让您仿佛置身于海边,品味大自然的馈赠。"

教学互动——方案设计与演练

一、方案设计任务

学生分组选择实际餐厅案例,设计一套符合品牌风格的上菜仪式流程方案。方案设计应包含:

(1)菜品选择。确定一道具有代表性的餐厅特色菜品。

(2)菜肴背景调研。分析菜品来源、历史故事、食材特点、制作工艺及口感。

(3)流程设计。规划详细的服务流程、视觉效果、动作设计和声音效果。

(4)讲解话术编写。撰写简洁、明了、生动且融入文化背景的讲解话术。

二、流程演示与角色扮演

(1)各组通过现场模拟、视频演示或角色扮演展示方案实施效果。

(2)小组成员分工明确,分别扮演服务员、顾客等角色。

(3)老师现场点评并提出改进建议,学生根据反馈进行优化调整。

二、生日宴服务设计

(一)设计生日宴服务的目的

生日宴是餐饮服务中的重要场景之一,旨在通过精心设计的服务流程,为顾客提

供独特而难忘的用餐体验,增强品牌影响力。具体目的如下:

1. 营造喜庆氛围

生日对于每位顾客而言都是极具纪念意义的日子,因此,餐厅需通过精心的场景布置与氛围营造,让寿星及顾客感受到浓厚的节日喜庆感。通过灯光、音乐、气球、鲜花等元素,打造温馨而富有仪式感的庆生环境。

2. 提升顾客体验

现代顾客不仅追求美食,更重视整体用餐体验。通过个性化、定制化的生日宴服务,例如专属祝福、惊喜环节、互动游戏等,使寿星与顾客沉浸其中,增进情感共鸣,使生日宴成为一场令人难忘的欢乐盛宴。

3. 传播品牌形象

精心策划的生日宴往往能成为社交媒体上的热门话题,让顾客愿意分享愉快的用餐经历,从而带动口碑传播,提升品牌知名度和美誉度。通过打造独特的生日服务体验,增强餐厅的竞争力和顾客忠诚度。

(二)生日宴服务设计的流程

为了确保生日宴服务的高质量和个性化体验,餐厅需按照以下流程进行系统化设计和执行。

1. 预先沟通与需求确认

在生日宴预订阶段,与顾客详细沟通,了解寿星的个人喜好、生日主题、特殊需求及宾顾客数,确保服务方案契合顾客期待。此外,收集顾客对宴会场地、布置、节目安排等方面的具体要求,提供可选套餐或定制化方案。

2. 环境与氛围布置

依据顾客需求和餐厅风格,设计与生日主题相符的装饰方案,如彩色气球、主题背景墙、桌面摆件、鲜花布置、烛光点缀等。此外,调整餐厅灯光,播放欢快的背景音乐,增强庆祝氛围,让寿星和顾客沉浸在温馨愉悦的用餐环境中。

3. 个性化仪式设计

为了让生日宴更具仪式感,可设置以下环节。

(1)生日蛋糕仪式。蛋糕上桌时,餐厅可播放生日祝福歌曲,邀请全场顾客共同祝福寿星。

(2)专属祝福。由服务员或主持人献上祝福,赠送手写贺卡、小礼品或定制菜品,增强顾客情感体验。

(3)互动小游戏或表演。如餐厅员工集体送上掌声祝福、安排乐队演奏、寿星趣味问答等,以增强宴会的欢乐氛围。

4. 服务细节与讲解话术

制定标准化服务流程与话术,确保服务员能够准确传达生日宴特色。例如,服务员在介绍菜品时,可以强调菜品的特殊寓意和制作工艺。通过温馨、富有情感的语言介绍菜品与服务背景。例如,在介绍生日蛋糕时,可以说:"这款生日蛋糕是我们的特别定制款,采用了新鲜的动物奶油和水果,寓意着寿星的生活甜甜蜜蜜。"在关键环节(如蛋糕上桌、祝福环节)保持热情与专业,适时互动,提高顾客满意度。

5.反馈与持续改进

宴会结束后,餐厅可通过问卷调查、社交平台留言或电话回访等方式收集顾客反馈。对于顾客提出的意见和建议,及时总结经验,并优化服务细节,形成持续改进机制,提升整体服务质量。

教学互动——案例分析

星光下的生日派对

某知名餐厅为寿星定制了一场"星光下的生日派对"。餐厅提前与顾客沟通,了解到寿星喜欢星空主题,于是对场地进行了精心布置。场地中央悬挂着闪烁的星星灯,四周摆放着蓝色和白色的气球,营造出一种浪漫的星空氛围。

在生日宴过程中,餐厅安排了专属的生日蛋糕仪式。服务员推着装饰有星星和月亮的蛋糕车进入场地,唱着生日歌,为寿星送上了一款特别定制的星空主题蛋糕。蛋糕上点缀着闪烁的星星和寿星的名字,让寿星感到非常惊喜。

此外,餐厅还安排了互动环节,如猜谜语、抽奖等,让顾客们在欢乐的氛围中共同为寿星庆祝生日。餐厅还为每位顾客准备了一份小礼物,上面印有餐厅的标志和祝福语,让顾客们在享受生日宴的同时,也对餐厅的品牌留下了深刻印象。

顾客在社交平台上分享了生日宴的照片和视频,引发了大量点赞和评论,为餐厅带来了良好的口碑和品牌传播效果。

教学互动——方案设计与演练

一、方案设计任务

学生分组选择一家实体餐厅,设计符合其品牌风格的生日宴服务方案,方案内容应包括整体构思、具体流程设计、讲菜及祝福话术编写等。

二、流程演示与角色扮演

各组开展现场模拟演练,进行角色扮演展示完整生日宴服务流程与互动细节;老师现场点评,提出改进建议,学生根据反馈优化设计方案。

三、创造惊喜服务设计

在当前竞争激烈的餐饮市场中，常规服务已难以满足顾客日益提升的体验需求。通过创造性设计惊喜服务，不仅可以打破传统用餐体验，更能在顾客心中留下深刻印象，从而提升顾客满意度、复购率，并形成独特的品牌差异化优势。

（一）设计创造惊喜服务的目的

1. 打破常规体验

通过设计意料之外的服务环节，打破传统、单一的用餐流程，营造独特且富有创意的用餐体验。让顾客在平常用餐过程中获得意外的惊喜与感动，体验到餐厅与众不同的服务魅力。

2. 激发顾客情感共鸣

在细节处下功夫，通过贴心、富有情感的服务设计，促使顾客产生情感共鸣，从而提高顾客对用餐体验的认可度。这种情感共鸣不仅能提升即时满意度，还会转化为长期复购和忠诚度。

3. 形成品牌差异化

通过不断推陈出新的服务创意，打造品牌独有的"惊喜记忆点"。当顾客体验到这种创新、意外的服务时，便会对品牌产生更高的认同感和传播意愿，从而在社交媒体上自发传播，形成良好的口碑裂变效应。

（二）创造惊喜服务设计的流程

1. 识别关键时刻与痛点

分析顾客从进店到离店的整个体验旅程，找出那些容易被忽视但对顾客情感波动有重要影响的关键节点。例如，在顾客等待上菜的过程中，可能因为饥饿或无聊而产生烦躁情绪，这时就可以考虑在这个环节为顾客提供一些小零食或娱乐活动，以缓解他们的负面情绪。

通过数据分析、顾客反馈和实地观察，确定可以制造惊喜的服务环节。比如，分析顾客在餐厅的消费记录和评价，发现顾客对餐厅的甜品评价较高，那么可以在顾客享用甜品时，为其送上一份特别的甜品装饰或搭配，给顾客带来惊喜。

2. 创意构思与方案制定

发挥团队的创意，结合餐厅的定位和目标顾客群体，构思出符合餐厅风格的惊喜服务点。例如，对于一家主打年轻时尚的餐厅，可以设计一些互动性强、富有创意的惊喜服务，如隐藏菜单、定制化的拍照道具等；而对于一家高端商务餐厅，则可以考虑提供个性化的商务礼品或专属的贵宾服务。

组织团队进行头脑风暴讨论，将大家的想法进行整合和筛选，形成初步的服务方案,并进一步细化操作细节。比如,在设计隐藏菜单时,需要确定隐藏菜品的内容、触发条件以及如何向顾客介绍等具体细节。

3. 设计服务流程与互动环节

详细规划惊喜服务的执行流程,包括服务员的动作、道具的使用、声音和灯光效果等。例如,在为顾客送上神秘盲盒时,服务员可以用神秘的语言和动作引导顾客打开盲盒,同时配合轻快的音乐和闪烁的灯光,营造出一种充满期待和惊喜的氛围。

制定标准化的讲解话术和互动流程,确保现场效果的一致性。比如,在介绍隐藏菜单时,服务员需要用统一且富有吸引力的话术向顾客推荐,让顾客感受到餐厅的专业和用心。

4. 测试与反馈优化

通过试运营或小范围试点,收集顾客对惊喜服务的反馈。例如,可以选择一部分顾客进行体验,并通过问卷调查、现场访谈等方式了解他们对惊喜服务的感受和建议。

根据反馈数据不断调整和优化服务方案,确保惊喜效果和顾客满意度。比如,如果顾客对某项惊喜服务的反馈不佳,可以及时进行改进或替换,以提升服务的质量和效果。

教学互动——案例分析

案例一:神秘盲盒体验

(角色说明:A——服务人员;B——顾客小朋友;C——小朋友家长)

A:小朋友,我是开心姐姐,现在给你送礼物来了。

B:好呀好呀! 什么礼物?

A:请问小朋友叫什么名字?

B:我叫赵一丹。

A:哦,你叫赵一丹。丹丹你好,你今天是跟谁一起来的?

B:妈妈。

A:(向顾客打招呼)女士您好!

A:丹丹,你知道妈妈最喜欢吃今天的哪一道菜吗? 如果你说对了,开心姐姐就送你礼物哦!

B:是那个排骨。

A:哦! 是蒜香排骨呀,这是一道最受我们顾客喜爱的菜,请问妈妈,丹丹说对了吗?

C:对的对的!

A:哇! 丹丹真棒。快来抽一个盲盒吧,看看今天有什么惊喜?

(以下程序略,后续依照设定流程继续互动。)

案例二：不同房间的水果

某饭店在接待一个非常重要的会议期间，通过细致调研顾客的喜好，根据不同客户的口味和需求，为每个房间精心定制水果。会议从第二天开始，每个房间的水果均不相同，这一细致入微的服务让顾客感受到惊喜与尊重，从而极大提升了会议的整体满意度和品牌美誉度。

教学互动——方案设计与演练

一、创意方案设计

学生分组选择一家实体餐厅，根据目标顾客需求设计一项独特的惊喜服务方案。方案设计应包含关键时刻识别、创意构思、具体服务流程及标准化话术的编写。

二、模拟演示与讨论

各小组通过现场模拟、视频演示或角色扮演的方式展示方案实施效果。全班共同讨论各组方案的优劣，由老师现场点评并提出改进建议。

项目小结

本项目围绕"打动人心的服务体验设计"这一主题，通过华航商务舱服务体验设计案例的引入，学习了如何设计顾客体验旅程图，掌握了通过可视化工具梳理顾客体验、识别服务痛点的方法；深入剖析了如何从顾客体验全流程中精准识别关键时刻（MOT），并以此为切入点进行差异化服务设计。

项目训练

知识训练

扫码查看具体内容。

知识训练
▼

项目七

Note

项目八
餐饮技能精进与服务创新

项目描述

本项目旨在引导学生认识并掌握餐饮行业中服务技能的精进与创新。通过系统学习如何妥善处理顾客投诉、金钥匙服务的理念与实践案例,以及餐饮服务技能竞赛的设计方法,学生将了解高端餐饮服务的核心要素,学会如何通过细致入微的服务提升顾客体验,进而推动企业服务的不断升级。

项目目标

知识目标

1. 掌握处理客诉的"黄金原则"与"六步法"标准化流程,熟悉常见投诉场景的应对策略与沟通话术。
2. 了解金钥匙服务的定义、起源、核心理念、特点及关键实施要素。
3. 掌握国家及国际职业技能等级标准与餐饮服务技能竞赛的设计方法。
4. 熟悉餐饮技能竞赛项目设置的原则、依据及评分体系。

能力目标

1. 能够独立处理典型客诉场景,如菜品质量问题、等待时间过长等。
2. 能够独立设计餐饮服务技能竞赛项目,并制定详细的评分标准。

素养目标

1. 强化冷静应对突发事件的职业素养。
2. 提高服务创新意识,注重细节和情感价值,树立品牌服务形象。
3. 培养团队协作和持续改进精神,为企业打造卓越服务体验提供支持。

知识导图

```
                                    ┌─ 重新认知顾客投诉
                        妥善处理顾客投诉 ─┼─ 处理客诉的黄金原则与标准化流程
                                    ├─ 典型客诉场景与应对策略
                                    └─ 客诉预防与持续改进

                                    ┌─ 金钥匙服务的定义与起源
餐饮技能精进                          ├─ 金钥匙服务的核心理念与特点
与服务创新      ───      金钥匙服务认知 ─┼─ 金钥匙服务的核心要素
                                    ├─ 金钥匙服务的技能要求
                                    └─ 金钥匙的行业前沿与职业发展

                                    ┌─ 岗位职业技能等级鉴定
                                    ├─ 服务技能大赛举办情况
                      餐饮服务技能竞赛设计 ─┼─ 设置竞赛项目的原则和依据
                                    ├─ 竞赛项目评分设计
                                    └─ 技能竞赛选手训练
```

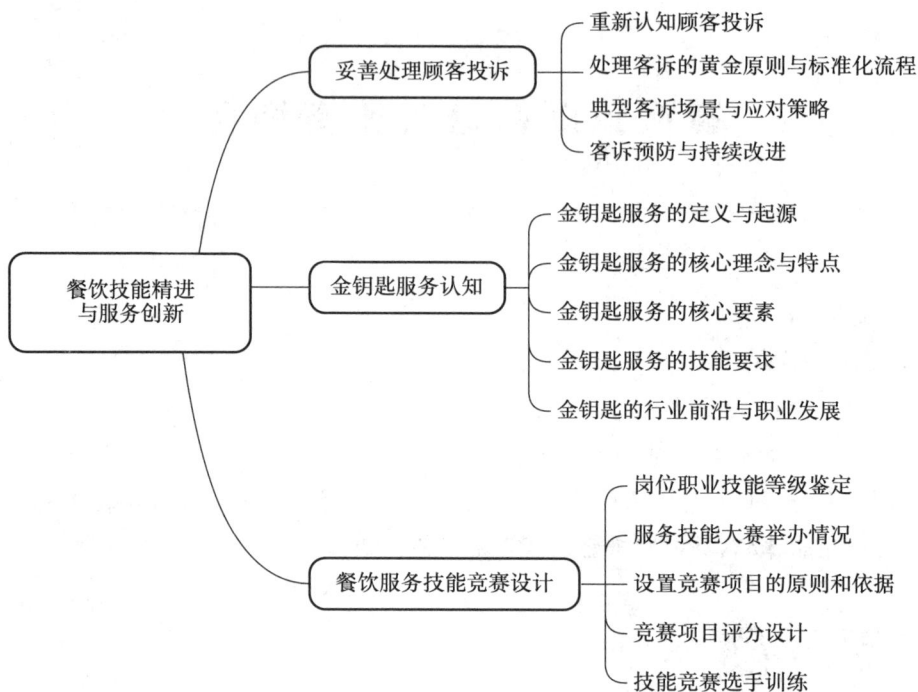

任务一　妥善处理顾客投诉

任务描述

　　本任务聚焦于餐饮服务中顾客投诉的妥善处理与优化,通过系统学习投诉处理原则、步骤及案例分析,培养学生以积极心态应对投诉,将危机转化为提升服务品质的机遇。学生将掌握标准化投诉处理流程,并能够通过预防措施减少客诉发生,最终实现顾客满意与品牌口碑的双赢。

任务目标

　　1. 帮助学生正确认识顾客投诉的本质与价值,纠正常见认知误区,将投诉视为改进服务、提升品牌口碑的机会。

2.培养学生掌握标准化投诉处理流程,包括倾听、道歉、解决问题、确认满意度、承诺改进及感谢反馈的六步法。

3.通过真实案例分析与模拟演练,提升学生应对典型投诉场景的能力,设计合理的解决方案并灵活运用补偿策略。

一、重新认知顾客投诉

(一)投诉的本质与价值

投诉,是顾客在消费过程中,对企业产品质量或服务方面存在的不满而提出的异议、抗议、索赔以及要求解决问题的行为。它不仅是顾客不满的直接反映,更是餐厅改进服务、提升品质的宝贵机会。例如,当顾客反馈菜品口味不佳或服务响应迟缓时,这实际上为餐厅指明了明确的改进方向。相关研究表明,有效处理投诉能够显著提升顾客的忠诚度和复购率。

然而,餐饮从业者常对投诉存在以下认知误区。

(1)误区一:认为"无投诉即无问题"。实际上,无投诉可能意味着顾客对服务期望值低,或因以往不佳体验选择沉默离开。数据显示,每5位不满顾客中,仅1位会选择投诉,其余4位可能直接流失。

(2)误区二:视"顾客投诉"为"顾客找茬"。实际上,投诉是顾客对餐厅服务的关心与期待,他们希望餐厅能正视问题并改进。

(3)误区三:将"投诉处理"视为"利润流失"。实际上,妥善处理投诉能提升顾客满意度与忠诚度,带来长期收益。

因此,餐厅应将投诉视为财富,以积极心态迎接挑战,将危机转化为提升服务品质的机遇。

(二)投诉的常见触发场景

顾客投诉通常由以下场景引发。

(1)服务质量不佳。服务人员态度冷漠、响应滞后,如顾客多次呼叫服务员却无人响应,或服务人员使用不礼貌语言。

(2)餐食问题。菜品口味不符预期、食材不新鲜,如顾客投诉"清蒸鲈鱼"口感干涩,怀疑不新鲜。

(3)环境与体验缺陷。餐厅噪声过大、卫生条件差,如餐桌油腻、卫生间不洁。

(4)流程失误。订单错误、支付纠纷,如顾客点的菜迟迟不上,或账单出现重复收费。

二、处理客诉的黄金原则与标准化流程

（一）黄金原则：顾客满意原则

处理投诉的核心目标是让顾客"满意＋回头"，而非简单的息事宁人。通常处理客诉都应该给予顾客一定的补偿，补偿策略应灵活，如提供免费菜品、折扣优惠或礼券，而非机械应对。例如，对于菜品质量问题，除重做或换菜外，可附赠一份甜点或饮品作为补偿。

（二）处理投诉六步法标准流程

下面以"顾客李女士投诉'清蒸鲈鱼疑似不新鲜'"为例来解析处理投诉的六步标准。

（1）步骤1：倾听道歉，表示理解。

动作：身体前倾，保持眼神接触，记录关键信息。

话术："李女士，非常抱歉让您对这道菜不满意！ 您的反馈对我们非常重要，我马上为您处理。"

（2）步骤2：询问问题细节。

动作：温和询问具体问题点，确认顾客需求。

话术："请问是鱼的口感、味道，还是其他方面让您觉得不新鲜？ 我们会立即检查并改进。""能否请您详细描述问题？ 我们会立即跟进。"

（3）步骤3：提供解决方案。

动作：给出2—3种补偿选项，体现灵活性。

话术："我们为您重新制作一份鲈鱼，并赠送一份芒果布丁作为补偿。或者您也可以选择更换为本店招牌菜葱烧海参，您看哪种更合适？"

（4）步骤4：确认满意度。

动作：观察顾客反应，主动询问反馈。

话术："这是新做的鲈鱼，请您再尝一下是否合口味。如果有其他需要请随时告诉我。"

（5）步骤5：承诺改进并二次致歉。

动作：说明后续改进措施，强化信任感。

话术："我们已通知厨师长检查食材供应链，今后一定严格把控新鲜度。再次为这次不愉快道歉！"

（6）步骤6：真诚感谢反馈。

动作：表达感激，微笑递上名片或优惠券，邀请复购。

话术:"感谢您的宝贵意见!这是我们的VIP优惠券,期待下次为您提供完美体验。"

三、典型客诉场景与应对策略

(一)场景1:服务态度投诉

案例:顾客王先生投诉服务员态度冷淡,叫一下动一下,还不停地看手机。

处理方法:经理介入,立即更换服务员,经理亲自服务。

话术示例:"王先生,非常抱歉让您感到不受重视!我是餐厅经理小林,接下来由我为您服务。为表歉意,本次餐费享受8折优惠。"

内部整改:组织服务礼仪培训,推行工作时间"手机禁用"制度。

(二)场景2:长时间等待引发不满

案例:周末高峰时段,顾客等待40分钟未上主菜。

处理方法:即时补偿,赠送免费果盘与饮品,缓解情绪。

话术示例:"张先生,让您久等了!这是赠送的鲜果拼盘,您的主菜已在加急制作,5分钟内即可上桌。"

内部整改:"上菜慢"的原因有很多,如"点菜搭配不合理、前厅漏下单、厨房漏配菜、生产安排不当、食材备料不足、加工准备不足、菜品制作工艺耗时、操作不熟练"等等。需在当日做复盘分析,找出原因,制定对应整改措施。

四、客诉预防与持续改进

(一)案例分析会:从复盘到行动

1. 流程

(1)案例还原:当事人讲述或播放监控录像,还原投诉全过程。

(2)原因分析:各相关部门及人员先做自我分析,是否有流程漏洞、责任不清、培训缺失等。

(3)改进计划:根据分析结果,制定优化出餐流程、加强员工演练等改进措施。

2. 注意要点

(1)尊重每位员工的意见,鼓励大家积极参与讨论。

(2)明确责任人和时间表,确保改进措施得到有效执行。

(3)保持积极氛围,鼓励大家共同为提升服务质量而努力。

(4)确保解决根本问题,避免类似投诉再次发生。

(5)跟踪改进效果,及时调整优化措施。

（二）案例萃取与案例库建设

案例萃取是将曾发生的典型客诉案例进行梳理提炼,形成标准化的案例库。案例萃取内容包括案例摘要、案例详情、分析与解决过程、启示与反思、对策建议、问题延展思考、相关照片视频、参考文献、建档日期等。通过案例萃取,可以找出产生客诉的原因,总结妥善处理类似客诉的方法和话术,分析今后如何杜绝类似客诉的发生。案例库应定期更新,以反映最新的服务挑战和应对策略。

（三）技术赋能,服务流程优化

（1）加强团队协作:加强前厅与后厨的协作,如实时订单追踪系统,确保菜品能够及时、准确地送达顾客手中。

（2）智能预警系统:推行"服务预判"机制,如通过POS系统分析投诉高频时段与菜品,提前调配资源;在高峰时段增派人手,确保服务质量不受影响。

教学互动——模拟演练

一、角色扮演实训

1.任务:分组模拟"菜品质量问题"投诉场景,演练六步法流程。

2.评分标准:话术规范性、情绪安抚效果、解决方案合理性。

二、案例分析研讨

1.任务:分析真实客诉案例,撰写改进报告。

2.输出:提出3项流程优化建议,并设计内部培训方案。

任务二　金钥匙服务认知

任务描述

本任务通过山西国贸大饭店"一碗绿豆粥的温度"案例导入,深入剖析金钥匙服务的定义、起源、核心理念、特点及核心要素,帮助学生理解金钥匙服务在高端餐饮场景下的极致应用。学生将学习金钥匙服务的技能要求、行业前沿技术应用及职业发展路径,掌握如何通过资源整合、精准需求预判和个性化服务设计,为顾客提供"满意＋惊喜"的服务体验,最终实现顾客忠诚度与品牌口碑的双重提升。

Note

任务目标

1. 掌握金钥匙服务的定义、起源、核心理念及特点,理解其在高端服务业中的定位与价值。

2. 熟悉金钥匙服务的核心要素(资源网络建设、响应标准、个性化服务)及技能要求(多语言沟通、危机处理、科技应用),并能结合实际场景灵活应用。

3. 通过模拟演练,设计并实施符合金钥匙标准的服务方案,提升学生解决复杂顾客需求的能力。

案例导入

一碗绿豆粥的温度——山西国贸大饭店的"金钥匙时刻"

时间:2023年6月9日

地点:山西国贸大饭店

人物:金钥匙侯彩英、顾客胡女士及其5岁女儿

事件背景:

胡女士携孩子从国外返回太原,因长途奔波与气候不适,孩子出现中暑症状,并伴有鼻干、流鼻血等上火症状。面对陌生环境与健康困扰,胡女士备感焦虑。

金钥匙服务亮点:

1. 主动关怀与精准需求洞察

前台员工发现胡女士的担忧后,金钥匙侯彩英立即通过客房电话致电胡女士,经细致沟通发现孩子因饮食差异无法服用常规药品。得知孩子常饮绿豆汤降火后,侯彩英迅速协调餐饮部制定解决方案。

2. 跨部门协作与个性化餐饮服务

侯彩英联动餐饮部经理王文英,紧急熬制无糖绿豆粥,1小时内送至客房。粥品温度、口感均适配儿童需求,并附赠新鲜水果缓解旅途疲劳。次日,侯彩英主动回访,确认孩子恢复正常后,再次安排厨房熬制绿豆粥,持续提供健康支持。

3. 服务延伸与情感连接

退房当日,侯彩英全程协助叫车,并告知胡女士:"未来四个月,您在国内有任何需求都可联系我。"这一承诺将服务从单一餐饮关怀扩展至全程生活支持,彰显金钥匙"城市服务总代理"的定位。

服务成果：

客户反馈：胡女士感动落泪，称此服务"如归家般温暖"，并专程致谢。

行业影响：案例入选中国金钥匙年度优秀服务故事，成为"满意＋惊喜"理念的典范。

案例启示：

餐饮服务的情感价值：一碗绿豆粥不仅是餐食，更是文化适配与健康关怀的载体。

金钥匙核心能力：精准需求预判（海外客群饮食差异）、快速资源整合（跨部门协作）、服务边界突破（从餐饮到城市生活支持）。

注：本案例源自山西国贸大饭店真实服务记录，入选中国金钥匙协会"年度十大感动服务案例"，展现金钥匙在餐饮场景下的极致服务能力。

一、金钥匙服务的定义与起源

（一）定义

金钥匙服务是一种高端、个性化的服务模式，旨在为顾客提供全方位、一站式的优质服务体验。该服务模式不仅关注顾客的基本需求，更注重通过细致入微的服务细节，满足顾客的个性化需求，进而提升顾客的整体体验和品牌忠诚度。最初，金钥匙服务起源于酒店行业，随着市场的发展和顾客需求的不断提升，这一模式逐渐扩展到餐饮、航空等多个领域，并成为衡量高端服务水平的重要标志。

金钥匙行业定位：国际金钥匙组织（Les Clefs d'Or）认证的全球统一标准；中国旅游饭店业协会将其列为五星级酒店评审核心指标。

（二）起源

金钥匙服务的概念最早可以追溯到20世纪初的欧洲酒店业。当时，一些豪华酒店为了满足贵族和富商的需求，开始提供专属的、个性化的服务。这些服务包括私人行程规划、安排私人宴会、艺术品鉴赏等。随着时间的推移，金钥匙服务逐渐发展成为一种标准化的服务模式，并扩展到全球范围内的高端服务业。

1952年国际金钥匙组织成立，制定服务标准与认证体系，推动服务从"被动响应"转向"主动预见"。中国高端餐饮业引入金钥匙服务，如北京大董烤鸭店推出"金钥匙美食顾问"。

二、金钥匙服务的核心理念与特点

（一）核心理念

（1）顾客至上：将顾客的需求放在首位，始终以满足顾客个性化需求为服务宗旨，努力为每一位顾客量身定制服务方案。

（2）全方位服务：提供从预订、接待、用餐到送客等全流程、无缝衔接的服务，确保顾客在每一个环节都能感受到贴心与周到。

（3）个性化体验：根据不同顾客的喜好与需求，设计专属的服务内容和互动细节，使每位顾客都能体验到独一无二的服务效果。

（二）特点

（1）专业性：金钥匙服务要求服务人员具备丰富的专业知识和技能，能够针对不同顾客提供专业建议，解决实际问题。

（2）高效性：通过优化服务流程和标准化操作，确保顾客需求在最短时间内得到响应和满足，使服务体验更加流畅。

（3）创新性：金钥匙服务始终注重创新，不断探索新的服务模式和方法，为顾客带来新颖、独特的体验，并推动整个服务行业的持续进步。

三、金钥匙服务的核心要素

（一）资源网络建设

金钥匙服务的实施离不开广泛的资源整合。餐饮企业需要与本地交通、景点、医疗机构等建立战略合作关系，例如：为商务客提供代订私人飞机服务；在紧急情况下提供迅速的医疗支持。这种资源网络不仅提升了服务效率，也为顾客提供了更为便捷和全面的服务体验。

（二）响应标准

高效的服务响应是金钥匙服务的关键。国际金钥匙认证标准要求：30秒内响应顾客需求、90％的问题能够当场解决。这一标准确保顾客在服务过程中获得及时而有效的帮助，极大地提升了顾客满意度。

（三）个性化服务

金钥匙服务强调根据顾客画像定制个性化服务。例如：对于商务客，可能偏好安静、私密的包间；对于家庭客，则可能需要儿童娱乐设施。这种个性化服务设计，能让顾客感受到品牌的细致关怀，从而提升整体体验和口碑传播效果。

四、金钥匙服务的技能要求

为了真正落实金钥匙服务，每位服务人员都必须具备相应的专业技能和资格认证。具体要求如下。

（1）多语言沟通技能：具体要求是至少掌握2门外语，包括英语和一门小语种。此外,需要获得国际金钥匙协会认证(LCO)。

（2）危机处理技能:要求掌握急救、消防、客诉调解的标准化流程。同时,需要获得国家应急救援员资格认证。

（3）科技应用技能:具体要求是熟练操作CRM系统与智能终端设备。此外,还需要获得微软Office Specialist认证。

金钥匙在具备上述技能的同时,还应不断接受培训和实践,不断提高自身的专业素养和服务水平,确保金钥匙服务的高标准、高效率和高创新性得以持续落实。

五、金钥匙的行业前沿与职业发展

（一）数字化转型

1. AI预测需求

香格里拉集团的AI应用:香格里拉集团利用AI技术预测VIP顾客的偏好,通过分析顾客的历史行为和偏好,提供个性化的服务和推荐。例如,根据顾客的饮食偏好自动推荐餐厅和菜品,或根据入住记录提前安排喜欢的房型和设施。这不仅减少了服务人员的工作量,还极大地提升了顾客的满意度和忠诚度。

2. 区块链技术确保服务承诺可追溯

澳门美高梅"服务链"平台:澳门美高梅通过区块链技术创建了"服务链"平台,确保服务承诺的可追溯性。所有服务记录和交易信息都被存储在区块链上,顾客可以随时查询和验证服务的执行情况。这不仅增强了顾客对酒店的信任,还提升了服务的透明度和可追溯性。AI可预测需求(如香格里拉集团使用AI预判VIP顾客偏好)。

（二）职业认证路径

1. 初级金钥匙助理

要求:1年相关工作经验,通过基础考核。

职责:协助金钥匙完成日常任务,如顾客接待、信息查询、简单服务等。

技能:掌握基本的服务流程和操作技能,具备良好的沟通能力和团队协作精神。

2. 高级国际金钥匙会员

要求:5年相关工作经验,通过全球统一考试。

职责:独立处理复杂的顾客需求,提供高质量的个性化服务,参与酒店服务流程的优化和创新。

技能:具备深厚的专业知识和丰富的实践经验,能够熟练运用各种服务技能和工具,具备良好的问题解决能力和创新意识。

任务三　餐饮服务技能竞赛设计

任务描述

　　本任务旨在通过设计和实施餐饮服务技能竞赛,提升从业人员的专业技能、服务水平和综合素质。任务涵盖职业技能等级鉴定、竞赛项目设置、评分标准设计、选手训练计划以及教学互动与实训等内容。

任务目标

　　1.掌握餐饮服务技能竞赛的设计原则、依据及评分标准,理解职业技能等级鉴定的重要性及应用。

　　2.学会设计竞赛项目,制定科学合理的评分标准,组织模拟演练,并能够根据竞赛目标和参赛人员情况优化竞赛内容。

　　3.通过分组讨论和模拟演练,设计一套完整的餐饮服务技能竞赛方案,包括竞赛目的、组织架构、参赛人员选拔、赛项设计和评分标准。

一、岗位职业技能等级鉴定

　　岗位职业技能等级鉴定是行业内对从业人员能力进行科学评估的重要环节,涵盖了多个服务岗位和层级标准,为技能竞赛和职业发展提供了权威依据。

(一)与餐饮服务相关的技能岗位

　　在餐饮行业中,服务岗位种类繁多,各岗位不仅有明确的工作描述,还对从业人员的专业技能、服务态度及形象气质提出较高要求。主要岗位包括餐厅服务师、咖啡师、调酒师、茶艺师等。

　　餐厅服务师,负责迎宾、点菜、上菜、结账等全流程服务,要求具备优秀的沟通协调能力、形象气质以及服务礼仪;咖啡师,专注于咖啡的冲泡与创意饮品的制作,不仅要求对咖啡豆、烘焙工艺有深入了解,还需掌握艺术拉花等技艺;调酒师,主要负责各类酒品的调配与创意调制,要求熟悉酒类知识及调酒工艺,同时具备创新意识和良好服务态度;茶艺师,专注于茶饮文化的传承和创新,通过精致的茶艺表演提升顾客体验,对茶叶知识及茶具使用有专业要求。

Note

（二）人社部确立的职业技能等级标准

中华人民共和国人力资源和社会保障部制定了餐饮服务领域的职业技能等级标准，涵盖初级、中级、高级及技师级等多个层次，明确了不同等级的从业人员应具备的技能水平和服务能力。这些标准为技能鉴定、职称评定及竞赛项目的设置提供了统一依据和参考框架。

（三）国际通行的职业技能等级标准

除了国内标准外，国际上也有一系列通行的职业技能等级标准，如美国、日本、欧盟等发达国家和地区对餐饮服务人员的技能要求。通过引入国际标准，不仅有助于提升我国餐饮服务的国际竞争力，也为企业开展国际交流与合作提供了认证依据。

（四）职业技能鉴定及鉴定机构

职业技能鉴定是对服务人员进行能力评估的重要手段，通常包括理论考试、操作实操和综合素质考核等环节。通过系统的技能鉴定，可以确保服务人员在上岗前具备标准化的操作能力，并为后续的技能竞赛提供选拔和认证依据。我国餐饮服务人员的职业技能鉴定机构有：人力资源和社会保障部门（人社部门）下属的职业技能鉴定中心/指导中心、经人社部门备案的行业组织（行业协会）、经人社部门备案的龙头企业、经人社部门备案的技工院校/职业培训机构。

二、服务技能大赛举办情况

餐饮服务技能大赛在全球范围内及国内均有广泛开展，涵盖政府、行业协会及企业自办的各类赛事，具体情况如下。

（一）世界范围的职业技能竞赛

世界技能大赛为国际性大赛，每两年举办一次，涵盖多个职业领域。在餐饮服务领域，参赛者通过现场实操展示、情景模拟等形式展开技艺与服务能力的激烈竞争。例如，2019年世界技能大赛中的餐饮服务项目吸引了来自全球30多个国家的顶尖选手，他们不仅展现了精湛的技术，更通过创新展示了各自国家的餐饮文化。

（二）国内的职业技能竞赛

我国各级政府部门和行业主管机构，积极推动并组织举办各类餐饮服务技能大赛。这些赛事不仅旨在提高从业人员的专业技能，还通过评比激发企业创新意识和服务竞争力，推动整个行业向高端化、标准化方向发展。

1. 政府主办赛事

例如文化和旅游部、商务部以及人力资源和社会保障部等部门联合举办的全国餐饮服务技能大赛，参赛者来自各地知名餐饮企业。面向院校学生的全国职业院校技能大赛，被定位为职业教育的"国家品牌"，是中国职业教育领域最高规格、最具权威性、规模最大的官方技能竞赛。这些赛事旨在推广先进服务理念和标准，推动整个行业的服务升级。

2.区域性竞赛

例如某市举办的"餐饮星级服务大赛",通过现场实操与顾客情景模拟考核,激励参赛者在细节上不断突破,推动本地餐饮业整体水平提升。

（三）企业举办的岗位技能大赛

除了政府和协会主导的竞赛外,许多知名餐饮企业也纷纷举办内部或区域性岗位技能大赛,通过内部选拔和外部比拼,提升员工的职业素养和服务技能,进而带动企业整体服务水平的提升。

例如:某连锁餐厅在内部举行的"服务之星大赛"中,选手需在模拟服务场景中展示从预订、接待到送客的全流程服务能力,最终冠军获得企业内部晋升和奖金奖励,激发了员工的服务热情和团队凝聚力。

三、设置竞赛项目的原则和依据

餐饮服务技能竞赛作为行业内衡量服务水平和推广先进理念的重要平台,其项目设置至关重要。科学合理的项目设置能够确保竞赛既具有挑战性,又符合实际工作需求,从而真正检验参赛者的综合能力,并为企业服务创新提供有力支撑。与此同时,借助权威标准和实际数据,竞赛项目设计能够为评审提供客观、公正的依据,推动整个行业不断迈向高标准、精细化、创新化的发展方向。

（一）设置竞赛项目的原则

1.目标导向原则

竞赛项目的设计应以提升服务技能为核心目标,通过实际操作和情景模拟,全面考察参赛者在日常工作中的操作规范、应急处理及创新服务能力。

2.公开、公平、公正原则

竞赛项目应确保所有参赛者在相同的条件下进行比赛,避免因项目设置不当而导致的不公平竞争。竞赛规则和评判标准应明确、公正,确保评委能够客观地对参赛者的表现进行评分。例如,在评分标准中,应详细列出每个项目的具体评分项和权重分配,避免主观因素对评分的影响。竞赛规则和评分体系必须公开透明,确保所有参赛者在同等条件下竞争。评分细则应明确、客观,并依据统一的标准进行打分,从而使竞赛过程和结果具有可比性和公正性。

3.可操作性原则

竞赛项目的设置必须考虑实际操作的可行性。设计时应充分模拟真实工作场景,使参赛者能够在规定时间内完成任务,并便于评委进行现场评分。以"情景模拟服务"为例,设计中应考虑模拟顾客突发投诉、急需处理的情景,让参赛者在有限时间内完成从沟通、处理到反馈的全流程操作,从而体现出项目的实用性和可操作性。

4. 专业性与实用性原则

竞赛项目必须紧密结合餐饮服务各岗位的实际工作要求,既要体现专业技能,又要满足实际服务需求。例如,针对餐厅服务师的竞赛项目,可设置迎宾、点菜、上菜、结账和送客等环节,每个环节均根据岗位工作流程和服务标准设计,确保项目内容与实际工作高度契合。

5. 创新性与差异化原则

在保持基本服务标准的基础上,竞赛项目应鼓励创新,体现企业特色和区域文化。创新性项目不仅能激发参赛者的创造力,还能推动服务理念的不断革新。例如,在"创意定制服务"项目中,参赛者可以设计具有地域特色的服务方案,通过结合本地文化和顾客需求,展现独特的服务风格,形成鲜明的品牌差异。

(二)设置竞赛项目的依据

竞赛项目的设计依据主要源于以下几个方面。

1. 国家职业标准

大赛的竞赛项目设置参考了中华人民共和国人力资源和社会保障部制定的职业技能等级标准,确保竞赛项目能够准确评估参赛者的职业技能水平。

2. 行业实际需求

竞赛项目的设置紧密结合餐饮服务行业的实际工作需求,确保参赛者能够通过竞赛提升实际工作能力。例如,通过调研餐饮企业的需求,了解企业在服务流程、创新能力等方面的要求,从而设置相应的竞赛项目。

3. 竞赛目标

大赛的目标是提升服务技能,推广服务标准,培养创新人才。因此,竞赛项目侧重于实际操作环节,同时设置了创新服务设计环节,鼓励参赛者提出新颖的服务理念和方法。

4. 参赛人员情况

大赛的参赛人员来自全国各地的餐饮服务从业人员,具有不同的职业技能水平和经验。因此,竞赛项目既包括基础服务技能的考核,也设置了高级服务技能和管理能力的考核环节。

5. 赛事经验和反馈

通过对以往赛事的总结和分析,了解竞赛项目的设计是否合理,参赛者的反馈如何,从而对竞赛项目进行优化和改进。

四、竞赛项目评分设计

(一)科学评分标准

制定涵盖服务态度、操作规范、效率、创新性及应急处理等方面的综合评分标准。

1. 服务态度

重点考查选手在服务过程中的主动性和积极性,是否能够热情、友好地对待每一位顾客,及时响应顾客的需求,耐心解答顾客的疑问,确保顾客感受到被尊重和重视。

2. 操作规范

依据行业标准和操作流程,详细列出各项服务环节的具体规范要求,如托盘的正确使用方法、餐具的摆放标准等,确保选手的操作流程符合专业规范。

3. 效率

结合实际工作场景,为各项服务任务设定合理的时间限制,考查选手在保证服务质量的前提下,能否迅速、准确地完成服务,以适应快节奏的工作环境。

4. 创新性

鼓励选手在服务过程中展现创意,如设计独特的果盘造型、提供个性化的服务方案等,为顾客带来与众不同的体验,推动服务理念的不断更新。

5. 应急处理

通过设置模拟突发情况,如顾客投诉、意外事故等,考查选手在面对突发状况时的冷静程度、应变能力和问题解决技巧,确保能够及时、有效地化解危机,维护顾客满意度。

(二)细化评分细则

每个项目均设有具体评分项及权重分配,确保评委打分既具专业性又具可比性。

1. 明确评分项

将每个竞赛项目细分为多个具体的评分项,每个评分项都有清晰的描述和要求。例如,在中餐宴会摆台项目中,台布铺设、餐具摆放、餐巾折花等均为独立的评分项,分别制定详细的评分标准。

2. 合理分配权重

根据各评分项在项目中的重要性和难易程度,科学合理地分配权重。对于关键环节或技术含量较高的部分,给予相对较高的权重,以突出其在整体评分中的重要地位。

3. 量化评分标准

采用量化的方式对每个评分项进行评分,设定明确的分值范围和评分档次。例如,某评分项满分5分,根据表现分为优秀(4—5分)、良好(3—3.9分)、中等(2—2.9分)、及格(1—1.9分)、不及格(0—0.9分)五个档次,每个档次都有具体的表现描述,使评委能够准确、客观地进行打分。

(三)有效反馈机制

建立现场实时反馈机制,每位参赛者在比赛结束后可获得详细评议,为其后续技能提升提供依据。

1. 现场点评

在比赛结束后,立即组织评委对参赛者的表现进行现场点评。评委们根据评分标准和选手的实际操作情况,逐一指出选手的优点和不足之处,并提出具体的改进建议,使选手能够及时了解自己的表现情况和存在的问题。

2. 书面报告

除了现场点评外,还为每位参赛者提供一份详细的书面报告。报告内容包括选手在各个评分项上的得分情况、整体表现的总结分析以及针对性的技能提升建议等,便于选手赛后进行深入的学习和反思。

3. 反馈交流

设置专门的反馈交流环节,鼓励选手与评委、指导教师之间进行互动交流。选手可以就自己在比赛过程中遇到的问题、对评分结果的疑问等与评委进行沟通,评委进一步解释评分依据和提供指导,增强反馈的效果和实用性。

五、技能竞赛选手训练

技能竞赛是检验和提升从业人员专业技能、服务水平以及综合素质的重要平台。对于酒店管理与数字化运营等专业的学生而言,参加技能竞赛不仅能够将所学理论知识与实践操作紧密结合,还能锻炼其在高压环境下的应变能力、沟通能力、团队协作能力等,为未来的职业生涯打下坚实的基础。同时,通过系统化的训练,选手们能够深入了解行业标准和规范,培养良好的职业素养和工匠精神,更好地适应现代酒店业对高素质技术技能人才的需求。

(一)选手训练目标

1. 技能提升

通过训练,选手熟练掌握餐饮服务的基本技能和高级技巧,如仪容仪表、前厅接待、宴会摆台、菜品服务、酒水服务等。

2. 心理素质

培养选手在高压环境下的心理素质,提高应变能力和抗压能力,确保在比赛中能够稳定发挥。

3. 团队协作

增强选手之间的团队协作能力,确保在团队赛中能够默契配合,共同完成任务。

4. 创新意识

鼓励选手在比赛中展现创新意识,如主题宴会设计、菜品介绍等环节,能够别出心裁,吸引评委和观众的注意。

（二）训练计划制订

1. 前期准备阶段（提前 1 个月）

（1）组建训练团队。

选拔具有丰富教学经验和行业实践经验的专业教师作为指导教师,同时邀请酒店行业的专家或资深从业者担任客座教授,共同组成训练团队,为选手提供全方位的指导和支持。

（2）选手选拔与评估。

通过校内选拔赛、专业成绩评估、面试等方式,挑选出具备良好专业基础、较强学习能力、较高心理素质和团队协作精神的学生作为参赛选手。在选拔过程中,注重考查选手的细节关注能力、服务意识以及对竞赛项目的兴趣和热情。

（3）资料收集与整理。

收集国内外各类酒店服务技能竞赛的相关资料,包括竞赛规程、评分标准、优秀作品案例、技术论文等,进行深入研究和分析,为制订科学合理的训练计划提供参考依据。

（4）训练环境搭建。

根据竞赛要求和实际训练需要,筹备并搭建模拟训练场地,包括前厅接待区、中餐服务区、西餐服务区等,配备相应的设备设施和道具,如酒店信息系统模拟软件、各类餐具、酒具、服务推车等,确保训练环境与真实竞赛场景高度一致。

2. 基础训练阶段（2—4 周）

（1）理论知识学习。

系统讲解酒店服务的基本概念、行业标准、服务礼仪、沟通技巧等基础知识,以及竞赛涉及的相关法规政策、酒店管理信息系统操作原理等内容。采用课堂讲授、案例分析、小组讨论等多种教学方法,激发选手的学习兴趣和主动性,确保理论知识的深入理解和掌握。

（2）实操技能训练。

每天进行2—4小时的基本功训练。在训练过程中,指导教师要进行现场示范、逐一点评,及时纠正选手的错误操作,确保每个动作规范、准确。定期组织技能测试,对选手的实操技能水平进行量化评估,根据测试结果调整训练重点和方法,有针对性地加强薄弱环节的训练。

（3）综合素质培养。

每周安排1—2次沟通能力训练课程,通过模拟场景对话、角色扮演、演讲等方式,提升选手的语言表达能力、倾听能力、应变能力和谈判技巧。开展心理素质拓展训练活动,如户外拓展、心理压力测试与辅导等,帮助选手增强自信心、克服紧张情绪、提高抗压能力。组织团队建设活动,加强选手之间的交流与合作,培养团队协作精神和集体荣誉感。

3. 强化提高阶段(2—4周)

(1)专项技能突破。

根据前期训练情况和竞赛要求,确定每个选手的薄弱环节和提升空间,制订个性化的专项训练计划。例如,对于在中餐宴会设计方面存在不足的选手,加强主题创意设计、菜单规划、成本核算等方面的训练,邀请专业设计师进行指导,提升选手的设计水平和创新能力。增加训练的难度和强度,如在模拟竞赛中设置更加复杂的场景和要求,让选手在高压环境下不断挑战自我,突破技能瓶颈,提升综合能力。

(2)模拟竞赛演练。

每周进行2—3次全真模拟竞赛,严格按照正式竞赛的时间、流程和标准进行操作,让选手提前适应竞赛节奏和氛围。模拟竞赛结束后,组织选手进行复盘总结,详细分析每个环节的表现,找出存在的问题和不足之处,共同讨论解决方案,并在后续训练中加以改进和完善。

(3)专家指导与交流。

邀请酒店行业的专家、技能大师以及以往竞赛的优秀选手来校举办讲座、交流和现场指导,分享他们在实际工作和竞赛中的宝贵经验和技巧,为选手提供更广阔的视野和思路。组织选手参加各类技能竞赛培训研讨会、行业论坛等活动,与其他院校的选手和专家进行交流互动,了解行业最新动态和竞赛趋势,学习借鉴他人的先进经验和做法。

4. 强化冲刺训练(赛前1—2周)

(1)状态调整与巩固提升。

在保持训练强度的基础上,适当调整训练内容和节奏,避免选手过度疲劳和紧张。重点进行易错环节的强化训练和竞赛流程的熟练巩固,确保选手在竞赛前达到最佳状态。组织选手进行心理调适和放松训练,如冥想、音乐疗法等,帮助选手缓解赛前焦虑情绪,保持积极乐观的心态。

(2)赛前适应性训练。

如果条件允许,安排选手到正式竞赛场地进行适应性训练,熟悉场地环境、设备设施和比赛规则,提前适应竞赛现场的氛围和条件。与竞赛承办方沟通,了解比赛当天的流程安排、注意事项等信息,为选手做好充分的赛前准备。

(3)最终检查与准备。

对选手的竞赛服装、道具、资料等进行全面检查和整理,确保符合竞赛要求。进行赛前动员大会,鼓励选手树立信心、勇于挑战,强调团队协作和纪律意识,为竞赛做好最后的思想动员和准备工作。

（三）主题宴会设计训练案例

1. 训练目标

训练目标包括：专业技能，掌握宴会摆台、餐巾折花、主题创意设计等基本技能；创新能力，能够根据主题要求，设计出新颖、美观、实用的宴会布置方案；细节处理能力，注重细节处理，确保宴会布置的每一个环节都符合标准和要求。

2. 训练内容

训练内容包括：宴会摆台训练，按照竞赛标准，训练选手进行宴会摆台，包括台布铺设、餐具摆放、装饰物布置等环节，通过反复练习，选手熟练掌握宴会摆台的基本技巧；餐巾折花训练，教授选手多种餐巾折花技巧，如杯子花、盘花、鸟形花等，通过不断练习，提高选手的餐巾折花速度和美观度；主题创意设计训练，根据给定的主题，引导选手进行创意设计，包括台面布置、色彩搭配、中心装饰物制作等环节，鼓励选手发挥想象力，设计出具有独特风格的宴会布置方案。

3. 训练计划

（1）第一阶段：基础技能训练（1—2周）。重点训练宴会摆台和餐巾折花技巧，确保选手熟练掌握基本技能。

（2）第二阶段：主题创意设计训练（3—4周）。根据给定的主题，引导选手进行创意设计，并制作中心装饰物。每周安排一次作品展示和点评，帮助选手不断改进和提升。

（3）第三阶段：综合模拟演练（5—6周）。模拟比赛场景，让选手在规定时间内完成主题宴会设计任务。通过反复练习，提高选手的应变能力和时间管理能力。

教学互动——案例分析

在某次模拟比赛中，一位选手在主题宴会设计中选择了"海洋世界"作为主题。他巧妙地运用了蓝色和白色的桌布、餐具和装饰物，营造出一种清新、自然的海洋氛围。中心装饰物则采用了一个用贝壳和珊瑚制成的海龟模型，与主题相得益彰。在展示过程中，评委们对这位选手的创意设计和细节处理给予了高度评价。

（四）宴会服务训练案例

1. 训练目标

宴会服务训练需达成的目标包括：练就扎实熟练的专业技能，掌握酒水服务、菜品服务、餐后服务等基本技能；形成良好的服务意识，注重服务细节，提升服务质量和客户满意度;具备灵活多样的应变能力:在遇到突发事件时能够迅速、准确地做出反应。

2.训练内容

宴会服务竞赛训练内容包括:酒水服务训练,教授选手各种酒水的开瓶、斟酒、鉴酒等技巧,通过反复练习,提高选手的酒水服务水平;菜品服务训练,训练选手上菜、分菜、介绍菜品等技能,注重服务细节和礼仪规范,确保顾客能够享受到高质量的服务;餐后服务训练,教授选手送客、清理台面、恢复餐具等技能,通过练习,提高选手的收尾工作能力和效率;应急处理训练,模拟各种突发事件场景,如顾客投诉、酒水洒落等,训练选手的应变能力和处理问题的能力。

3.训练计划

(1)第一阶段:基础技能训练(1—2周)。重点训练酒水服务、菜品服务和餐后服务等基本技能。通过反复练习和纠正动作,确保选手熟练掌握这些技能。

(2)第二阶段:服务意识培养(3—4周)。通过角色扮演、情景模拟等方式,培养选手的服务意识和细节处理能力。注重服务过程中的礼仪规范和客户沟通技巧。

(3)第三阶段:应急处理训练(第5周)。模拟各种突发事件场景,如顾客投诉、酒水洒落等,训练选手的应变能力与处理问题的方法,强调在突发事件处理过程中的冷静与专业。

技能竞赛选手的训练是一个系统而长期的过程,需要从理论知识、实操技能、综合素质等多个方面进行综合培养和提升。通过科学合理的训练方法和计划制订,结合实际案例的分析与反思,不断优化训练过程,能够有效提高选手的竞赛水平和综合素质,为他们在技能竞赛中取得优异成绩奠定坚实的基础,同时也为酒店服务行业培养出更多优秀的专业人才。

项目小结

本项目主要涵盖三个方面的内容:①妥善处理客人投诉,学生学习了投诉的本质与价值,纠正了常见认知误区,并掌握了标准化投诉处理流程(六步法)及典型场景应对策略。②金钥匙服务认知和餐饮服务技能竞赛设计。学生不仅学习到如何从顾客体验中提炼关键时刻,还掌握了如何将这些关键时刻转化为服务创新的具体方案。③课程还讲解了餐饮服务技能竞赛的设计原则、依据及评分体系,为培养高水平服务人才提供了理论支撑和实践指导。整体而言,本项目旨在提升学生的服务创新能力和职业技能,帮助他们在未来的工作中为企业打造卓越的顾客体验。

Note

项目训练

一、知识训练

扫码查看具体内容。

二、能力训练

1.技能大赛竞赛项目设置

分组讨论并设计一套完整的餐饮服务技能竞赛项目,包括竞赛目的、组织架构、参赛人员选拔、赛项设计和评分标准。

每组推选代表进行发言,分享设计方案。

2.评分标准设计

(1)根据设计的竞赛项目,制定详细的评分标准和评分细则。

(2)进行模拟评分,确保评分标准的科学性和可操作性。

(3)模拟演练

进行技能大赛的模拟演练,展示竞赛项目的实施过程。

Note

教学支持说明

为了改善教学效果，提高教材的使用效率，满足高校授课教师的教学需求，本套教材备有与纸质教材配套的教学课件和拓展资源（案例库、习题库等）。

为保证本教学课件及相关教学资料仅为教材使用者所得，我们将向使用本套教材的高校授课教师赠送教学课件或者相关教学资料，烦请授课教师通过加入酒店专家俱乐部QQ群或公众号等方式与我们联系，获取"电子资源申请表"文档并认真准确填写后发给我们，我们的联系方式如下：

地址：湖北省武汉市东湖新技术开发区华工科技园华工园六路

邮编：430223

酒店专家俱乐部QQ群号：710568959

群名称:酒店专家俱乐部
群　号:710568959

扫码关注
柚书公众号

华中科技大学出版社
http://press.hust.edu.cn

电子资源申请表

填表时间：_____年____月____日

1. 以下内容请教师按实际情况写，★为必填项。
2. 根据个人情况如实填写，相关内容可以酌情调整提交。

★姓名		★性别	□男 □女	出生年月		★职务	
						★职称	□教授 □副教授 □讲师 □助教
★学校				★院/系			
★教研室				★专业			
★办公电话		家庭电话				★移动电话	
★E-mail（请填写清晰）						★QQ号/微信号	
★联系地址						★邮编	

★现在主授课程情况	学生人数	教材所属出版社	教材满意度
课程一			□满意 □一般 □不满意
课程二			□满意 □一般 □不满意
课程三			□满意 □一般 □不满意
其　他			□满意 □一般 □不满意

教 材 出 版 信 息			
方向一		□准备写 □写作中 □已成稿 □已出版待修订 □有讲义	
方向二		□准备写 □写作中 □已成稿 □已出版待修订 □有讲义	
方向三		□准备写 □写作中 □已成稿 □已出版待修订 □有讲义	

　　请教师认真填写表格下列内容，提供索取课件配套教材的相关信息，我社根据每位教师填表信息的完整性、授课情况与索取课件的相关性，以及教材使用的情况赠送教材的配套课件及相关教学资源。

ISBN（书号）	书名	作者	索取课件简要说明	学生人数（如选作教材）
			□教学 □参考	
			□教学 □参考	

★您对与课件配套的纸质教材的意见和建议，希望提供哪些配套教学资源：